알기쉬운
자료구조
- C언어

박우창 著

21세기사

PREFACE

1. 개요

자료구조 과목은 컴퓨터 소프트웨어의 핵심이 되는 분야이다. 컴퓨터가 처음 만들어졌을 때, 컴퓨터의 가격이 매우 비쌌기 때문에, 컴퓨터 자원을 효율적으로 사용하고, 빠르고 정확하게 수행되는 프로그램을 작성하기 위해서는 효율적인 자료의 구성이 매우 중요하였다. 이러한 자료 구성 방법으로는 리스트, 스택, 큐, 트리, 그래프 등이 있다. 자료구조와 더불어 자료구조를 활용하는 기본적인 알고리즘으로는 정렬과 검색이 있다. 자료구조를 구현하는 언어는 컴퓨터 언어의 발달과 더불어 Pascal, C, C++, Java, Python 등으로 계속 변화하고 있다. 본 책에서는 자료구조 과목의 어려움과 프로그래밍 언어의 발달을 고려하여, 다음과 같은 점을 중심으로 기술하였다.

2. 중점 저술 사항

- 자료구조 과목이 대학의 2학년 과정에서 개설되는 추세에 따라 기존의 자료구조 과목에서 가능한 난이도와 분량을 조절하여 이해하기 쉽도록 하였다.
- 난이도가 깊은 알고리즘들은 자료구조의 후속 과목인 "알고리즘"에서 배운다는 전제 아래 생략하였다.
- 알고리즘 기술은 어느 언어나 상관없지만, 구현 언어는 현재 C 언어를 중점으로 하였으며, 앞으로 Java를 추가하여 객체지향 언어에서 자료구조 활용을 이해할 수 있도록 내용을 추가하고 예제를 만들 예정이다.
- 강의 편의상 13주 분량으로 제작하였다. 중간고사, 기말고사 1주씩 포함하면 전체 15주로 강의할 수 있도록 하였다. 강의 계획표는 15주 분량으로 작성되어 있으며, 교재 13장을 2주 강의를 하면 16주로 확장할 수 있도록 하였다. 실제 각 장의 난이도가 다르기 때문에, 쉬운 부분은 1주일 미만, 어려운 부분은 1주일을 넘겨 강의가 진행될 수도 있다.

- 자료구조 과목의 큰 난제인 실습이다. 실습을 할 수 있는 인터넷 사이트를 만들어 실제 프로그램이 작동되는 것을 실습할 수 있다. 현재는 C 언어를 중심으로 작성되어 있고, 각 장의 연습문제에 프로그래밍 프로젝트를 두어 자료구조를 활용한 큰 프로그램을 작성할 수 있도록 하였다.

3. 웹 사이트

자료구조 과목을 실습할 수 있는 웹 사이트는 다음과 같다. 교과서에 포함된 자료구조 실습 프로그램은 웹 사이트에서 직접 실습하고 또 프로그램을 다르게 수정하여 실행시켜 볼 수 있다.

http://dblab.duksung.ac.kr/ds

기타 자료 및 오류사항은 위 사이트의 자료실에 수록되어 있다.

4. 강의 계획 안

교재는 전체 13장으로 구성되어 있으며 1주(3시간)에 1장씩을 강의하면 적당하다. 강의가 15주인 대학은 중간/기말을 1주씩으로 잡고, 16주인 대학은 마지막 13장을 2주간 강의하면 적당하다. 6장 이후 부분이 어려우므로 앞 부분을 빨리 진행하는 것을 권장한다.

쉬운 진도표

- 앞부분은 천천히 배우고 뒷부분은 필요한 부분만 배우는 방법

  16주 강의인 경우 1주 정도 더 부족한 부분을 배운다.

주차	책목차(장)		내용		비고
1주	자료구조의 기초	1장 : 소프트웨어 개발과 자료구조	1. 소프트웨어 개발	2. 자료구조의 개념	
2주		2장 : 알고리즘과 알고리즘의 성능	1. 알고리즘의 정의 3. 알고리즘의 성능	2. 정렬과 검색 알고리즘 4. 알고리즘 분석의 표현법	
3주	배열 스택과 큐	3장 : 배열과 응용	1. 배열의 개념 3. 구조체 5. 다차원 배열의 저장	2. 포인터 타입 4. 희소(Sparce) 행렬	
4주		4장 : 스택과 큐	1. 스택과 큐 자료구조 3. 큐	2. 스택 4. 원형 큐	
5주		5장 : 스택의 응용	1. 후위표기법 2. 스택을 이용한 후위표기법 변환 3. 스택을 이용한 후위표기식의 계산		
6주	리스트 자료구조	6장 : 연결리스트	1. 포인터 타입 2. 단순 연결리스트 3. 연결리스트를 이용한 스택rjk 큐의 구현 4. 연결리스트 응용 5. 리스트 구현 방법의 정리		
7주		7장 : 고급 연결리스트	1. 원형 연결리스트 3. 연결리스트 알고리즘	2. 이중 연결리스트	
8주	**중 간 고 사**				1주
9주	트리 자료구조	8장 : 트리 자료구조	1. 트리의 개념 3. 이진트리의 저장	2. 이진트리	
10주		9장 : 트리의 탐색	1. 이진트리 탐색 알고리즘 2. 쓰레드 이진트리 3. 이진트리에 관한 알고리즘		
11주	정렬 알고리즘	10장 : 정렬	1. 버블정렬 3. 퀵정렬 5. 정렬 알고리즘 요약	2. 삽입정렬 4. 힙정렬	
12주	검색 알고리즘	11장 : 검색	1. 선형검색 3. 해시 검색 5. AVL 트리	2. 이진검색 4. 이진 탐색트리 6. B-트리	
13주	그래프 자료구조	12장 : 그래프 개념과 그래프 탐색	1. 그래프의 개념 3. 그래프 탐색	2. 그래프의 표현	
14주		13장 : 그래프의 응용	1. 스패닝 트리 3. 최단경로 문제	2. 최소 스패닝트리 4. 이행성폐포 문제	
15주	**기 말 고 사**				1주

자세히 배우는 진도표

• 앞부분을 빨리 배우고 뒷부분을 빠지지 않게 배우는 방법
16주 강의인 경우 1주 정도 더 부족한 부분을 배운다.

주차	책목차(장)		내용		비고
1주	자료구조의 기초	1장 : 소프트웨어 개발과 자료구조	1. 소프트웨어 개발	2. 자료구조의 개념	
2주		2장 : 알고리즘과 알고리즘의 성능	1. 알고리즘의 정의 3. 알고리즘의 성능	2. 정렬과 검색 알고리즘 4. 알고리즘 분석의 표현법	
3주	배열 스택과 큐	3장 : 배열과 응용 4장 : 스택과 큐	1. 배열의 개념 3. 구조체 5. 다차원 배열의 저장 1. 스택과 큐 자료구조 3. 큐	2. 포인터 타입 4. 희소(Sparce) 행렬 2. 스택 4. 원형 큐	
4주		5장 : 스택의 응용	1. 후위표기법 2. 스택을 이용한 후위표기법 변환 3. 스택을 이용한 후위표기식의 계산		
5주	리스트 자료구조	6장 : 연결리스트	1. 포인터 타입 2. 단순 연결리스트 3. 연결리스트를 이용한 스택rjk 큐의 구현 4. 연결리스트 응용 5. 리스트 구현 방법의 정리		
6주		7장 : 고급 연결리스트	1. 원형 연결리스트 3. 연결리스트 알고리즘	2. 이중 연결리스트	
7주	트리 자료구조	8장 : 트리 자료구조	1. 트리의 개념 3. 이진트리의 저장	2. 이진트리	
8주	중 간 고 사				1주
9주	트리 자료구조	9장 : 트리의 탐색	1. 이진트리 탐색 알고리즘 2. 쓰레드 이진트리 3. 이진트리에 관한 알고리즘		
10주 11주 12주	정렬 알고리즘	10장 : 정렬	1. 버블정렬 3. 퀵정렬 5. 정렬 알고리즘 요약	2. 삽입정렬 4. 힙정렬	
	검색 알고리즘	11장 : 검색	1. 선형검색 3. 해시 검색 5. AVL 트리	2. 이진검색 4. 이진 탐색트리 6. B-트리	
13주	그래프 자료구조	12장 : 그래프 개념과 그래프 탐색	1. 그래프의 개념 3. 그래프 탐색	2. 그래프의 표현	
14주		13장 : 그래프의 응용	1. 스패닝 트리 3. 최단경로 문제	2. 최소 스패닝트리 4. 이행성폐포 문제	
15주	기 말 고 사				1주

5. 실습 프로그램 목록

교재에 포함된 실습할 수 있는 프로그램은 각 장별로 다음과 같다. 웹 사이트를 통하여
실행해 볼 수 있다. (http://dblab.duksung.ac.kr/ds)

번호	책목차(장)		프로그램 이름
1	자료구조의 기초	1장 : 소프트웨어 개발과 자료구조	
2		2장 : 알고리즘과 알고리즘의 성능	selectionsort.c binarysearch.c
3	배열 스택과 큐	3장 : 배열	sum.c structtest.c
4		4장 : 스택과 큐	stacktest.c circularqueue.c
5		5장 : 스택의 응용	infixtopostfix.c postfixeval.c
6	리스트 자료구조	6장 : 연결리스트	pointer.c listcreate.c
7		7장 : 고급 연결리스트	linkedlist.c malloctest.c linkedlist−stack.c
8	트리 자료구조	8장 : 트리 자료구조	treetraversal.c
9		9장 : 트리의 탐색	bst.c
10	정렬 알고리즘	10장 : 정렬	bubblesort.c selectionsort.c insertionsort.c quicksort.c heapsort.c sort−perform.c
11	검색 알고리즘	11장 : 검색	linearsearch.c binarysearch−iterative.c binarysearch−recursive.c hash.c bst.c
12	그래프 자료구조	12장 : 그래프 개념과 그래프 탐색	dfs.c bfs.c
13		13장 : 그래프의 응용	graph.c kruscal.c dijkstra.c

CONTENTS

CHAPTER **1**

소프트웨어 개발과
자료구조

컴퓨터시스템의 두개의 큰 축인 **하드웨어**와 **소프트웨어**는 빠른 속도로 발전하고 있다. 하드웨어 속도는 최근 10년간 수십 배 속도가 빨라졌다. 그러나 소프트웨어는 하드웨어에 비해서 발전 속도가 느리다. 소프트웨어 발전 속도에 있어서 주요한 문제점은 수행 속도보다는 정확하게 요구하는 기능을 수행하는 프로그램을 개발하는 문제이다. 이 문제는 사용자가 원하는 정확하고 효율적인 소프트웨어를 주어진 기간 내에 개발해야하는 문제로 소프트웨어 개발자와 개발 도구에 관련된 문제이다. 여기에는 개발자의 개발 능력, 소프트웨어 개발이론, 기술, 개발도구, 개발조직 등 여러 가지 개선되어야 할 문제가 많다.

소프트웨어는 **프로그램(program)**과 **자료(data)**로 구성이 된다. 프로그램은 알고리즘(algorithm)을 통해서 구현이 되고, 자료에 관한 사항은 자료구조(data structure)의 구성에 따라 프로그램과의 관계가 형성된다.

제 1 장에서는 소프트웨어의 개발 과정과 문제점 그리고 프로그램 개발 시 자료구조의 역할과 자료구조의 기본 개념을 살펴보도록 한다.

제 1 장에서 학습할 내용은 다음과 같다.

1.1　소프트웨어 개발
　1.1.1　소프트웨어 개발의 예
　1.1.2　소프트웨어 시스템 생명 주기(life cycle)

1.2　자료구조의 개념
　1.2.1　자료구조의 개념
　1.2.2　좋은 소프트웨어 란?
　1.2.3　자료구조의 예
　1.2.4　자료구조에서 배우는 내용

1.1 소프트웨어 개발

1.1.1 소프트웨어 개발의 예

소프트웨어 개발은 매우 어려운 과정이다. 이것은 사용자가 원하는 정확하고 효율적인 소프트웨어를 주어진 기간 내에 개발해야하는 문제이다. 소프트웨어 개발은 사용자, 소프트웨어 개발자와 개발 도구, 개발 방법 여러 가지 구성 요소의 협동으로 이루어진다. 사용자와 개발자의 정확한 의견 교환, 개발자의 개발 능력, 소프트웨어 개발 이론, 프로그래밍 기술, 좋은 개발 도구, 유기적인 개발 조직 등 여러 가지 고려하고 개선되어야 할 문제가 많다. 소프트웨어 개발 과정의 문제점을 간단한 프로그램의 개발 과정을 보면서 살펴보기로 하자.

☼ 간단한 프로그램 개발

n 개의 데이터 중 가장 큰 수를 찾아 주시오.

- 개발의뢰자 : 철수(화학전공, 실험데이터 n개 처리 요청)
- 개발자 : 영희(전산전공, 프로그래밍)

 철수 -> 프로그래머(영희)

What is the problem?

How to solve the problem...

설명

철수는 화학을 전공하며 실험실에서 전공과 관련된 실험을 하는데, 매번 실험 결과 n개의 자료가 실험 장치를 통하여 무작위로 만들어진다고 한다. 철수는 이때 마다 제일 큰 수를 찾기 위하여 수작업으로 시간을 많이 소모한다. 그래서 실험 결과로 만들어진 수를 컴퓨터를 이용하여 제일 큰 수를 자동적으로 찾을 수 없을까 고민하다 프로그래머에게 의뢰하기로 하였다. 철수가 컴퓨터 프로그램을 직접 배워서 해볼까 생각을 해보았지만, 아래와 같은 점을 생각해보니 혼자 해결하는 것이 좋은 방법은 아니라는 결론에 도달하였다.

1. 프로그램 배우는 것이 쉽지 않다고 한다. 프로그램 언어를 배우는데 보통 수개월이 걸린다.

2. 이번 실험 외에는 앞으로 프로그램을 자주 할 것 같지 않다.

3. 컴퓨터 프로그램 언어가 기술이 발달하면 주기적으로 바뀐다고 한다. 바뀌는 언어를 매번 다시 배우기는 어려울 것 같다.

따라서 철수는 평소 친한 친구인 프로그래머 영희에게 프로그램을 의뢰하는 것이 더 효율적이라고 판단하였다. 비용은 영희(프로그래머)가 개발하는 데 소요되는 시간만큼, 즉 영희가 일한 시간 만큼에 대하여 시간당 비용을 지불하기로 하였다. 영희와 철수는 소프트웨어 개발 과정에 따라, 그림 1과 같이 진행을 하였다. 그림 1은 누가 무엇을 해야 하는지에 따라 6단계로 나누었다.

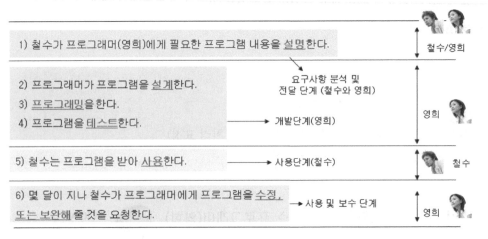

그림 1 : 프로그램 개발 순서

그림 1의 과정들을 단계별로 설명하면 다음과 같다.

① **요구사항분석**

철수는 영희(프로그래머)에게 n개의 데이터에 대하여 큰 수를 찾아야 된다는 필요성을 설명하고, 데이터가 어떻게 생성되며 어디에 보관이 되어있는지를 설명한다. 어떤 환경에서 프로그램을 사용하여야 하는지, 실험은 무슨 목적에서 하는지 등 프로그램 사용에 필요한 주변 사항들도 같이 설명한다. 이 과정에서 철수는 원하는 바를 가능한 자세히 정확하게 설명하여야 한다. 만약 잘못 설명된 부분이 있으면, 영희는 엉뚱한 작업을 프로그래밍하게 되며, 나중에 프로그램 개발 후 프로그램에 실패하는 가장 큰 원인이 된다. 프로그램 개발의 실패나 기능의 불만족은 개발 후 개발자와 의뢰자 사이에 분쟁의 원인이 된다.

② **프로그램 설계**

영희는 철수의 의도를 파악하고 프로그램이 어떻게 수행되어야 하는지 설계를 한다. 영희는 전체 데이터에서 데이터를 한 개씩 읽어서 현재까지 기억하고 있던 수와 비교하여 가장 큰 수를 찾는 방법을 선택한다. 프로그램 설계는 그림 2와 같이 흐름도(flowchart)를 그려서 작성한다.

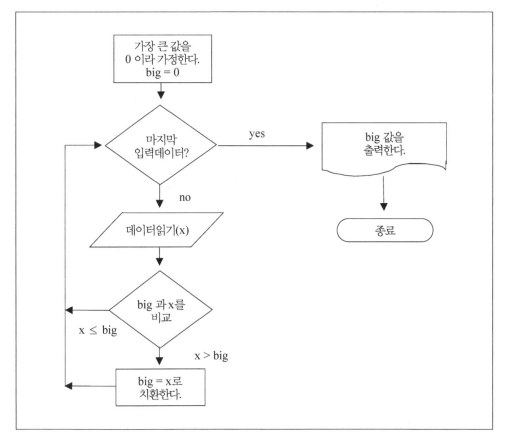

그림 2 : 설계된 프로그램 흐름도

③ **프로그래밍**

영희는 설계에 따라 컴퓨터 언어로 흐름도에 맞는 프로그래밍 한다. 설계도에 따른 프로그램은 그림 3과 같다. 흐름도의 각 요소는 C 언어 문장을 사용하여 변환한다. 가장 큰 값을 0으로 놓고, 데이터를 하나씩 읽어서 비교를 한 후 큰 값이 나타나면 이 값을 big의 새로운 값으로 치환한다. while 문에서 조건은 입력의 끝인지 테스트한다. 100개의 데이터에 대하여 프로그램을 실행하기 위하여 변수 i를 0부터 99까지 증가시키면서 반복을 계속한다.

```
/* 프로그램 1-1 큰값 찾기 */
#include <stdio.h>
int main()
{
    int big, x, i, n;
    big =0; i=0; n=100;
    while(i < 100)
    {
        scanf("%d", &x);
        if(x>big) big=x;
            i = i +1;
    }
    printf("the big is : %d\n", big);
}
```

그림 3 : C 언어로 작성된 프로그램

④ **테스트** : 작성된 프로그램을 테스트한다. 영희는 철수에게 샘플 데이터를 받아서 프로그램에 입력하여 실험을 한다. 그림 3의 프로그램은 데이터를 100개 입력하도록 되어있지만 실제로는 데이터를 파일에 저장하여 프로그램이 스스로 데이터 개수를 알아서 처리한다. 영희는 철수에게 테스트 과정을 보여주며 결과를 확인한다. 결과가 정확하지 않으면 철수와 상의하여 원인을 찾거나 다시 개발한다.

⑤ **사용** : 철수는 프로그램 확인 후, 영희(프로그래머)에게 완성된 프로그램을 받아서 사용을 한다. 철수는 영희로 부터 프로그램을 컴퓨터에 설치하는 법, 프로그램을 수행하는 법, 문제가 있을 때 해결하는 법을 배우거나 문서로 설명된 프로그램 사용법 매뉴얼을 받는다.

⑥ **유지 보수 단계** : 만약 철수가 사용을 하다 실험의 내용이 변경되어 제일 작은 수도 함께 필요하게 되었다고 하자. 철수는 이 문제 역시 혼자서 해결하기 어려우므로, 다시 프로그래머를 찾아서 수정을 의뢰하게 된다. 그 외 실수데이터 처리가 필요하다든지, 운영체제가 바뀌어 프로그램을 다시 개발하거나 설치한다든지 등의 문제가 발생할 때도 개발자에게 의뢰해야 한다. 이와 같이 유지보수는 프로그래머의 프로그램 오류, 사용자의 새로운 요청 사항 등에 따라 프로그램을 수정 개발하는 단계이다.

☼ 프로그램 개발할 때 발생하는 문제나 생각할 점

① 철수가 영희에게 **음수 데이터**도 있다고 말했는데, 영희가 이것을 무시했다면, 영희의 프로그램은 문제를 발생한다. 그림 3의 프로그램은 모든 데이터가 음수 데이터로 입력된다면 결과가 틀리게 된다. 왜 그런지 프로그램을 보면서 살펴보자.(힌트 : big의 초기 값을 보라) 철수가 이러한 가능성을 처음에 말하지 않았다면 프로그램을 다시 개발해야하며 책임 문제가 따르게 된다. 철수는 나중에 이러한 오류를 지적하지만, 처음에 데이터가 모두 음수 데이터일 수 있다는 내용을 영희에게 전달하는 것 보다, 개발 후 고치는 데 비용이 많이 든다.

② 영희가 철수에게 개발된 프로그램 max.exe를 주고 **소스 프로그램**인 max.c 프로그램을 전달하지 않으면 유지 보수 단계에서 어떤 문제가 생길까? 철수는 영희(프로그래머)가 가까이 있다면 언제든지 만나서, 프로그램 수정이 필요할 때 수정 요청을 할 수 있다. 그러나 영희가 졸업 후 취직하여 다른 지역으로 갔거나, 바빠서 철수의 요구를 들어줄 수 없다면, 프로그램을 수정할 수 없다. 소스 프로그램인 max.c가 있어야 다른 프로그래머에게 다시 개발을 요구할 수 있다. 프로그램 개발 후 소스 프로그램을 받아두는 것은 중요한 문제이다.

③ 철수가 프로그램을 **직접 배운다면** 어떻게 될까? 보통 프로그램 언어를 하나 배우려면 수개월이 소요된다. 그렇지만 개인용 컴퓨터의 보급과 함께 프로그래밍이 점점 쉬워지고 있다. 따라서 철수가 프로그램을 배우는 것도 가능한 일이 된다. 이것은 영희와 같은 프로그래머에게는 즐거운 일은 아니다. 프로그램 언어가 배우기 쉬워질수록 프로그래머의 역할이 축소된다는 의미이다.

1.1.2 소프트웨어 생명 주기(Software Life Cycle)

앞의 예에 보았듯이, 소프트웨어의 개발 과정을 좀 더 체계적으로 정리하면 그림 4와 같이 6단계로 구성이 된다. 각 단계를 좀 더 자세히 설명하면 다음과 같다.

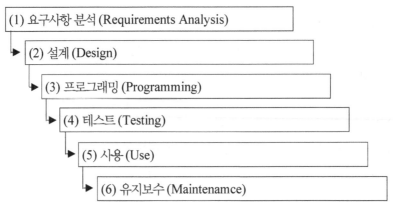

(1) 요구사항 분석 (Requirements Analysis)

(2) 설계 (Design)

(3) 프로그래밍 (Programming)

(4) 테스트 (Testing)

(5) 사용 (Use)

(6) 유지보수 (Maintenamce)

그림 4 : 소프트웨어 개발 모델

(1) 요구사항 분석(Requirements Analysis) 단계

소프트웨어 개발 전 개발자가 사용자의 정확한 요구 사항(입력, 출력, 처리 논리 등)을 파악한다. 개발 의뢰자와의 대화를 통하여 개발 범위를 파악하는 과정이다. 이 과정에서 프로그래머는 사용자의 업무를 파악하여 프로그램 개발 범위를 정하고, 개발에 도움이 되는 정보를 얻는다. 이 과정은 프로그래머에게는 프로그램 영역 밖의 일이므로 흥미가 있는 일은 아니다. 예를 들면 은행, 기업, 공공기관 등 프로그램 개발 대상이 되는 부분의 업무를 파악해야 한다. 힘들지만 요구사항 분석을 정확히 해야 잘못된 프로그램을 개발하는 비용을 줄일 수 있다. 일반적으로, 소프트웨어를 개발하여 고객에게 전달한 후 결함을 발견하고 고치는 비용은, 과장이 있을 수 있겠지만, 요구분석 단계에서 수정하는 것보다 10배 이상 노력이 더 든다고 알려져 있다.

(2) 설계(Design) 단계

개발될 프로그램을 설계한다. 분석 단계보다는 좀 구체적인 과정으로 프로그램 사용자가 누구인지, 사용자별로 어떤 기능이 필요한지에 따라 프로그램의 흐름을 결정하고, 또 데이터 내용에 관한 설계를 한다. 최근에는 설계를 도와주는 전용 프로그램이나 방법론 활용이 많이 일반화되어 있다.

(3) 프로그래밍(programming) 단계

설계된 논리를 프로그램 언어로 바꾸는 작업이다. 좋은 프로그래밍 언어의 선택과 프로그래머의 능력에 따라 개발 시간이 많이 좌우되며, 전체 단계 중 시간과 인력이 가장 많이 소요되는 부분이다. 프로그램 언어는 C, Java, Python, Visual Basic, Visual Java, JSP, ASP, PHP, C++, C# 등 많이 있으므로 개발될 시스템의 용도에 따라 시간과 비용을 줄일 수 있는 언어를 택해야 한다.

(4) 테스트(testing) 단계

작성된 프로그램을 실제 데이터나 모의 데이터를 이용하여 검증한다. 대부분의 경우 실제 데이터를 이용하여 테스트하기는 어렵기 때문에, 모의 데이터를 이용하여 테스트를 하며, 100% 오류를 찾는 작업은 불가능하다. 은행 업무 프로그램 같은 경우 실제 고객의 데이터를 이용하여 테스트하기는 어렵다. 그러나 작은 오류라도 완성된 프로그램에 큰 영향을 미치기 때문에 신중하게 하여야 한다. 테스트 과정에서 사용자가 완성될 프로그램을 보면서 새로운 기능을 요구하는 경우도 많다.

(5) 사용(Use) 단계

사용자는 개발자로부터 프로그램을 받아서 사용한다. 개발자는 사용자들을 교육시켜야 하며, 사용자 매뉴얼을 제공하여 사용법을 스스로 익힐 수 있게 만든다. 또 프로그램 수정을 사용자가 직접할 수 있도록 개발자 매뉴얼을 작성하여 제공하는 수도 있다.

(6) 유지보수(Maintenance) 단계

프로그램을 사용자가 받아서 사용하는 중에 발생하는 문제점(bug)이나, 새로 추가될 프로그램 기능, 운영체제변경(upgrade) 등으로 인하여 프로그램을 재개발하는 과정이다. 재개발은 앞에서 설명한 프로그램 제작 과정을 다시 거쳐서 만든다. 재개발은 프로그램의 원 제작자가 다시 하는 것이 가장 좋으나, 대부분은 원 제작자 팀이 해체되거나 원 제작자가 이직 등으로 재개발에 참여하기 어렵다. 따라서 새로운 개발자는 프로그램의 제작과정의 노하우를 기존 제작자에게 전달받기 어렵다. 따라서 프로그램 개발에 관한 내용이 문서화가 잘되어 있으면 새로운 개발자는 쉽게 프로그램을 다시 작성할 수 있다. 프로그램의 유지 보수를 쉽게할 수 있도록 하는 것은 원 제작자의 책임이다.

소프트웨어 개발 시 **발생할 수 있는 문제점**을 각 단계별로 다시 정리하면 다음과 같다.

① 요구사항분석(Requirements Analysis) 단계
  - 필요한 소프트웨어 개발 내용을 정확하게 프로그래머에게 전달하여야 한다.
② 설계 혹은 디자인(Design)
  - 설계를 쉽게 하고, 문서화하기 위한 좋은 설계도구가 필요하다.
③ 프로그래밍 혹은 코딩(Coding)
  - 좋은 프로그램 언어 즉 쉽게 개발할 수 있는 언어의 선택이 필요하다.
  - 빨리 정확한 프로그램을 개발하여야 한다.
  - 개발된 프로그램이 컴퓨터에서 빨리 수행되어야 한다.
  - 입력데이터나 프로그램내의 자료를 효율적으로 구성한다.
  - 프로그램을 다른 사람이 쉽게 알아볼 수 있도록 작성한다.
④ 테스트(Test)
  - 여러 가지 가능한 데이터에 대하여 검증이 필요하다.
  - 실험 데이터를 인위적으로 생성한다.
⑤ 사용(Use)
  - 사용자를 교육시킨다.
⑥ 유지보수(Maintenance)
  - 프로그램의 변경이 필요할 때 효과적으로 재개발하는 방법이 필요하다.
  - 프로그램 변경을 할 수 있는 개발했던 프로그래머의 도움이 필요하다.

1.2 자료구조의 개념

1.2.1 자료구조의 개념

소프트웨어를 주어진 요구사항에 따라 정해진 시간 내에 개발하려면 여러 가지 해결해야할 문제점이 있다. 앞 절에서 열거한 여러 가지 문제점 중 하나는, 프로그램이 빨리 수행되며 기억장소를 적게 차지하도록, 효율적으로 만드는 것이다. 이 문제를 살펴보기로 하자. 프로그램은 자료구조와 알고리즘으로 구성된다.

> **소프트웨어(프로그램) = 알고리즘 + 자료구조**

알고리즘은 C, Java 같은 프로그램 언어를 이용하여 프로그램으로 바뀌며, 자료구조는 프로그램이 필요한 자료가 저장된 구조이다. 자료가 저장된 구조에 따라 알고리즘의 속도와 알고리즘 작성의 난이도가 영향을 받게 된다. 일반적으로 알고리즘의 속도를 빠르게 하려면 자료구조가 복잡해지는 경우가 많고, 결과적으로 프로그램이 어려워지는 역상관관계에 있게 된다. 그림 5는 입력데이터를 받아서 자료구조를 구성한 후, 알고리즘이 이를 처리하여 출력하는 모형이다.

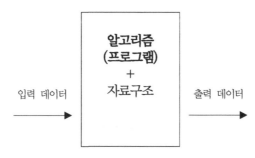

그림 5 : 알고리즘과 자료구조

1.2.2 좋은 소프트웨어(프로그램)란?

좋은 프로그램은 무엇인가? 좀 어려운 질문이지만 여러 가지 점에서 생각해볼 수 있다. 사용자와 개발자, 컴퓨터 시스템에 따라 각각 요구하는 사항이 다르다. 요구사항들은 서로 상충되는 것들이 많다. 초기에 컴퓨터 가격이 고가였을 때, 좋은 프로그램은 컴퓨터의 입장에서 수행시간이 빠르고, 기억장소를 적게 사용하는 프로그램이었다. 그러나 컴퓨터 가격의 하락에 따라 점점 프로그래머의 개발 인건비를 줄일 수 있는 입장에서 빨리 개발할 수 있는 프로그램, 그리고 사용자의 입장에서는 그래픽 인터페이스를 사용하여 쉽게 사용할 수 있는 프로그램으로 바뀌었다. 좋은 프로그램의 조건은 각각의 입장에서 다음과 같이 구분해 볼 수 있다.

좋은 프로그램 모든 조건을 만족할 수 없지만, 다음과 같은 조건들이다.

1. 프로그래머 입장에서는 개발하기 쉽고(개발 기간 단축), 테스팅이 용이하며, 기능을 추가하여 다음 개발이 쉬운(알기 쉬운) 프로그램이다.

2. 사용하는 사람(운영자)에게 필요한 사항은 사용이 쉽고, 유지보수하기 편하고, 요구사항변경에 적응하기 쉬운 프로그램이다.

3. 컴퓨터(시스템) 입장에서 요구사항은 실행 시 수행 시간이 빠르고, 기억장소를 적게 사용하는 프로그램이다.

초기의 프로그램은 컴퓨터 가격이 비쌌기 때문에 컴퓨터 입장에서 좋은 프로그램인 수행 시간과 기억장소 사용에 관심을 두었다. 이 시기에 자료구조와 알고리즘에 관한 분야가 많이 발전을 하였다. 그러나 컴퓨터 가격이 하락하고 프로그램을 개발하는 프로그래머의 인건비가 상대적으로 높아짐에 따라 프로그램 개발 기간 단축이 매우 중요해졌다. 또한 프로그램 사용자의 입장에서 쉽게 사용할 수 있는 프로그램도 중요한 요소가 되었다.

1.2.3 프로그램과 자료구조의 관계

자료구조에 따라 프로그램이 어떤 영향을 받는지에 대한 예를 도서관의 도서검색의 예를 보면서 살펴보기로 하자.

☼ 도서관 자료구조의 예

설명

도서관에 책이 1만권 있고, 도서관 이용자가 책을 찾으러 서가를 뒤진다고 가정하자. 이 상황을 컴퓨터 프로그램에 비교하면, 도서관의 책 한권 한권은 컴퓨터의 자료에 해당된다. 책을 찾는 과정은 컴퓨터로 보면 자료에 대한 검색 프로그램이 된다. 다음의 3가지 사례를 통하여 책을 정리해 두는 방법(**자료구조**)이 책을 찾는 방법(**검색 알고리즘**)에 어떤 영향을 끼치는지 보도록 하자.

■ 사례 1

도서관의 책이 아무 순서 없이 1만 권이 놓여 있다. 도서관 이용자(검색 프로그램)는 책을 찾기 위해서 많은 도서를 살핀다. 운이 좋으면 300권정도 살펴보다 찾을 수 있고, 운이 나쁘면 8000권 정도를 살펴야 한다. 찾는 방법은 무조건 하나씩 뒤지는 수밖에 없다. 매우 원시적인 방법이며, 보통은 책을 찾을 필요가 없는 경우가 아니면 이렇게 관리하지는 않는다. 이 방법의 한 가지 장점은 도서관 운영자가 편리하다는 점이다. 도서관 운영자는 새로운 도서가 신규로 구입하여 들어올 때 도서를 정리하는 노력을 할 필요가 없다. 도서를 아무 책장에나 놓아두면 된다. 이 방법을 테이블과 그림으로 요약하면 다음과 같다. 컴퓨터 프로그램으로 말하면 데이터를 순서 없이 놓아두고 검색하는 방법이다.

표 20 : 도서관과 컴퓨터 자료구조의 비교(예 1)

사례 1	도서의 상태	책을 찾는 결과
도서관	도서관의 책 1만 권이 아무순서 없이 놓여있다.	책을 찾는 사람의 시간이 많이 소요된다.
컴퓨터 자료구조	자료를 컴퓨터에 순서 없이 저장한다.	프로그램의 응답 시간이 길어진다. 평균 5,000번 비교해야 한다.

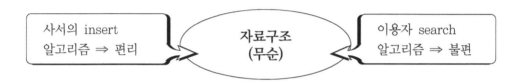

■ 사례 2

도서관의 책을 도서 이름 첫 글자에 따라 가나다순으로 14개 그룹으로 정리를 한다. 각 그룹 안에서는 순서없이 배치한다. 이용자는 책을 찾기 위해서 먼저 가나다순으로 그룹을 찾은 후 그 안에서 책을 뒤진다. 운이 좋으면 300권정도 살피다 찾을 수 있고, 운이 나빠도 한 그룹에 최대 1,000권의 책이 있다면 1,000권내에서 찾을 수 있다. 평균적으로는, (10,000/14)의 반절인 (10,000/14)×(1/2)의 비교를 해야 한다. 사례 1에 비해서는 검색 시간이 1/14로 줄어들어서 사용자는 시간을 절약할 수 있다. 그렇지만 도서관 운영자는 사례 1에 비하여, 새로운 도서가 들어올 때 가나다 그룹 순으로 정리하는 약간의 노력을 할 필요가 있다. 컴퓨터 프로그램으로 말하면, 가나다 별로 데이터가 들어있는 정보(인덱스)를 확인한 다음, 각 그룹 안에서 임의로 데이터를 찾는 방법이다.

표 21 : 도서관과 컴퓨터 자료구조의 비교(예 2)

사례 2	도서의 상태	책을 찾는 결과
도서관	가나다순으로 14개 그룹으로 책1만 권을 분류하며, 각 그룹에서는 아무 순서 없이 놓여있다.	책을 찾는 사람의 시간이 사례 1에 비하여 많이 줄어든다.
컴퓨터 자료구조	자료를 14개 큰 기억 장소에 그룹으로 정리한다. 각 그룹에는 무순으로 저장한다.	프로그램의 응답 시간이 사례 1에 비하여 많이 줄어든다.

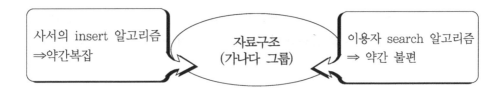

■ 사례 3

도서관의 책을 도서 이름에 따라 가나다순으로 14개 그룹으로 정리를 한다. 또 각 그룹 안에서는 책을 가나다순으로 모두 정리를 한다. 이용자는 책을 찾기 위해서 먼저 가나다 순으로 찾은 후, 그 안에서 책을 뒤진다. 가나다 그룹을 찾는 것은 사례 2와 같다. 일단 그룹을 찾은 후에는, 그룹 내에서 가나다순으로 국어사전에서 단어를 찾는 방식으로 검색을 한다. 이 방법은 제목의 가나다와 가장 가까운 위치로 바로 이동하기 때문에, 사례 2보다는 빨리 찾아간다. 대부분 운이 좋건 나쁘건 10번 이하의 빠른 시간 안에 찾을 수 있다. 그렇지만 도서관 운영자는 새로운 도서가 들어올 때, 가나다순으로 분류하고 각 분류 안에서 가나다순으로 책을 정리하는 노력이 필요하다. 책을 꽂을 자리가 없으면, 서가의 1줄을 이동해야 하는 노력이 필요하다. 서가가 좁으면 새로운 서가를 서가 사이에 설치해야할 경우도 생긴다.

표 22 : 도서관과 컴퓨터 자료구조의 비교(예 3)

사례 3	도서의 상태	책을 찾는 결과
도서관	가나다 으로 14개 그룹으로 책1만권을 분류하여, 각 그룹 내에서 다시 가나다순으로 놓여있다.	책을 찾는 사람의 시간이 많이 줄어든다.
컴퓨터 자료구조	자료를 14개 큰 기억 장소에 그룹으로 정리한다. 각 그룹에는 데이터를 가나다순으로 순서대로 저장한다. 혹 빈자리가 없으면 데이터들을 뒤로 이동한다.	프로그램의 응답 시간이 많이 줄어든다.

☀ 도서관 자료 구조의 교훈

앞에서 열거한 도서관 자료구조 사례를 살펴보면 몇 가지 재미있는 사실을 알 수 있다.

- 데이터를 찾을 때, 평균 검색(search) 시간(비교횟수)을 줄이기 위한 방법들이 다양하다.
- 책의 배치 즉, 자료구조를 단순하게 하면, 사용자의 검색(검색 프로그램) 시간이 오래 걸린다.
- 책의 배치 즉, 자료구조를 단순하게 하면, 운영자의 관리(운영 프로그램) 방법은 간편하다.
- 자료구조가 바뀌면 검색 속도, 데이터 관리 방법 등 프로그램이 영향을 많이 받는다.
- 알고리즘들 간에(예, 검색(search)과 삽입(insert) 알고리즘) 서로 충돌한다. 즉, 검색 시간을 빠르게 하려면 삽입 시간이 오래 걸리거나 복잡해진다.

따라서 **자료구조는 프로그램과 긴밀한 관계**를 가지며, 프로그램의 효율, 복잡도 등에 영향을 미친다. 사용자에게 좋은 프로그램을 만들려면 자료의 구조와 프로그램에 많은 관심을 가져야 한다.

1.2.4 자료구조에서 배우는 내용

대표적인 자료구조는 다음과 같은 내용들이 있다. 각 자료구조와 배워야할 내용을 정리해 보자.

(1) 리스트

학생 명단, 동창회 명단, 고객 명단 등 순서가 있는 자료의 나열을 말한다. 도서관의 도서들도 리스트 자료의 일종이다. 대부분의 자료는 리스트 자료인 경우가 많다.

그림 6 : 리스트 자료구조

리스트 자료에 대하여 학습해야할 내용은 다음과 같다.

1. 리스트 자료를 컴퓨터 프로그램에 저장(구현)하는 방법이 필요하다. 리스트는 주로 프로그램 언어의 배열 데이터 타입으로 저장한다.
2. 저장된 리스트 자료에 대하여 작업 연산(검색과 삽입, 삭제) 함수를 개발한다.
3. 리스트의 일종인 스택 자료구조(리스트의 한쪽에서 삽입과 삭제가 일어나는 리스트 타입)를 구현하고 응용하는 방법을 배운다.
4. 리스트의 일종인 큐 자료구조(리스트의 한쪽에서 삽입, 반대쪽에서 삭제가 일어나는 리스트 타입)를 구현하고 응용하는 방법을 배운다.
5. 리스트를 배열이 아닌 연결리스트(linked list)에 저장하여 관리하는 방법을 배운다.

(2) 트리 자료구조

트리는 나무를 역으로 배치시킨 구조이다. 루트 노드가 있고 나머지는 노드라고 부르는 자료로 구성된다. 트리는 데이터가 다단계 그룹화 되어 저장되는 특성이 있을 경우 사용된다.

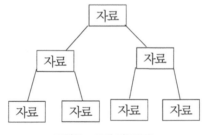

그림 7 : 트리 자료구조

트리 자료구조에 대하여 알아야할 내용은 다음과 같다.

1. 트리 자료구조를 구성하여 프로그램에 저장하는 방법을 배운다.
2. 트리의 일종인 이진트리(자식노드가 2개 이하인 트리)의 성질과 컴퓨터에 저장하는 방법을 배운다.
3. 트리 자료구조에 저장된 데이터를 탐색(traversal)하는 방법을 배운다.
4. 트리 자료구조를 이용한 문제 해결 방법을 배운다.

(3) 그래프 자료구조

그래프 자료구조는 자료들이 지도의 그래프 형태로 연결된 구조이다. 데이터가 그래프 형태를 갖는 지형 문제, 복잡한 자료구조들이 여기에 해당된다.

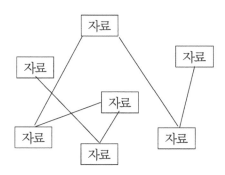

그림 8 : 그래프 자료구조

그래프 구조 자료에서 배울 내용은 다음과 같다.

1. 그래프 자료구조를 생성하고 데이터를 그래프 구조에 저장하는 방법을 배운다.
2. 그래프 구조의 성질을 배운다.
3. 그래프에 저장된 데이터를 탐색(traversal)하는 깊이우선 탐색, 너비우선 탐색 방법을 배운다.
4. 그래프를 이용한 응용으로 실생활에서 일어나는 최단거리문제, 스패닝 트리 문제 등을 배운다.

(4) 정렬(sorting)

많은 양의 데이터를 저장하는 가장 큰 이유는 데이터를 찾는 검색 작업 때문이다. 이러한 검색을 빨리하기 위해서는 정렬이라는 작업이 필요하다. 정렬은 컴퓨터에서 가장 많이 사용되고 기본이 되는 알고리즘이다. 알고리즘과 자료구조와의 관계를 가장 잘 살펴볼 수 있는 알고리즘들이다.

정렬(sorting)을 통해서 배울 내용은 다음과 같다.

1. 정렬의 개념은 데이터를 값에 따라 순서대로 배열하는 것이다.
2. 정렬은 검색을 효율적으로 할 수 있도록 돕는다.
3. 정렬하는 방법은 버블정렬, 삽입정렬, 선택정렬, 퀵정렬, 힙정렬 등 여러 가지가 있다.

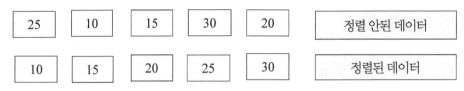

그림 9 : 정렬

(5) 검색(searching)

도서관의 많은 도서 자료를 컴퓨터에 저장하여 검색하는 작업의 경우처럼 검색은 데이터에서 원하는 값에 대한 자료를 찾는 것이다.

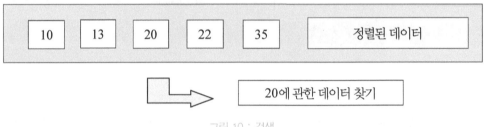

그림 10 : 검색

검색을 통하여 배울 내용은 다음과 같다.

1. 검색을 하는 알고리즘들에 대하여 배운다.
2. 검색 알고리즘에서 검색 시간을 줄이는 다양한 방법을 배운다.
3. 단순한 검색 알고리즘인 선형검색을 배운다.
4. 정렬된 데이터에서 검색을 하는 이진검색 알고리즘을 배우고 효율성을 살펴본다. 이진검색은 정렬된 데이터의 가운데 데이터를 검색하여 데이터의 검색 대상 개수를 1/2씩 줄여나가는 방법이다.
5. 검색 데이터에 관한 내용을 트리구조에 인덱싱하여 빨리 찾는 방법들을 배운다.

정리Review

- 소프트웨어 개발단계는 요구사항분석, 설계, 프로그래밍, 테스트, 사용 및 유지보수 단계로 구분한다.
- 소프트웨어 개발 시 문제점은 사용자가 요구하는 정확한 프로그램을 단기간에 개발하는 문제이다. 컴퓨터 가격이 하락하고 프로그램을 개발하는 프로그래머의 인건비가 상대적으로 높아짐에 따라 프로그램 개발 기간 단축이 매우 중요해졌다.
- 프로그램은 자료구조와 알고리즘으로 구성된다. 자료구조는 프로그램과 긴밀한 관계를 가지며, 프로그램의 효율, 복잡도 등에 영향을 미친다.
- 일반적으로 알고리즘의 속도를 빠르게 하려면 자료구조가 복잡해지는 경우가 많고, 결과적으로 프로그램이 어려워지는 역 상관관계에 있게 된다.
- 대표적인 자료구조는 스택, 큐, 리스트 등의 선형 자료구조와 트리, 그래프 등 비선형 자료구조가 있다.

1. **(C 프로그램 함수 연습)**

다음 C 프로그램을 실행하여 보고 수행 결과를 출력하여 보아라. 또 함수 sigma와 main 함수의 위치를 서로 바꾸면 어떻게 되는지 설명하여라.

[프로그램 구조]

```c
#include <stdio.h>
int sigma(int n)
{
    int r;
        for (r = 0; n > 0; n--)
            r += n;
        return r;
}

int main(void)
{
    int a;
    printf("\nInput number -> ");
    scanf("%d", &a);
    printf("\nSigma 1 to %d is %d.", a, sigma(a));
}
```

2. **(C 프로그램 – 3수의 정렬 연습)**

세 개의 정수 x, y, z를 오름차순으로 출력하는 C 프로그램을 작성하여라. 정수 x, y, z는 입력으로 읽어 들여도 되고 혹은 프로그램에서 초기화하여도 된다. 세수를 정렬을 하는 방법은 다양하다. 각자 자신의 생각대로 프로그램을 작성해보자.

[프로그램 구조]

```c
#include <stdio.h>
int main()
{
    /* 변수 타입 선언 */
    /* input 3 number */
        x =
```

```
    y =
    z =
  /* 알고리즘 작성 */

    ...
  /* output 3 number */

    ...
  }
```

3. (순환 알고리즘 연습)

알고리즘을 작성하는 방법으로 반복알고리즘과 순환알고리즘이 있다. n!을 구하는 문제를 2가지 방법으로 모두 작성하여보자. n!은 n이 1보다 작을 때 1을, 클 때 n*(n-1)! 값을 갖는다. 반복 알고리즘(iterative algorithm)은 for 문이나 while 문으로 반복 수행하여 결과를 구한다. 순환 알고리즘(recursive algorithm)은 프로그램 내에 자신을 직접/간접적으로 호출하여 결과를 구한다.

4. (정렬 알고리즘 작성)

10개의 데이터를 입력으로 받아서 선택정렬(selection sort)하는 알고리즘을 C 언어로 작성하여보자. 기본적인 정렬 알고리즘은 버블정렬(bubble sort), 선택정렬(selection sort), 삽입정렬(insertion sort)이 있다. 선택정렬로 작성하자. 선택정렬은 가장 큰 수부터 차례로 선택하여 배열의 가장 끝 부분에 저장하는 과정을 반복적으로 수행한다. main 프로그램을 완성하여라.

```
  #include <stdio.h>
  int main()
  {
    ...
  }
  /* 선택 정렬 함수 */
  void selection_sort(int a[], int n)
  {   int min, miniindex, i, j;
    for(i=0; I < n-1; i++)
    {
      minindex = i; min = a[i];
```

```
        for( j=i+1; j < n; j++)
        {
          if(min > a[j])
          { min = a[j]; minindex=j; }
        }
        a[minindex] = a[i];
        a[i] = min;
    }
}
```

5. (C 프로그램 함수 인자 전달 이해)

다음 두 프로그램은 비슷한 구조이지만 결과가 다르다. C 프로그램에서 함수에 인자를
전달하는 두 가지 방법을 보인 것이다. 결과가 다른 이유를 알아보고 포인터의 용도를
살펴보자.

a)
```
main()
{
  int a, b, c;
  a = 2; b=3; c=4;
  sub(a, b, c);
  printf("%d %d %d\n", a, b, c);
}
void sub(int x, int y, int z)
{   y = y +2; z = z + x;   }
```

a)
```
main()
{   int a, b, c;
  a = 2; b=3; c=4;
  sub(&a, &b, &c);
  printf("%d %d %d\n", a, b, c);
}
void sub(int *x, int *y, int *z)
{   *y = *y +2; *z = *z + *x;   }
```

1. 철수의 화학 실험을 컴퓨터로 처리하는 프로그램을 설계하고 프로그램 하여 보자. 프로그램은 요구사항 분석, 설계, 프로그래밍, 테스팅의 단계를 거쳐서 작성하여 보아라. 영희가 수행할 아래 과정을 단계적으로 실행해 보도록 하자.

(1) 요구사항 분석

철수는 영희에게 다음과 같은 프로그램 요구사항을 전달하였다.

(요구사항)
- 한 번의 실험을 거치면 데이터가 100개 발생한다.
- 100개의 데이터는 0부터 500 사이의 값을 갖는다.
- 데이터 값이 100보다 작거나 400 보다 크면 값을 200으로 다시 정해 준다.
- 출력으로 데이터 값의 평균, 분산, 버려진 값의 개수, 평균 값보다 값이 큰 데이터 개수를 출력한다.

(2) 프로그램 설계 단계
- 영희는 위의 요구사항을 반영하는 프로그램을 설계한다. 설계는 흐름도(flow-chart)를 사용한다.
- 입력은 배열에 저장한다고 가정한다.
- 흐름도 기호는 다음과 같다.

	처리	각종 연산이나 데이터의 이동 등 자료의 모든 처리를 표시
	입출력	자료의 입력과 처리 결과의 출력을 표시
→	흐름선	작업의흐름을 표시하며, 기호를 연결
	준비	기억 장소 할당, 초기값 배정, 순환 처리를 위한 준비 등에 사용
	비교/판단	주어진 조건을 비교하여 해당 조건을 찾아 흐름을 결정
	미리 정의된 처리	부프로그램과 같이 다른 곳에서 이미 정의된 과정을 나타냄
	터미널	순서도의 시작과 정지, 중단, 끝 등을 나타낼 때 사용

(3) 프로그래밍 단계

- 영희는 설계된 그림을 C 언어로 프로그램을 작성한다.
- 함수를 사용하며 인자 전달에 주의한다.
- 데이터를 입력하는 과정은 외부 파일로 받아야하나, 영희의 프로그램에서는 난수 (random number)를 발생시켜 입력 받는다고 가정한다.

```c
#include <stdio.h>
#include <time.h>
int main()
{
    int i;
    time_t t;
    int data[100];
    /* 데이터 입력 받기 */
        time(&t); srand(t); /* 난수 발생 초기화 */
        for (i=0; i<100; i++)
        {
            data[i] = (rand() % 500);
        }
    /* 함수 호출 */
    /* 데이터 처리 결과 출력 */
}

/* 데이터 처리 함수 */
void compute( )
{
    ...
}
```

(4) 테스트

프로그램의 테스트를 위해서는 프로그램 내에서 입력된 데이터를 출력하여 검사를 하여 본다. 또 버려진 값에 대한 수정 값을 출력해보고 계산기로 평균을 구하여 본다.

(5) 사용

위 개발 된 프로그램의 수행 환경, 수행되는 컴퓨터 기종, 프로그램 기능과 사용법
(user manual)을 적는다. 또 프로그램 내에 설명(comments, documents)을 적어두고
다른 프로그래머가 다시 프로그램을 개발할 때 개발하는 환경을 알 수 있도록 한다.

(6) 유지보수

철수가 버려진 데이터의 수정 값을 200에서 150으로 바꾸고 싶다고 하자. 만약 프로
그램을 다시 개발하여 컴파일 하려면 어떠한 과정을 거치는 지 설명하여라. (참고로
이러한 요구사항을 예상하여 수정값을 변수로 프로그램 외부에서 입력 받을 수 있
도록 처음부터 프로그램 할 수 있다)

CHAPTER **2**

알고리즘과
알고리즘의 성능

컴퓨터 프로그램을 작성하려면 먼저 설계에 해당되는 알고리즘을 작성하여야 한다. 좋은 알고리즘은 컴퓨터에서 빨리 수행될 뿐 아니라, 어려운 문제를 해결하기도 한다. 알고리즘은 자료구조와 밀접한 관계가 있다. 알고리즘은 자료구조의 선택에 따라 효율이 변한다. 이 장에서는 알고리즘이 무엇인가에 관한 내용을 학습한다. 특히 모든 알고리즘의 기초가 되는 정렬과 검색 알고리즘의 예를 한 개씩 살펴본다. 또 알고리즘의 수행 속도를 가늠하거나 같은 문제를 해결하는 두개의 알고리즘을 비교하는 방법으로 **O-표기법(O-notation)**을 소개한다.

제 2 장에서 학습할 내용은 다음과 같다.

2.1 알고리즘

알고리즘은 "**어떤 일을 하는 절차**"를 말한다. 컴퓨터에서 알고리즘은 프로그램이 수행할 작업의 절차를 말하며 "알고리즘"의 형식적 정의와 알고리즘이 갖추어야할 조건은 다음과 같다.

> **정의**
>
> 알고리즘(algorithm) - 주어진 작업을 수행하는 컴퓨터 명령어를 순서대로 나열한 것이다.(a finite set of instructions to accomplish a particular task) 알고리즘이 갖출 조건은 다음과 같다.

① 입력이 있다 : 0개 이상의 입력 데이터가 있다(zero or more inputs).
② 출력이 있다 : 1개 이상의 출력이 존재한다(at least one output).
③ 명령이 명확해야 한다 : 명령어가 모호하지 않아야 한다(clear and unambiguous instruction).
④ 명령어 수행의 유한성 : 일정한 단계를 거친 후 멈추어야 한다(terminates after a finite number of steps).

2.1.1 일상생활의 알고리즘의 예

컴퓨터 알고리즘의 서술은 크게 순서, 반복, 조건의 3가지 기능으로 기술한다. 알고리즘은 이 3가지 기능을 합성하여 만들어진다. 각각의 기능은 다음과 같다.

- 연속(sequence) : 명령어 다음에 명령어를 연속적으로 연결한다.
- 반복(repetition) : 구간을 정하여 명령어를 반복시킨다.
- 조건(condition) : 조건에 따라 명령의 수행을 분기한다.

■ 예 1

일상생활의 경우, 서울에서 부산가는 방법을 컴퓨터 알고리즘으로 기술하면 다음과 같다. 알고리즘의 기술은 직사각형(명령어), 마름모(판단), 타원(시작과 끝) 등의 기호로 표시한다.

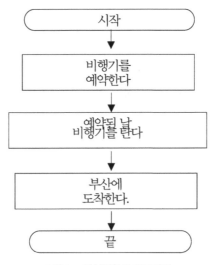

■ 예 2

서울에서 부산으로 갈 때, 비행기 표가 없을 경우, 알고리즘은 조건과 반복이 포함되며, 예 1보다 더 복잡해진다. 그림 2에서 예약이 가능한지 점검하는 조건을 통해서 2가지 중 선택을 한다. 또 예약이 안되면 반복적으로 예약을 시도한다.

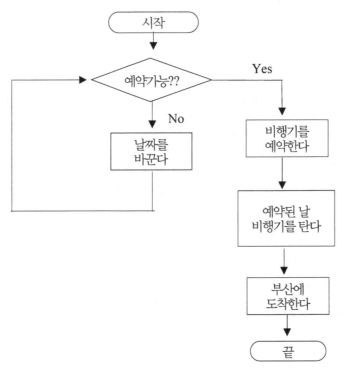

그림 2 : 일상생활에서 알고리즘(개선된 알고리즘)

2.1.2 컴퓨터 알고리즘의 예

컴퓨터에서 알고리즘은 일상생활에서의 알고리즘과 다르다. 일상생활의 알고리즘은 사람이 하는 일이 작업 단위가 되며 이 작업들을 알고리즘으로 바꾸어 표현하지만, 컴퓨터에서는 컴퓨터 명령어가 알고리즘을 표현하는 단위이다.

컴퓨터가 하는 일(명령어)은 무엇인가? 컴퓨터가 하는 일은 컴퓨터가 왜 만들어졌는가를 알면 금방 알 수 있다. 컴퓨터의 첫 번째 임무는 숫자의 계산이다. 초기의 컴퓨터는 숫자, 수학함수를 계산하는 데 주로 사용되었다. 컴퓨터는 이 문제들을 쉽게 정복하였고 현재 컴퓨터의 주 업무는 숫자 계산 뿐 아니라, 문자의 계산, 비교, 저장, 검색 등의 작업이다. 따라서 컴퓨터 명령어는 계산, 저장, 비교, 반복 등이 여기에 해당된다.

컴퓨터 알고리즘의 예를 들어보자.

■ 예 3

n개의 데이터에서 큰 수를 찾는 그림 3의 알고리즘을 보자. 데이터를 한 개씩 읽어서 가장 큰 수를 찾아야 한다. 각 단계에서 이전까지 나왔던 데이터 중 가장 큰 값을 기억하고

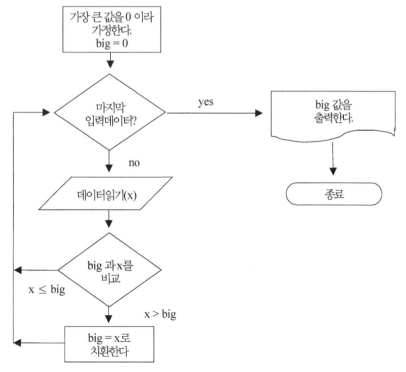

그림 3 : 가장 큰 수를 찾는 알고리즘

있다가, 입력된 수를 기억된 수와 비교하여 큰 수를 찾아 나간다. 알고리즘은 먼저 가장 큰 값을 0으로 가정하고, 입력 데이터를 하나씩 비교한다. 입력 데이터가 없으면 오른쪽 big 출력 과정으로 간다. 입력데이터가 있으면 입력 데이터를 읽고 big과 비교하여, 크면 big 값을 입력 값으로 교체한다.

2.2 정렬과 검색 알고리즘

컴퓨터 분야의 문제 중에서 가장 해결하는 방법이 많고, 또 많이 쓰이는 알고리즘이 **정렬 (Sorting)**과 **검색(Searching)**이다. 정렬은 흩어져있는 데이터를 킷값(주민등록번호, 학번 등)을 이용하여 순서대로 열거하는 알고리즘이다. 검색은 데이터(정렬이 안된 데이터 혹은 정렬이 된 데이터)에서 킷값에 해당되는 데이터를 찾는 알고리즘이다. 앞 장에서 학습한 바와 같이, 정렬이 된 데이터에서 검색은 정렬이 안된 데이터에서 검색보다 쉽다. 예를 들어 학생들이 학번 순서대로 자리에 앉아 있다면, 특정 학번을 갖는 학생을 찾기가 쉬운 것과 같은 원리이다. 그러나 이 방법을 사용하려면 먼저 데이터를 정렬된 상태로 만들어 놓아야 하는 노력이 필요하다.

2.2.1 선택정렬 알고리즘

정렬은 n 개의 데이터를 순서대로 배치하는 작업이다. 정렬을 하는 방법은 수십 가지가 있지만 가장 간단한 정렬 방법으로 선택정렬 알고리즘을 보기로 한다. 선택정렬은 학교에서 새 학기가 시작하면, 자리배치를 위하여 학생들을 모두 복도에 일렬로 세웠을 때, 키가 작거나, 큰 순서대로 한명씩 선택하여 자리에 앉히는 방법으로 생각하면 된다.

■ 선택정렬

n개의 데이터를 놓고 가장 작은 수(혹은 큰 수)를 골라 정렬될 장소에 이동한다.
다음 n-1개의 데이터를 가지고 두 번째 작은 수를 찾아 두 번째 자리에 놓는다. 위의 과정을 차례로 모두 정렬될 때까지 반복한다(n-1번, 마지막 단계는 데이터가 1개뿐이므로 선택이 필요없다).

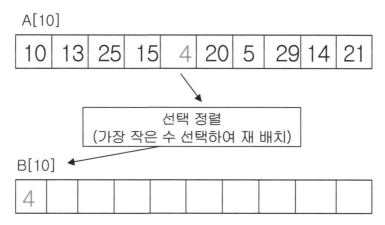

그림 4 : 선택정렬 알고리즘

앞의 정렬 과정은 단순하여 좋지만, 데이터를 저장하는 장소가 2배, 즉 2×n 개가 필요하다. 정렬시 이러한 공간을 줄이려면, 선택된 데이터를 저장될 데이터와 서로 교환하면 공간을 절약할 수 있다. 앞의 그림 4와 그림 5를 비교하여 보자.

■ 개선된 선택 정렬 알고리즘 (예시)

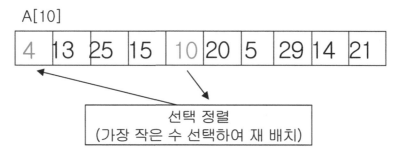

그림 5 : 개선된 선택 정렬 알고리즘

■ 선택정렬 알고리즘의 설계

```
/* 1단계 */
아래 과정을 모두 정렬될 때까지 n-1번 반복한다.
{
  정렬되지 않은 데이터에서 가장 작은 수를 골라,
  정렬된 리스트의 마지막(i 번째)과 교환한다.
}
```

```
/* 2단계 */
for (i=0; i<n-1; i++) /* n-1번 반복 */
{
 min = i;
 for(j=i+1; j < n; j++) /* 작은 수 선택 */
   {   if(list[j] < list[min]) min = j; }
   temp=list[min]; list[min]=list[i]; list[i]=temp; /* 교환 */
 /* list[min]과 list[i]를 교환 */
}
```

```
/* 프로그램 2-1 선택정렬 : selectionsort.c */
/* main 프로그램 */
#include <stdio.h>
main()
{ int data[]={20,1,50,55,34, 21,4,66,71,8};
 int i;
 printf("**** 소트되기 전의 데이터 출력 ****\n");
 for(i=0; i<10; i++) printf("%3d",data[i]);
 printf("\n");
 selection_sort(data); /* SORTING */
 printf("**** 소트된 후의 데이터 출력 ****\n");
 for(i=0; i<10; i++) printf("%3d",data[i]);
 printf("\n");
}

/* 3단계 */
selection_sort(int *list)
{ int i, j, temp, min;
 for(i=0; i<9; i++)
 {   min = i;
     for(j=i+1; j<10; j++)
        { if (list[j] < list[min]) min = j;}
   temp=list[i]; list[i]=list[min]; list[min]=temp;
 }
}
```

2.2.2 이진검색 알고리즘

검색은 n 개의 데이터에서 원하는 데이터를 찾는 작업이다. 가장 간단한 검색 알고리즘은 **선형검색**(sequential search) 알고리즘이다. n개의 데이터가 있으면 순서대로 한 개씩 검색하는 방법이다. n개의 데이터에 대하여, 최소 1번, 최대 n번 비교를 하면 원하는 데이터를 찾는다.

데이터가 정렬이 되어있다면, 선형검색보다는 **이진검색**(binary search) 방법이 더 효율적이다. 데이터가 정렬이 되어 있을 때, 정렬된 데이터의 중간에 있는 데이터와 찾으려는 데이터와 비교하면 찾는 데이터가 현재 위치로부터 앞과 뒤 중 어디 있는지 알 수 있다. 즉 중간 데이터가 찾으려는 데이터보다 값이 크면 앞쪽에, 값이 작으면 뒤쪽에 찾으려는 데이터가 있다는 의미가 된다. 같은 과정을 반복하여 찾아야 할 데이터 개수를 비교할 때마다 1/2씩 줄여 나간다.

■ 예

이진검색의 예로 정렬되어 있는 11개의 데이터에서 65를 찾아보자. 그림 6의 경우 65를 찾을 때, 먼저 11개 데이터 중 11/2=5.5, 즉 6번째 데이터인 39와 비교를 한다. 비교 후 65가 39보다 더 크기 때문에, 데이터가 오른쪽에 있는 것이 확실하므로, 오른쪽 데이터에 대하여 같은 방법으로 다시 비교를 한다. 매 반복을 통하여 검색 대상 데이터를 ½로 줄임으로써 매우 빠르게 결과를 찾을 수 있다.

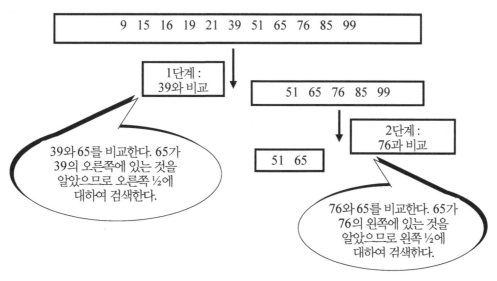

그림 6 : 이진검색 과정

이진검색 알고리즘을 작성해 보자. 이진검색은 위한 변수를 다음과 같이 정의한다.

■ 이진검색 알고리즘을 위한 변수의 초기 값 설정

검색의 매 단계마다 검색이 진행될 데이터의 왼쪽 끝과 오른쪽 끝을 가리키는 변수 left, right와 가운데를 표시하는 변수 middle을 다음과 같이 설정한다.

(왼쪽 끝 left, 오른쪽 끝 right 표시 변수)
- *left*와 *right*는 탐색하고자 하는 배열의 왼쪽, 오른쪽 끝 지점을 가리킨다.
- 초기 값으로 *left=0, right=n-1*로 설정
- 검색 후 다음 단계로 진행하면 left 혹은 right 값을 변경한다.

(배열의 가운데 위치 middle 표시)
- 검색 대상 데이터의 가운데 값의 위치를 가리킨다.
- middle = (left + right) / 2
- 계산 결과의 정수 부분만 사용한다.

비교 작업은 다음과 같이 진행 된다. 비교는 찾으려는 데이터 searchnum과 배열의 가운데 데이터인 list[middle]을 비교한다. 비교 후 right나 left 값을 새로운 검색 대상으로 조정한 후 다시 비교를 진행한다.

■ 이진검색 알고리즘

이진검색 알고리즘은 매 반복시 데이터 값과 검색 대상 배열의 가운데 값과 비교를 한다. 찾으려는 데이터 searchnum과 데이터의 가운데 값인 list[middle]과 비교를 하여 right와 left 값을 새로운 검색 대상으로 설정한 후 다음 반복을 진행한다.

(검색과 검색 후 right와 left 변수 값 조정)
list[middle]과 searchnum을 비교한다. 조건에 따라 다음 3가지 작업 중 하나의 작업을 한다.

① *searchnum < list[middle]* - 찾으려는 데이터가 middle의 왼쪽에 있다.
　　right를 middle로 설정(right=middle-1)
② *searchnum = list[middle]* - 찾으려는 데이터가 middle에 있다.
　　middle을 반환(return middle)

③ *searchnum* > *list[middle]* - 찾으려는 데이터가 middle의 오른쪽에 있다.

left를 middle+1로 설정(left=middle+1)

완성된 프로그램은 그림 7과 같다.

```
/* 프로그램 2-2 이진검색 알고리즘 : binarysearch.c */
int binsearch(int list[], int searchnum, int left, int right)
{
  /* searchnum에 대해 list [0], list[1], ... list[n-1]을 탐색.
   찾으면 그 위치를 반환하고 못 찾으면 -1을 반환한다.*/
   int middle;
   while(left <= right)
 {    middle = (left + right) / 2;
    if(list[middle] > searchnum) left = middle +1;
    else if (list[middle] > searchnum) right=middle-1;
    else return middle;
   }
    return -1;  /* 못 찾으면 ... */
}

/* main program, 정렬된 16개 데이터 사용 */

int main()
{
   int data[16] = { 12,23,25,34,45,46,57,58,69,72,75,82,86,89,97,99 };
   int found;
   found = binsearch( data, 34, 0, 15 ); /* 34를 찾는다 */
   if (found == -1) { printf(" Not Found \n"); }
   else { printf("* It's at %d !\n", found); }
}
```

그림 7 : 이진검색 알고리즘 – 프로그램 이름 : binarysearch.c

2.3 알고리즘의 성능

어떤 문제를 해결하는 알고리즘은 여러 가지 있을 수 있다. 예를 들어, 정렬도 선택정렬, 버블정렬, 삽입정렬, 힙정렬, 퀵정렬 등 아직 배우지 않았지만 여러 가지가 있다. 같은 일을 하는 여러 가지 알고리즘에 대하여 **"어느 알고리즘이 더 좋은가?"**하는 문제에 대하여 비교하는 방법에 대하여 이번 절에서 살펴보기로 하자.

가장 많이 사용하는 비교 방법으로는 기억장소를 얼마나 사용하는지(공간복잡도)와 시간이 얼마나 걸리는지(시간복잡도)가 있다. **공간복잡도(Space Complexity)**는 프로그램을 실행시켜 완료하는데 필요로 하는 기억 장소의 크기를 말한다. **시간복잡도(Time Complexity)**는 프로그램을 실행시켜 완료하는 데 필요한 컴퓨터 시간의 양을 의미한다.

2.3.1 공간복잡도(Space Complexity)

공간복잡도는 프로그램이 필요한 공간에 대한 측정이다. 프로그램의 수행은 프로그램이 차지하는 공간 외에 데이터가 저장되는 공간이 필요하다. 필요 공간은 데이터의 개수에 따라 변한다. 데이터의 개수를 n이라고 하면, 프로그램에 따라 2×n, 3×n, n×n 등의 영역이 필요하다.

■ n개의 데이터를 더하는 그림 8의 프로그램을 보자

필요한 변수 기억 공간은 변수(3개, n, tempsum, i), 입력 배열변수(n개, list)이다. 필요한 데이터 공간은 3+n 개로 입력 데이터 n에 비례한다.

```
float sum(float list[], int n)
{
   float tempsum = 0;
  int i;
  for(i = 0; i < n; i++)
      tempsum += list[i];
  return tempsum;
}
```

그림 8 : 덧셈 프로그램

2.3.2 시간복잡도(Time complexity)

시간복잡도는 프로그램 P에 의하여 실행되는 시간 t이다. 그러나 이 시간은 컴퓨터 마다 다르고, 실행 시킬 때 마다 다를 수 있다. t는 기계에 따라 달라진다. 펜티엄 1GHz 기계와 펜티엄 2GHz 기계에서 같은 프로그램을 실행시킨다면, 당연히 2GHz 컴퓨터에서는 복잡한 프로그램도 더 빨리 수행될 수도 있다. 따라서 절대적인 시간보다는, 프로그램이 실행될 때 필요한 연산의 개수 **T(P)**가 더 의미가 있다. T(P)는 반복문이 포함되면 많이 증가한다.

T(P) = 프로그램이 수행하는 연산의 수(the number of operations the program performs)

프로그램 분석을 통해서 살펴보자.

■ 예 1

프로그램 A는 n이 0 값이 아닐 경우, 2×n+4 개의 명령어를 실행한다(선언문은 실행에서 제외한다).

```
1 : float A(int data[ ], int n) {
2 :    int count=0;
3 :    int i;
4 :    for(i = 0; i < n; i++)
5 :       count+=2;
6 :    count += 3;
7 :    return count;
8 : }
```

실행 순서 :
(n이 2일때) ⇒
2-4-5-4-5-4-6-7
(n이 3일때) ⇒
2-4-5-4-5-4-5-4-6-7

n=0 일 경우 : for loop은 실행이 되지 않으므로 전체 실행되는 문장은 2번문(치환문), 4번문(비교문), 6번문(치환문), 7번문(반환문) : 총 4 개

n=0이 아닐 경우 :
전체 실행되는 문장은 2×n + 4 번이다
  ⇒ 2번문
    + 4번문, 5번문을 n회 수행 + 4번문(마지막테스트)
    + 6번문, 7번문

■ 예 2

그림 9의 프로그램 add는 두 행렬을 더하는 프로그램이다. 수행 시간이 컴퓨터마다 다르므로, 연산의 개수로 수행 시간에 대한 추정을 해보자. 프로그램 수행을 분석하면 표 1과 같다. 1번 문장은 선언문이므로 실행 명령문에 포함되지 않고, 2번 문장은 rows 만큼 수행되나 마지막 끝나는 조건을 점검하기 위해서 1번 더 실행되므로, rows + 1 만큼 수행되고, 3번 문장은 cols + 1 번을 rows 만큼 반복하므로 rows(cols +1)번 실행된다. 4번 문장은 rows × cols 만큼 실행된다. rows=cols=n으로 놓으면, $2n^2 + 2n + 1$로 수행 명령문은 입력 데이터 개수 n의 제곱에 비례한다.

전체 수행되는 문장 개수 = T(n) = 2 · (행의 수) · (열의 수) + 2 · (행의 수) + 1

```
    void add(int a[][M_SIZE], int b[][M_SIZE],
        int c[][M_SIZE], int rows, int cols)
    {
1:      int i, j;
2:      for(i = 0; i < rows; i++)
3:        for(j = 0; j < cols; j++)
4:          c[i][j] = a[i][j] + b[i][j];
    }
```

그림 9 : 행렬의 덧셈 프로그램

문장번호	수행 횟수
1	0(선언문)
2	rows+1
3	rows×(cols+1)
4	rows×cols
전체	2rows×cols+2rows+1

표 31 : 그림 9 행렬 프로그램의 분석

2.4 알고리즘 복잡도의 표현법

앞에서 알고리즘의 수행시간을 비교할 때, 절대적인 수행 시간보다는 알고리즘이 수행하는 연산의 개수를 모두 계산한다고 하였다. 보통의 경우 수행하는 연산의 개수는 입력데이터 개수 n에 대한 함수로 결정된다. 따라서 알고리즘의 수행 시간은 특정 컴퓨터에서 수행된 절대시간보다는 입력데이터 n에 대한 명령어 개수 함수로 표기를 하는 것이 합리적이다. 이것을 표현하는 표기법이 **O-표기법(Order Notation)**이다.

같은 작업을 하는 알고리즘은 어느 것이 빠른가? 이 문제에 대한 답은 두 알고리즘을 컴퓨터에 직접 실행해보는 것 보다는, 입력데이터 개수 n에 대한 두 알고리즘의 필요한 수행 명령어 개수 함수 f(n)과 g(n)을 먼저 비교한다. f(n)과 g(n) 함수의 차이, 특히 함수의 지수 차이가 크다면 n 값이 커짐에 따라 결과 값의 차이가 커진다. 예를 들어, f(n)=10n이고 g(n) = $0.5n^2$ 이면, n 값이 커짐에 따라 g(n) 함수가 빠르게 증가한다. n 값이 작을 때는 큰 차이가 없으므로 무시를 한다. 그러므로 n 값이 커짐에 따라 천천히 증가하는 f(n) 함수를 갖는 알고리즘이 빨리 실행되는 좋은 프로그램이라고 할 수 있다.

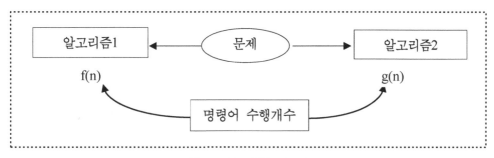

그림 10 : 알고리즘 복잡도 비교

2.4.1 O-표기법

알고리즘의 수행시간 추정은, 프로그램이 실행될 때 필요한 연산의 수를 세면된다. 필요한 연산의 수는 보통 입력데이터 개수 n에 따라 변한다. 즉 어떤 알고리즘을 비교할 때, 수행시간을 직접 재는 것보다 입력 데이터 개수 n에 대한 필요한 연산의 개수 함수로 결정한다. 전산학에서는 알고리즘의 수행 연산 개수를 입력데이터 수 n에 대하여 정확히 표현하지 않고 함수로 표현했을 때 개략적인 상한값 함수로 나타내며, 이것을 나타내는 기호가 O-표기법이다.

> 정의

O-표기법 : 알고리즘 A의 필요한 연산함수 $f(n)$의 수행 복잡도는 다음을 만족하면 $O(g(n))$이라고 정의한다.

⇒ 양의 상수 c와 n_0이 존재하여, 적당한 값 n_0보다 큰 n 값에 대하여 $f(n) \leq cg(n)$을 만족한다. 즉, 큰 n 값들에 대하여 $g(n)$ 함수 값은 항상 $f(n)$ 함수 값 보다 크거나 같은 상한 값 함수이다. $f(n)$ 함수는 $g(n)$보다 더 작게 증가한다는 의미이다.

예 : $f(n) = 25 \cdot n$, $g(n) = 1/3 \cdot n^2$라고 하면,

$f(n) = 25 \cdot n = O(n^2/3)$ 라고 할 수 있다.

즉, $c = 1$ 이라고 하면 $|25 \cdot n| \leq 1 \cdot |n^2/3|$을 아래 표에서와 같이 모든 $n \geq 25$ 에 대하여 만족하기 때문이다.

n	f(n)=25*n	g(n)=n²/3
1	25	1/3
2	50	4/3
.	.	,
.	.	,
25	625	625
.	.	.

$f(n) = O(g(n))$ 이라고 표기하면, 모든 n, $n \geq n_0$에 대하여 $g(n)$은 **상한함수**(upper bound)이다. 보통은 $g(n)$은 $f(n)$보다 크면서 가장 차이가 적은 함수를 사용한다.

☀ 연습

O-표기법에 대한 연습을 해보자.

예 1 : 어떤 알고리즘의 수행 시간 $f(n) = 3n + 4$ 이면,

$3n + 4 \leq 4n$이므로 $O(n)$ 이라고 표기할 수 있다.

예 2 : $f(n) = 2n^2 + 5n + 3$ 은 $O(n^2)$ 이다.

예 3 : $f(n) = 0.01n^3 + 20n^2 + 2n + 3$ 은 $O(n^3)$ 이다.

예 4 : f(n) = 3n + 4 는 O(n) 이고, O(n^2) 이며, O(n^3) 라고 표기할 수 있지만,
　　　일반적으로는 O(n) 으로 표기한다.

예 5 : f(n) = 2n^2 + 5n + 3 은 O(n^2) 이지만 O(n) 라고 쓰면 **틀린다.**

예 6 : f(n) = 0.001*nlogn + 5n + 3 은 O(nlogn) 이다.

참고

상한함수 외에 하한함수와 동등함수에 대한 표기가 있다.

- Ω(Omega) : 어떤 알고리즘의 수행시간에 대한 하한(lower bound) 함수이다.
  (정의) 아래 조건을 만족하면, f(n) = Ω(g(n))이라고 정의한다.
  양의 상수 c와 n_0이 존재하여, 적당한 값 n_0보다 큰 n 값에 대하여 f(n) $\geq$ c·g(n)이다. 즉, 큰 n 값들에 대하여, g(n) 함수 값은 항상 f(n) 함수 값 보다 같거나 작은 하한 값 함수이다. f(n) 함수는 g(n)보다는 더 빨리 증가한다.

- θ(Theta) : 어떤 알고리즘의 수행시간에 대한 상한과 하한이 같을 때 표시하는 함수이다
  (정의) 아래 조건을 만족하면, f(n) = θ(g(n))이라고 정의한다.
  양의 상수 c1, c2와 n_0이 존재하여, 적당한 값 n_0보다 큰 n 값에 대하여 c1·g(n) $\leq$ f(n) $\leq$ c2·g(n)이다. 즉, 큰 n 값들에 대하여 g(n) 함수 값은 항상 f(n) 함수 값과 비슷하게 증가한다는 의미이다. O 표기법 보다는 더 증가 범위가 더 정확하다. 상한과 하한이 같기 때문에 알고리즘 복잡도가 정확히 어떤 함수인지 알 수 있다.

2.4.2 알고리즘 O(f(n)) 함수와 함수의 값

알고리즘의 수행복잡도 함수(Order) f(n)은 다양하다. n에 관한 1차 함수, 2차 함수에서부터 지수시간복잡도까지 있으며, 지수시간복잡도, 즉 O(k^n) 프로그램은 컴퓨터로 해결이 불가능하다. 보통은 1차나 2차 함수들이 보통이며, 복잡도가 큰 알고리즘은 컴퓨터 수행시간이 오래 걸리기 때문에 특별한 해결 방법을 필요로 한다.

■ 알고리즘 복잡도 종류

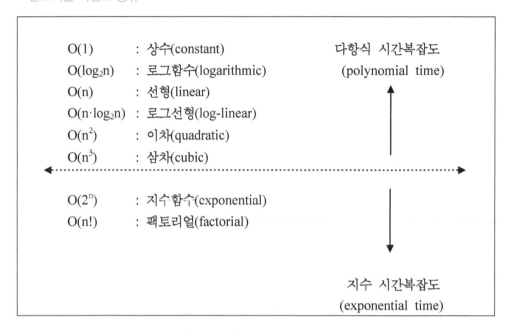

표 2는 n 값이 1부터 32까지 증가함에 따른 각각의 함수값 변화를 보인 것이다. 지수함수 복잡도를 갖는 알고리즘들은 값이 빨리 증가하기 때문에, 아무리 빠른 컴퓨터로도 해결이 불가능하다.

표 2 : 알고리즘 복잡도 함수와 n에 따른 크기

함수	함수이름	n의 값					
		1	2	4	8	16	32
1	상수(constant)	1	1	1	1	1	1
logn	로그(logarithmic)	0	1	2	3	4	5
n	선형(linear)	1	2	4	8	16	32
nlogn	로그선형(log linear)	0	2	8	24	64	160
n^2	이차(quadratic)	1	4	16	64	256	1024
n^3	삼차(cubic)	1	8	64	512	4096	32768
2^n	지수(exponential)	2	4	16	256	65536	4294967296
n!	팩토리얼(factorial)	1	2	24	40326	20922789888000	26313×10^{33}

정리^{Review}

- 알고리즘은 컴퓨터가 일을 하는 과정을 기술하는 방법이다.

  일상생활의 알고리즘 : 사람의 일 처리

  컴퓨터의 알고리즘 : 컴퓨터의 장점인 연산, 비교, 판단에 관한 알고리즘

- 정렬과 검색 알고리즘

  알고리즘에서 가장 기본이 되는 알고리즘은 정렬과 검색 알고리즘이다.

  정렬은 데이터를 킷값에 의하여 순서대로 정리하는 작업이다.

  검색은 주어진 킷값에 해당되는 데이터를 찾는 작업이다.

- 알고리즘의 성능 표기법

  알고리즘이 수행되는 시간을 입력 데이터의 개수 n에 대한 함수로 표현할 수 있다.

  O-표기법은 알고리즘이 수행되는 시간의 상한 함수이다.

  문제에 대하여 O(f(n)), O(g(n)) 알고리즘이 있다면 f(n) > g(n)인 경우 O(g(n))

  알고리즘이 효율적이다.

  O(f(n))의 복잡도 함수 f(n)이 지수 함수이거나 팩토리얼 함수 이면, 이 문제는 컴퓨터

  로 해결이 어렵다

1. (O-표기법 구하기)

다음 함수를 O-표기법으로 표현하여라.

1) $5n^4 + 6n + 3$

2) $nlogn + 2^n + 7$

3) 10

4) $nlogn + 1000n$

2. (O-표기법 함수간의 크기)

다음 함수를 O-표기법으로 표시했을 때 Order가 작은 것부터 오름차순으로 순서를 정하라.

n $nlogn$ n^2logn $n!$ 2^n n^2 $n^{1/2}$

3. (프로그램의 문장 수행 횟수)

다음 프로그램을 보고 각각의 문장이 수행되는 횟수를 입력 값 n에 대한 함수로 표시하여라. 또 프로그램 문장 각각의 수행 횟수를 모두 더하여 T(n) 식을 구하여 보아라.

■ 프로그램

```
int main()
{ int sum2, i, j;
  sum2 = 0;                 (1)
  for (i=1; i <=n; i++)     (2)
   for (j=1; j<=i; j++)     (3)
   {
      sum2=sum2+1;          (4)
   }
}
```

4.　(순환식의 값 구하기)

다음은 이진검색 알고리즘의 비교횟수 T(n)을 순환식으로 구한 것이다. 즉 1번 비교를 하면 남은 n/2 데이터에 대한 비교횟수가 남는다. 전개를 하면서 T(n) 값을 순환식이 아닌 값으로 계산해보자.

$T(n) = 1 + T(n/2)$

5.　(순환 프로그램)

다음은 순환 프로그램의 예이다. 프로그램에서 순환함수 f(5)가 구해지는 과정을 설명하라.

```
void f(int n)
{
   if (n <= 1) return 1;
   else   return(f(n-1) + f(n-2));
}
```

1. (선택정렬 알고리즘의 수행시간 측정)

선택정렬 알고리즘의 수행시간을 측정하고자한다. n의 값을 (100, 200, 300, 400, 500, 600, 700, 800, 900, 1000, 10000, 100000)으로 변화시키면서 실행해보자. n 값의 변화에 따른 프로그램 수행시간을 기록하여, 수행시간이 n의 제곱에 비례하는지 조사하여보자.

■ 프로그램

```c
#include<stdio.h>
#include<time.h>
#define MAX_SIZE 1601
#define ITERATIONS 26
#define SWAP(x,y,t)((t)=(x),(x)=(y),(y)=(t))
void sort();

void main(void)
{
  int i, j, position;
  int list[MAX_SIZE];
  int sizelist[]={0,10,20,30,40,50,60,70,80,90,100,200,300,400,
      500,600,700,800,900,1000,1100,1200,1300,1400,1500,1600};
  clock_t start, stop;
  double duration;
  printf("  n   time\n");
  for(i=0;i<ITERATIONS;i++){
     for(j=0;j<sizelist[i];j++)
          list[j]=sizelist[i]-j;
     start=clock();
     sort(list,sizelist[i]);
     stop=clock();
     /*CLK_TCK=초당 똑닥거리는 수*/
     duration=((double)(stop-start))/CLK_TCK;
     printf(" n = %6d, time = %8.2f\n", sizelist[i], duration);
  }
}
```

```
void sort(int list[], int n)
{
  int i, j, min, temp;
  for(i=0; i<n-1; i++){
     min=i;
     for(j=i+1;j<n;j++)
          if(list[j]<list[min])
          min=j;
     SWAP(list[i], list[min], temp);
  }
}
```

■ 출력 모습

```
n  time
n =    100, time =    ?
n =    200, time =    ?
n =    300, time =    ?
n =    400, time =    ?
...
```

2. (이진검색 알고리즘 프로그램 작성)

이진검색을 반복적인 방법으로 작성했을 때, 검색을 하기 위한 데이터의 비교횟수를 구하고자 한다. 교과서 프로그램의 경우는 반복문에서 비교의 횟수를 구하면 된다. 데이터가 아래와 같이 15개가 있을 때, 데이터 34를 찾을 경우 단계별 비교 데이터와 반복의 횟수를 구하라. 반복의 횟수는 프로그램에서 출력하도록 한다.

· 참고 : 프로그램을 실행하려면 main(), binsearch() 함수들이 있어야한다.

(데이터) int data = { 12, 23, 25, 34, 45, 46, 57, 58, 69, 72, 75, 82, 86, 89, 97, 99 }

■ 이진검색 프로그램

```c
int binsearch(int list[],int searchnum, int left,int right)
{
  /*searchnum 에 대해 list [0]<=list[1]<= ... <=list[n-1]을 탐색.
    찾으면 그 위치를 반환하고 못 찾으면 -1을 반환한다.*/
  int middle;
  while(left <= right)
{   middle = (left + right) / 2;
  if(list[middle] < searchnum) left = middle +1;
    else if (list[middle] > searchnum) return middle;
  else right = middle -1;
  }
  return -1;
}
```

■ 출력

· 초기 데이터 = 12, 23, 25, 34, 45, 46, 57, 58, 69, 72, 75, 82, 86, 89, 97, 99

· 데이터개수 = 16개, 검색 데이터 = 34

· 반복 1 : left 값 = ? right 값 = ? middle 값 = ? 비교데이터 값 = ?

· 반복 2 : left 값 = ? right 값 = ? middle 값 = ? 비교데이터 값 = ?

  …

· 총반복횟수 = ?

CHAPTER **3**

배열 자료구조

학생의 명단, 은행 거래 고객 명단, 월별 판매액 등 일상생활에서 가장 많이 쓰이는 자료 형태는 "리스트"이다. 따라서 컴퓨터 프로그램에서도 **리스트** 자료가 가장 많이 나타난다. 리스트는 컴퓨터 프로그램 언어에서 "**배열**"이라는 데이터 타입으로 정의된다. 이 장에서는 배열(Array) 자료구조의 선언과 저장 방법을 학습한다. 배열은 1개의 기억장소 이름에 같은 타입의 데이터가 여러 개 저장되는 타입이다.

구조체는 한 개의 기억장소 이름에 서로 다른 타입의 데이터가 여러 개 저장되는 타입이다. 학생의 명단의 각 항목에는 학생의 이름, 학과, 학번 등 소 항목이 모여서 학생이라는 한 개의 자료를 구성한다. 이러한 서로 다른 데이터 타입의 항목들을 한 개의 큰 데이터 타입으로 묶는 구조체(struct) 타입을 소개한다.

배열의 응용으로 행렬의 특이한 형태인 희소(Sparce) 행렬에 대한 표현 방법을 살펴본다.

제 3 장에서 학습할 내용은 다음과 같다.

3.1 배열의 개념

3.1.1 배열의 개념

리스트는 일상생활에서 가장 많이 쓰이는 자료 형태이다. 예를 들면 학생의 명단, 은행 거래 고객 명단, 월별 판매액 등이다. 리스트는 대부분의 프로그래밍 언어에서 배열 (Array) 타입으로 저장할 수 있다.

아래는 C 언어에서 리스트를 저장하기 위한 배열의 선언을 보인 것이다.

```
int student[100];      /* 학생의 번호 100 개 */
char name[100][ ];     /* 문자 배열의 배열, 문자열의 배열 */
int sales[12];         /* 월 판매액 12개 */
```

리스트를 배열에 저장한 후 필요한 연산은 읽어내고 변경하는 작업은 다음과 같다.

① 새로운 배열의 **생성**

　🈯 int x[5]; /* 언어에 따라 첨자는 0 혹은 1에서 시작 - C 언어는 0부터 시작한다. */

x[0]	x[1]	x[2]	x[3]	x[4]

② 배열의 값을 **읽기**

　🈯 y = x[3]; /* 배열의 4번째 원소를 변수 y로 읽어온다 */

③ 배열에 값을 **저장**

　🈯 x[3] = y; /* 변수 y의 값을 배열의 4번째에 저장한다. */

④ 배열에 새로운 값 **삽입**(필요에 따라 나머지 값들을 한 칸씩 오른쪽으로 이동)

　배열의 끝에 데이터를 삽입하면 간단하지만, 순서가 있는 배열의 중간에 데이터를 삽입하려면, 순서를 유지하기 위하여 뒤에 있는 데이터들은 이동을 하여야한다. 예를 들어 학번 순으로 저장된 학생에 관한 데이터는 순서가 있는 배열이다. 새로운 학생의 학번이 중간 번호일 경우 순서를 유지시켜주려면 데이터를 이동하여야 한다.

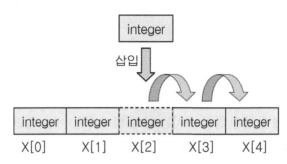

그림 1 : 배열에 원소 삽입

⑤ 배열에 값을 **삭제**(필요에 따라 나머지 값을 한 칸씩 왼쪽으로 이동)

순서가 있는 배열에서 데이터를 1개 지울 때, 빈칸을 데이터로 채우려면 뒤 부분 데이터를 모두 앞으로 한 칸씩 이동을 해야 한다.

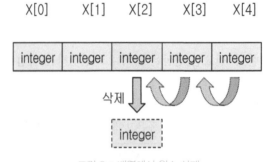

그림 2 : 배열에서 원소 삭제

3.1.2 배열과 기억 장소

배열은 컴퓨터 기억 장소에서 연속된 위치를 차지한다.

예 int list[5]; /* 원소가 5개인 배열로, 그림 3처럼 기억장소에 저장된다. */

/* sizeof( ) 함수는 데이터의 길이를 byte로 반환하는 함수 */

/* C 언어에서 sizeof(int)의 값은 2 byte 이지만, 시스템에 따라서 4 byte 인 경우도 있다. */

변수	기억장소 주소
list[0]	α (시작 주소 값)
list[1]	α + sizeof(int)
list[2]	α + 2 x sizeof(int)
list[3]	α + 3 x sizeof(int)
list[4]	α + 4 x sizeof(int)

그림 3 : 배열과 기억장소

예 배열에 대한 예제 프로그램 : 간단한 예로 그림 4의 프로그램을 살펴보자. 프로그램은 100개의 데이터를 배열에 저장하고, 저장된 원소의 합을 구하는 프로그램이다.

```
/* 프로그램 3-1 배열의 합 : sum.c */
#define MAX_SIZE 100
float sum(float [], int);
float input[MAX_SIZE], answer;
int i;

int main( )
{
   for(i=0; i < MAX_SIZE; i++) input[i] = i;
  answer = sum(input, MAX_SIZE);
  printf("The sum is: %f\n", answer);
}

float sum(float list[], int n)
{
   int i;
   float tempsum = 0;
   for(i= 0; i < n; i++) tempsum += list[i];
  return tempsum;
}
```

그림 4 : 데이터를 배열에 저장하고 저장된 원소의 합을 구하는 프로그램

■ 선언부 설명 – 4문장

```
/* 이 부분에 선언된 변수들은 프로그램 전체에서 사용된다 */

#define MAX_SIZE 100
/* 상수 MAX_SIZE 값을 100으로 선언한다 */

float sum(float [], int);
/* 함수 sum()의 타입을 미리 선언하여 main() 에서 인식을 한다.*/

float input[MAX_SIZE], answer;
/* 실수형 배열변수 input[ ], answer 선언 */

int i;
/* 정수형 변수 i 선언 */
```

■ main 함수 설명

```
/* C 프로그램에서 main()은 반드시 1개 있어야한다. */
int main( )
{
   /* for 문은 for(초기문, 조건문, 실행문) 반복문으로 초기문장은 1번 실행하고,
조건문이 false나 0이 될 때까지 조건문->반복문->실행문을 반복 실행한다. */

  for(i=0; i < MAX_SIZE; i++) input[i] = i;
  /* for 문을 실행하여 input[i] = i 문장을 100번
     반복 실행한다. input[ ] 배열을 초기화시킨다.*/

  answer = sum(input, MAX_SIZE);
  /* 함수 sum()을 호출한다. */

  printf("The sum is: %f n", answer);
  /* 결과를 출력하는 문장이다. */
}
```

■ sum 함수 설명

```
/* 함수 sum()의 인자는 list[]와 n이다. */
float sum(float list[], int n)
{
    int i;
    /* 변수 i의 선언, 함수 안에서만 사용할 수 있다 */

    float tempsum = 0;
    for(i= 0; i < n; i++) tempsum += list[i];
    /* 문장을 n번 실행한다 */

    return tempsum
    /* tempsum 값을 반환한다. */
}
```

3.2 포인터 타입

포인터(pointer) 타입이란 저장될 데이터가 기억장소의 주소값인 타입이다. 기억장소의 주소는 0번지부터 컴퓨터의 메모리 크기까지 있지만, 사용자가 쓸 수 있는 공간은 일부이다. 주소 값이 필요한 이유는, 데이터 값보다 데이터가 저장된 기억장소의 위치(주소)를 알면 데이터를 효율적으로 관리할 수 있다. 예를 들면, 데이터를 이동할 필요가 있을

일상에서의 장소 ----> 컴퓨터의 기억장소

123

주소 : 서울시 하늘동   주소 : 1024번지
거주자 : 홍길동   값 : 123

그림 5 : 주소 값과 기억장소

때 데이터를 이동하지 않고 데이터가 있는 기억장소 주소 값을 알려주면 더 편한 경우가 있다. 일상생활의 경우 사람이 사는 모든 집에 "주소"가 있고 주소에 가면 "거주자"들이 있는 것과 마찬가지이다. 컴퓨터의 기억 장소도 "주소"가 있고 거주자와 같은 의미의 "값:이 있다.

포인터 타입은 기억장소의 주소 값을 저장하는 데이터 형으로 다음과 같이 포인터 타입 변수를 선언한다. 연산자 *는 포인터 변수를 나타내고, 연산자 &는 변수의 주소 값을 알아낼 때 사용한다.

예 int x;　　/* 정수 값을 저장하는 변수 */

　　int *y;　　/* 정수형 데이터가 저장된 주소 값을 저장하는 변수 */

　　int z;

　　x = 10;　　/* 내용 10을 저장 */

　　y = &x;　　/* 변수 x의 주소를 저장 */

　　z = *y;　　/* 주소 y가 가리키는 곳의 내용을 저장, z = x와 같은 의미 */

x	10	1080 번지
y	1080	1120 번지
z	10	1140 번지

예 int a[20];

　　/* C 언어에서 배열 변수 a는 주소 값으로 처리한다. */

　　/* 그 이유는 배열의 내용 전체를 이동할 경우 보다 주소 값을 알려주면 편하기 때문이다. a는 배열의 이름이지만, 주소 값으로 처리된다. */

예 C 프로그램에서 list[i]

　· C 언어에서 배열은 포인터 타입으로 선언된다.

　· 포인터 타입은 기억 장소의 주소 값을 갖는 타입이다.

```
int *list1;
```

/* list1은 integer에 대한 포인터 선언 */

```
int list2[5];
```

/* list2는 integer에 대한 포인터 선언으로 5개의 기억장소 확보 */
/* (list2+i) 는 &list2[i] 와 같고, *(list2+i) 는 list2[i] 와 같다 */

▣ 1차원 배열과 주소 값

```
int one[ ] = {0, 1, 2, 3, 4};
```

1차원 배열의 원소의 값과 원소가 저장된 기억 장소의 값을 출력하는 함수를 작성해보
자. 위와 같이 초기 값 선언을 하면, 기억장소에 아래 그림과 같이 저장된다. 배열 이름
one의 기억장소 초기값은 시스템이 배열의 기억장소를 할당할 때 정하게 된다. 나머지
원소는 연속해서 할당된다. 예를 들어, 시작주소가 1228에 할당되었을 때, 그림 6의 프
로그램과 수행 결과를 출력한 그림 7을 보도록 하자.

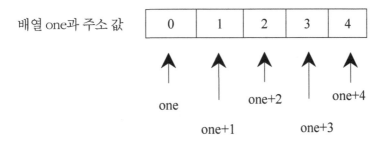

```
/* 호출은 print_array(one, 5)로 한다 */
void print_array(int *ptr, int rows)
{
    printf("---주소값 ---내용\n");
    for(i=0; i<rows; i++)
        printf("%8u%5d\n", ptr+i,*(ptr+i));
    printf("\n");
}
```

그림 6 : 배열과 주소 값

설명

일차원 배열을 주소값을 이용하여 참조하는 방법으로 i 번째 요소의 주소는 $ptr + i$, i 번째 요소의 값은 $*(ptr + i)$로 표현한다. print 문의 %u는 주소값을 출력하는 편집기호이다.

```
--- 주소값      -- 내 용
-------------------------------
   1228         0
   1230         1
   1232         2
   1234         3
   1236         4
```

그림 7 : 배열의 주소 값 출력 결과

3.3 구조체(struct)

3.3.1 구조체

구조체(struct)는 여러 개의 데이터를 1개의 기억장소에 연속해서 저장하는 점에서는 배열과 비슷하나, 배열과는 달리 원소의 데이터 타입이 서로 다른 타입일 수 있다.

예 학생의 명단, 은행 거래 고객 명단

학생의 명단은 학생의 학번과 이름, 주소, 은행 고객 명단은 고객의 이름, 주소, 계좌번호 등으로 여러 개의 작은 값(필드)들이 합해서 한 개의 데이터를 구성한다. 이러한 데이터 타입은 복합 데이터에 해당된다. 복합 데이터를 1개의 변수로 표현하는 방법은 구조체를 사용한다.

구조체는 각 데이터 원소가 타입과 이름을 갖는다.

예 구조체의 예 – "*사람*(*person*)" 데이터 타입

어떤 사람의 신상에 관해 컴퓨터에 저장할 때 3개의 필드로 구성된다고 하자.

① **이름**(*name*)은 **문자** 배열로 구성
② **나이**(age)는 **정수**(integer) 변수로 구성
③ **급여**(salary)는 **실수**(float) 변수로 구성

C 언어로 사람의 신상에 관한 데이터를 선언하면 아래와 같다.

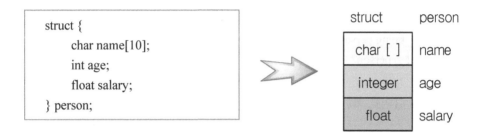

구조체에 데이터 저장하는 방법은 각각의 필드 별로 값을 저장한다. 구조체 이름과 필드 이름 사이는 . 으로 구분한다.

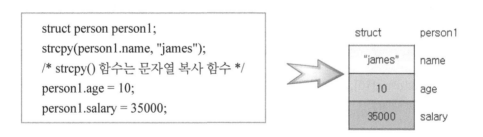

구조체를 typedef 문을 이용하여 한 개의 데이터타입으로 선언하면 다음과 같다.

```
typedef struct human_being {
    char name[10];
    int age;
    float salary;
};
```

```
typedef struct {
    char name[10];
    int age;
    float salary;
} human_being;
```

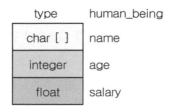

예 struct 타입의 데이터 치환(assignment) - 구조체 타입의 변수에 다른 구조체를 치환한다.

- struct 전체를 치환한다(C 언어 컴파일러에 따라 지원되지 않는 경우도 있다)

```
human_being person1, person2;
person1 = person2
```

- struct 필드 단위로 치환한다.

```
strcpy(person1.name, person2.name);
person1.age=person2.age;
person1.salary=person2.salary;
```

예 struct 타입의 배열 - 구조체의 배열은 다음과 같이 선언된다. 그림 8은 선언에 대한 자료구조를 보인 것이다.

```
struct {
    char name[10];                  int age;
    float salary;
} person;
struct person lady[5];
```

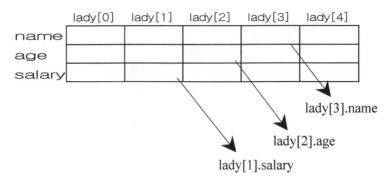

그림 8 : 구조체 lady[5] 선언

간단한 프로그램을 통하여 구조체를 연습하여 보자. 그림 9는 구조체 안에서 구조체를
사용하여 데이터를 처리하는 예를 보인다.

```c
/* 프로그램 3-2 구조체 실험 : structtest.c */
#define LEN 20
#define M1 "Have a nice day with "
#define M2 " and have a much laughs."

struct names { /* 첫 번째 구조자료형 */
   char first[LEN];
   char last[LEN];
};
struct guy { /* 두 번째 구조자료형 */
   struct names handle;/* 중첩된 구조 */
   char friend[LEN];
   char job[LEN];
   float income;
};

int main( )
{
   static struct guy fellow = { /* 초기화 - 정적변수 */
   {"Park","Cheolsoo"},
   "Kim",
   "student",
    15435.00
      };
   printf("Dear %s, \n\n", fellow.handle.first);
   printf("Thank you  %s. \n", fellow.handle.first);
   printf("You are a %s \n", fellow.job);
   printf("with good records \n");
   printf("%s%s%s \n\n", M1, fellow.friend, M2);
}
```

3.3.2 자기참조 구조체(self-referential structures)

구조체중 특이한 경우의 하나가 **자기참조 구조체**인데, 복잡한 자료구조를 구성하는 데 많이 쓰인다. 이 데이터 형은 구조체 필드 중 하나가 자신과 같은 구조체에 대한 포인터를 저장하는 타입이다. 앞으로 배울 연결리스트, 트리, 그래프의 구현에 쓰이는 방법이다. 이 방법은 수행시간 중에 기억장소의 구조가 변하는 동적기억장소(dynamic storage management) 구현에 쓰이는 방법이다. 그림 10의 예에서, link 필드 값은 기억장소에 대한 포인터로 구조체 list 타입을 가리킨다. 아무 것도 가리키지 않으면 NULL(0) 값을 갖는다.

그림 10 : 자기참조 구조체

■ 예 1

C 언어에서 자기참조 구조체의 선언 - C 언어의 경우 아래 그림처럼 struct를 먼저 선언하고, struct에 대한 typedef를 선언하는 것이 일반적이다. node는 구조체의 이름이고 list_node와 list_ptr은 데이터타입의 이름이다.

```
struct node {
     int data;
     struct node *link;
};
typedef struct node list_node;
typedef list_node *list_ptr
```

■ 예 2

자기참조 구조체 프로그램 코드 일부 예 - 3개의 구조체 변수를 선언하고 값을 저장한다. 구조체 item1, item2, item3을 선언하고, 각 필드에 값을 저장한다. NULL은 포인터 값이 없음을 나타내는 상수 값이고, 그림으로 표시할 때는 아래와 같이 접지 모양으로 그린다.

```
list_node item1, item2, item3;
item1.data = 'a';
item2.data = 'b';
item3.data = 'c';
item1.link = item2.link = item3.link = NULL;
```

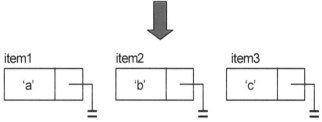

■ 예 3

자기참조 구조체의 연결 예 - 3개의 구조체를 연결하는 예이다. 왼쪽 2개의 문장이 오른쪽 그림의 실선과 같은 구조체의 연결을 만든다. 이러한 모양을 연결리스트라고 한다. 구조체들이 포인터 값에 의하여 연결되어 있다.

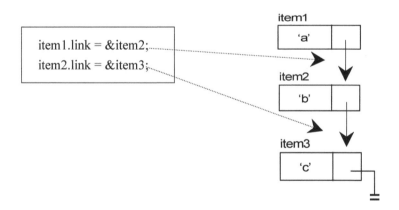

3.4 희소(Sparce) 행렬 – 배열의 응용 예

행렬은 2차원으로 된 자료이며, 배열을 사용하여 처리하는 대표적인 예이다. 여기서는 일반적인 행렬보다 행렬의 특이한 경우인 **희소 행렬**(sparce matix)에 대하여 살펴본다.

예 행렬을 프로그램에 저장하려면 그림 11과 같이 2차원 배열을 선언하여 저장한다.

	열 0	열 1	열 2	열 3	열 4	열 5
행 0	15	0	0	22	0	15
행 1	0	11	3	0	0	0
행 2	0	0	0	-6	0	0
행 3	0	0	0	0	0	0
행 4	91	0	0	0	0	0
행 5	0	0	28	0	0	0

그림 11 : 2차원 배열 int A[6,6]

차원이 m × n 인 행렬을 표현하는 데 필요한 기억 장소의 크기는 m × n 개(m 행, n 열) 이 필요하다. 프로그램에 필요한 기억장소의 크기는 공간복잡도(space complexity)로 표현하며, f(m, n) = m * n이 된다.

만약 m과 n의 값이 크다면(예, m=1000, n=10000), 행렬을 표현하는 데 필요한 기억 장소의 크기는 1000 * 10000 = 10,000,000으로 매우 큰 값이 된다. 그러나 실제로 이러한 큰 행렬에서 값이 저장되지 않는 경우가 많은데(0값이 대부분인 경우), 이러한 행렬을 희소행렬이라고 하며 기억 공간 활용에서 보면 비효율적이다. 따라서 0이 아닌 원소만을 따로 배열에 저장하는 개선된 방법을 사용한다. 0이 아닌 항을 〈행, 열, 값〉으로 따로 저장한다. 예를 들어, 그림 10의 6×6의 행렬에서 0이 아닌 원소가 8개이므로, 이것만 따로 배열에 저장한다.

C 언어로 **희소 행렬**의 자료 구조를 선언하면 그림 12와 같다. 그림 13은 그림 11의 이차원 희소행렬을 저장한 한 가지 예이다. 그림13의 a[0]에는 별도로 행의 수, 열의 수, 0이 아닌 원소의 수를 저장한다. 희소행렬로 그림 13과 같이 표현하면, 그림 11처럼 일반적인 이차원 배열로 표현했을 때와 비교하여 기억장소는 많이 절약이 된다. 그러나 두 개의 행렬을 더하는 연산을 생각해보면, 그림 11처럼 표현했을 때가 프로그램이 간단하다. 그림 13으로 표현하면, 행렬을 더할 때 행과 열의 첨자가 같은 원소끼리 더해야하므로 첨자가 같은 원소들이 있는지 찾는 것을 프로그램으로 표현하려면 매우 복잡한 것을 알 수 있다. 희소행렬은 자료구조를 바꿈으로써 컴퓨터 자원인 기억장소를 절약하지만, 프로그래밍이 어려워지는 것을 감수해야하는 대표적인 예이다. 컴퓨터 통신에서 데이터를 압축해서 보내는 장단점과 같은 이치이다.

```
#define MAX_TERMS 101
   typedef struct {
      int col;
      int row;
      int value;
   } term;
   term a[MAX_TERMS];

/* a[0].row: 행의 수, a[0].col: 열의 수
   a[0].value: 0이 아닌 항의 수를 따로 저장 */
```

그림 12 : 희소행렬을 위한 자료선언

	row	col	value
a[0]	6	6	8
[1]	0	0	15
[2]	0	3	22
[3]	0	5	-15
[4]	1	1	11
[5]	1	2	3
[6]	2	3	-6
[7]	4	0	91
[8]	5	2	28

그림 13: 희소행렬에 저장된 2차원 배열의 모습

3.5 다차원 배열의 저장

1차원 배열은 기억장소에 순서대로 저장한다. **n차원 배열**이 어떻게 1차원의 물리적인 기억장소에 저장이 될까? n차원 배열의 임의의 원소는 기억장소의 어디에 저장되어 있는가?

예 int a[$upper_0$][$upper_1$] ... [$upper_{n-1}$] 라고 선언된 n 차원 배열의 전체 원소의 개수는 아래 식과 같다. 전체 원소의 수 = $\displaystyle\sum_{i=0}^{iz=(n-1)} upper_i$.

다차원 배열을 저장하는 방법은 2가지가 있다.

① **행 우선저장**(row major order) - 1행, 2행, 3행 순으로 저장한다.
② **열 우선저장**(column major order) - 1열, 2열, 3열 순으로 저장한다. 2차원의 경우는 간단하지만, 다차원의 경우 열우선 저장방법은 언어마다 조금씩 다르므로 여기서는 자세한 내용은 생략한다.

📖 n 차원 배열을 행 우선저장(rows major order)으로 저장했을 때, 저장순서는 다음과 같다. 아래 배열 a에서 배열의 첨자가 맨 뒤에서 변해나가는 것을 알 수 있다.

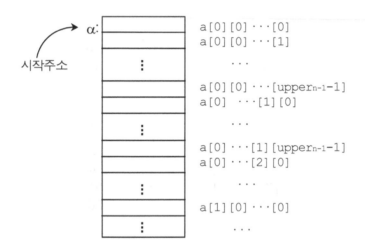

■ 예 1

1차원으로 선언된 배열 $a[u_0]$에서 $a[i]$의 위치를 구해보자. 시작 주소는 α 이고, 배열의 원소는 1 바이트를 차지한다고 가정하자. 아래 그림과 같이 시작주소로부터 순서대로 저장된다.

a[0]	:	α
a[1]	:	$\alpha + 1$
⋮		⋮
a[u₀-1]	:	$\alpha + (u_0 - 1)$

■ 예 2

배열 x가 int x[8]로 선언되어 있을 때, x[0]의 주소가 100번지이면, x[5]의 주소는(int 형이 기억장소를 2 byte 차지한다고 가정하자)?

→ x[5]의 주소는 6번째 원소이며 앞에 5개의 원소가 있으므로 주소값 = 100 + 5 × 2 = 110 번지이다.

2차원으로 선언된 배열 a[u0][u1]의 경우 a[i][j]의 위치는? 첨자가 0부터 시작하고, 원소 데이터의 길이가 1바이트를 차지한다고 하자. a[i][j]는 a[0][0]으로부터 (i+1)행의 (j+1)번째 원소이다. i개 행을 다 거치려면, i×u1 개의 데이터를 지나야 되고, 마지막 행에서 j 개 데이터를 지나야 되므로, 그림으로 보면 결과는 아래와 같다.

2 차원 배열에서 $a[u_0][u_1] = \alpha + i*u_1 + j$

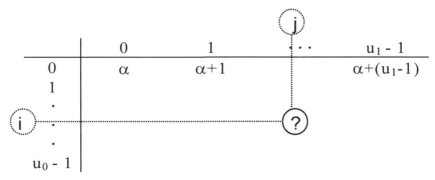

■ 예 3

배열 x가 int x[4][5]로 선언되어 있을 때, x[0][0]의 주소가 100번지이면, int[2][3]의 주소는? (행우선 저장, integer 형이 기억장소를 2 byte 차지한다고 가정)

→ int[2][3]의 주소 = 100 + 2 (2 × 5 + 3) = 126 번지

3 차원 배열 a가 a[u0][u1][u2]로 선언되었을 때 a[i][j][k]의 주소를 구해보자. 원소들은 모두 1바이트를 차지한다고 가정하면 주소는 다음과 같다.

$$a[i][j][k] = \alpha + i \times u_1 \times u_2 + j \times u_2 + k$$
$$= \alpha + u_2 \times [i \times u_1 + j] + k$$

예 3차원 배열 x가 int x[3][4][5]로 선언되어 있을 때, x[0][0][0]의 주소가 100번지이면, int[2][3][4]의 주소는? (행우선 저장, integer 형이 기억장소를 2 byte 차지한다고 가정)
→ int[2][3][4]의 주소 = 100 + 2 (2 × 4 × 5 + 3 × 5 + 4)

일반적인 n차원 배열 a[u_0][u_1],...,[u_{n-1}]의 경우, 행우선 저장으로 가정하고 a[u_0][u_1],..., [u_{n-1}]의 주소를 구해보자. a[0][0],...,[0]의 주소를 α라고하면 다음과 같은 식을 구할 수 있다.

주소값(a[i_0][i_1],...,[i_{n-1}])

$$= \alpha + \sum_{j=0}^{n-1} i_j \times a_j, \quad a_j = \prod_{k=j+1}^{n-1} u_k, \text{ if } 0 < j < n-1,$$
$$a_{n-1} = 1, \quad \text{ if } j = n-1$$

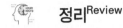 정리Review

- 리스트는 가장 많이 사용되는 자료의 형태이다.

  배열은 프로그램 언어에서 데이터 타입이다.

  리스트를 배열을 이용하면 쉽게 표현할 수 있다.

  배열의 모든 원소는 같은 데이터 타입이다.

  다차원 배열을 기억장소에 표현하는 방법은 행우선과 열우선 방법이 있다.

- 구조체는 여러 개의 다른 데이터를 한 개의 데이터로 묶는데 사용한다.

  구조체의 특별한 형태로 자기 참조 구조체가 있다.

  구조체 데이터가 여러 개 있을 때 구조체의 배열을 선언하여 사용한다.

(일상생활 데이터)	(컴퓨터 데이터)
이름, 나이, 주민등록번호	int, float, char
나이의 모임, 이름의 모임	배열
한 사람에 관한 데이터(이름, 나이,)	구조체
여러 사람의 데이터	구조체의 배열

- 포인터 타입(주소 값)

  데이터가 저장된 기억장소 주소를 다루는 타입을 포인터 타입이라고 한다.

  선언은 *, 변수의 주소값은 &, 주소값의 참조는 * 연산자를 이용한다.

  배열 변수는 자동으로 포인터 형으로 선언된다.

  배열의 이동 대신 주소값을 알려주어 프로그램 효율성을 높이기 위해서이다.

1. (배열의 저장)

다음과 같은 배열이 선언되어 있을 때 질문에 답하여라. char은 기억장소에서 1 byte를 차지한다.

> 선언 : char a[20][30];

(1) 배열 a의 원소 개수는 몇 개인가?

(2) a[0][0]의 번지가 100번지 일 때, 행우선에 의하여 저장되었다고 할 때 a[9][10]의 주소를 구하여라.

(3) a[0][0]의 번지가 100번지 일 때, 열우선에 의하여 저장되었다고 할 때 a[9][10]의 주소를 구하여라.

2. (배열의 저장)

다음과 같이 선언된 배열에서 100번째 원소는 무엇인가? 첫 번째 원소는 A[0][0][0] 이다. 행우선 방법으로 저장되어 있다고 가정한다.

> int A[5][6][7];

3. (배열에 데이터 삽입)

n개의 자료가 키값에 의하여 순서대로 저장되어 있을 때, 임의의 자료 1개를 삽입하고자 한다. 자료는 삽입 후에도 전체 키값이 크기에 따라 정렬되도록 하여야 하므로 삽입될 위치 이후의 데이터들은 모두 그대로 한 칸씩 뒤로 이동하여야 한다. 데이터의 평균 이동 횟수는 몇 번인가?

4. (프로그래밍, 배열의 연결, concatenation)

다음과 같은 두 개의 배열을 연결하여 한 개의 배열로 합하고자 한다. 첫 번째 배열 A의 뒤에 두 번째 배열의 값들을 연속하여 저장하여 세 번째 배열 C를 만드는 함수를 작성하여라. A 배열에 저장된 데이터의 개수는 n1, B 배열에 저장된 데이터의 개수는 n2 개이고 배열 C의 길이는 n 개로 충분히 길다고 가정한다.

```
int array_concat( A, n1, B, n2, C )
{
    int A[n1], B[n2], C[n];
    ...
}
```

5. (배열원소 조작)

배열의 원소에 대하여 다음과 같은 데이터 조작을 할 때, 각 작업의 시간복잡도를 계산
하여본 표이다. 다음 빈 곳에 맞는 시간복잡도를 적어라.

연산	시간복잡도
정렬되지 않은 데이터의 임의 원소 접근	O(n)
정렬되어 있는 데이터의 임의 원소 접근	
삽입 연산	O(n)
삭제 연산	
배열 전체를 읽기	O(n)

1. (배열을 이용한 알고리즘)

아주 큰 정수의 경우 컴퓨터에 저장할 수 있는 데이터 형이 없다. 예를 들면, 다음과 같이 자리 수가 20개인 정수를 생각해보자. 이러한 데이터를 배열의 한 원소에 한자리 수씩 저장하면 큰 수도 저장할 수 있다. 정수 배열 A[ ], B[ ]에 자리 수가 20개인 두 수가 저장되어 있다고 할 때, 이 두 수를 더한 결과를 배열 C[ ]에 저장하고자 한다. 더하는 함수를 작성하여라.

* 큰 수의 예 : 48437593475347509347

(함수의 예)

```
void add(a, b, c, length);
```

(입력 및 출력 화면)

```
첫 번째 숫자 입력 :
두 번째 숫자 입력 :
--------------------------
두수의 합계    :
```

2. (명함관리 프로그램)

명함을 관리하는 프로그램을 배열 구조를 이용하여 작성하려고 한다. 명함은 이름, 회사, 전화번호의 3가지 데이터로만 구성되어 있다고 가정하자. 프로그램을 통하여 하고자 하는 작업은 다음과 같다.

(프로그램 기능)

1. 명함을 입력 받는다.
2. 명함을 이름으로 찾아서 삭제한다. 이름을 모두 입력하여야 찾는다고 가정한다.
3. 명함을 이름으로 찾아서 검색한다. 이름을 모두 입력하여야 찾는다고 가정한다.
4. 프로그램이 시작되면, 먼저 디스크의 파일에 있는 명함 자료를 읽어들여 배열에 저장한다. 또 프로그램이 종료되면, 배열에 있는 명함 자료를 모두 디스크의 파일에 저장한다.
5. 명함 자료 전체를 출력하는 기능을 제공한다.

(명함 자료의 구성)

명함 자료를 배열에 저장하기 위해서는 속성(field)가 3개 이므로, 3개의 속성을 갖는 구조체를 먼저 정의한다.

```
typedef struct acard
{
    char name[NAME_SIZE];
    char company[NAME_SIZE];
    char telephone[TEL_SIZE];
} card

card cards[100]; /* 명함 저장 배열 */
```

(실행화면)

```
NAMECARD Manager(명함관리)
------------------------------------------
1. 입력(명함)
2. 삭제(명함)
3. 검색(명함)
4. 전체검색(명함)
5. 종료

명령선택 => 1
명함입력 :
    이름 : Park
    회사 : Duksung
    전화 : 02-901-8342
명령선택 => 3
    이름 : Park

이름         회사        전화
---------------------------------------------------------
Park              Samsung           02-901-0000

명령선택 => 4
이름         회사        전화
---------------------------------------------------------
Park              Samsung           02-901-0000
Kim               LG            02-901-0000
```

(프로그래밍 힌트)

명함데이터를 프로그램 종료 후에도 저장하려면 명함 목록을 파일에 저장하여야 한다. 파일이름을 namecard.txt라고 한다. 프로그램은 namecard.c로 이름을 붙인다. namecard.c 에 사용될 몇 가지 함수는 다음과 같다.

```c
/* init_card : 프로그램이 시작되면 파일에 저장된 명함목록을 읽어 배열에 저장한다. */
void init_card(void)
{
    FILE *fp;
    card t;
    card u;
    if ((fp = fopen("namecard.txt", "rb")) == NULL)
        {
        printf("\n    Error : namecard.txt is not exist.");
        return;
        }
    t = head->next;
    while (t != tail)
        {
        u = t;
        t = t->next;
        free(u);
        }
    head->next = tail;
    while (1)
        {
        t = (card*)malloc(sizeof(card));
        if (!fread(t, REC_SIZE, 1, fp))   /* if file end... */
            {
            free(t);
            break;
            }
        t->next = head->next;
        head->next = t;
        }
    fclose(fp);
}
```

```c
/* input_card : 사용자에게 명함을 받아들여 배열의 마지막 원소로 저장한다. */
void input_card(void)
{
  ...
  printf("\n 명함입력 : ");
    printf("\n 이름 -> ");
      gets(t.name);
    printf("\n 회사 -> ");
      gets(t.corp);
    printf("\n 전화 -> ");
      gets(t.tel);
  ...
}


/* 프로그램이 시작되면 */
void load_cards(char *s) /* s="namecard.txt" */


void save_cards(char *s)
  {
  FILE *fp;
  card t;
  if ((fp = fopen(s, "wb")) == NULL)
    {
    printf("\n   Error : Disk write failure.");
    return;
    }
  while ( )
    {
...
    fwrite(t, REC_SIZE, 1, fp);
    /* 배열의 데이터를 파일에 저장 */
...
    }
  fclose(fp);
  }
```

```c
/* delete_card : 배열의 카드를 삭제하고 모든 데이터를 한칸씩 앞으로 이동 */
int delete_card(char *s)
{ ... }


/* search_card : 카드의 데이터를 검색 */
card search_card(char *s)
{
    ...
}


/* main : 메뉴를 사용자에게 보이며 작업을 하는 함수 호출 */
void main(void)
{
    ...
    /* select_menu 함수에서 실행할 번호 입력 받는다 */
    while ((i = select_menu()) != 5)
      {
    ...
      switch (i)
        {
        case 1 : input_card();
             break;
        case 2 : printf("\n 이름 : ");
             gets(name);
             if (!delete_card(name))
               printf("\n 찾지 못함");
             break;
        case 3 : printf("\n 이름 : ");
             gets(name);
             t = search_card(name);
             if (찾지못하면) {
        ...;  break;
               }
             print_card(t, stdout);
             break;
```

```
        case 4 : /* 전체 명함 출력 */
              while ()
                { ... }
              break;
          }
      }
  printf("\n\nProgram 종료 ...");
  }
```

CHAPTER **4**

스택과
큐 자료구조

학생의 명단, 은행 거래 고객 명단, 월별 판매액 등 일상생활에서 가장 많이 쓰이는 자료 형태는 "리스트"이다. 리스트 자료에서 행해지는 두개의 큰 연산은 데이터를 찾는 검색과 데이터 값의 변경이다. 변경은 삽입과 삭제, 수정을 말하는 것이다. 일반적인 리스트에서는 삽입과 삭제는 리스트의 어느 원소에 대해서도 행해질 수 있다.

스택은 리스트의 특별한 형태로 삽입과 삭제가 한쪽 끝에서만 일어난다. 마치 문이 한 개인 시내버스에 승객들이 타고 내릴 때, 먼저 탄 사람이 맨 나중에 내리는 것과 같은 구조이다(First In Last Out). 다시 말하면 맨 나중에 탄 사람이 맨 먼저 내리는 것과 같은 의미이다(LIFO, Last in First Out).

큐 또한 리스트의 특별한 형태로 삽입과 삭제가 한쪽 끝에서만 일어난다. 삽입과 삭제는 서로 반대쪽 끝에서 일어나는 것이 스택과 다르다. 문이 두 개인 마을버스의 타는 곳과 내리는 곳이 따로 있어서 먼저 탄 사람이 먼저 내리게 되는 구조이다(First In First Out, FIFO).

스택과 큐는 이렇게 리스트의 특별한 형태로 많이 쓰이는 자료 구조이다. 스택과 큐는 프로그램 언어의 배열을 이용하여 구현할 수 있다. 큐를 구현할 때는 일반 배열을 사용하면 자료를 이동해야 하는 불편함이 있어서 일반 배열을 원형으로 만들어서 원형 배열을 이용하여 구현한다.

제 4 장에서 학습할 내용은 다음과 같다.

4.1 자료구조와 연산 모델

자료구조는 자료와 자료에 행해지는 연산으로 정의할 수 있다. 리스트 자료의 예를 들면 자료는 순서가 있는 데이터를 배열에 저장한 것이고, 연산은 주로 검색(search), 삽입 (insert), 삭제(delete), 리스트 상태 점검(isempty, isfull) 등이 있다. 이것을 도식적으로 표시하면 그림 1과 같다. 자료구조의 구현은 따라서 자료를 선언하고 여기에 대한 연산 을 정의하여 프로그램에서 이 자료구조를 사용할 수 있도록 하는 것이다. 그림 1의 왼쪽 은 자료이고, 오른쪽은 연산을 나타내며, 그림에서는 리스트 자료구조를 모형화한 것이 다. 자료구조를 선언하는 것은 자료를 정의하고, 여기에 필요한 연산을 함수형태로 구현 하면 된다. 이 개념을 확장하여 자료와 연산을 묶어서 한 개의 단위로 정의하면 객체가 되며, 객체 개념을 정의하고, 캡슐화, 상속 등을 구현한 언어가 Java, C++ 과 같은 객체지 향 언어이다. 앞으로 배울 스택, 큐, 트리, 그래프 등의 자료구조도 이러한 모델로 생각하 면 된다.

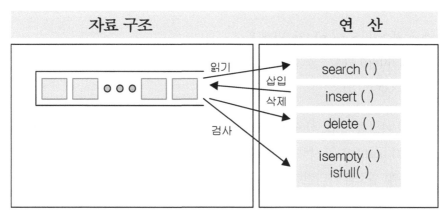

그림 1 : 자료구조 모델

설명

자료구조 = 자료 + 연산

- 자료구조는 자료의 선언과 자료에 대한 연산으로 구성된다.
- 자료의 선언은 프로그램 언어의 데이터 타입을 이용하여 선언된다.
- 연산은 자료의 검색과 갱신에 관한 연산으로 이루어진다.
- 검색(search)은 원하는 자료를 1개 혹은 일부를 찾는 작업이다.
- 갱신은 삽입(insert), 삭제(delete), 수정(update)을 말한다.

4.2 스택(Stack)

4.2.1 스택의 정의

순서가 있는 리스트에서 데이터의 삽입(insert, push)과 삭제(delete, pop)가 한쪽 끝(top 이라고 부름)에서 일어나는 자료구조를 **스택**이라고 한다. 한쪽 끝에서 삽입과 삭제가 일어나기 때문에, 삭제하려면 마지막 삽입했던 데이터를 삭제하여야 한다. 이러한 성질 때문에 LIFO(Last-In-First-Out) 자료구조라고 한다. 즉 삭제는 삽입된 순서의 역순으로 진행되며, 삽입과 삭제 연산이 섞여서 무작위로 일어날 수 있다. 스택 자료구조는 데이터를 검색하는 기능보다는 데이터를 저장하고 삭제하는 연산이 주로 일어나는 자료구조이다.

> **정의**
>
> **스택(stack)** $S = (a_0, \dots , a_{n-1})$로 구성된 순서 있는 리스트로, 삽입과 삭제가 한쪽 끝에서 일어난다(top 쪽) **LIFO(Last In First Out)** 자료구조라고 한다.
>
> - a_i : 스택 원소 $(0 \leq i < n)$: i+1번째 원소
> - a_{n-1} : 꼭대기(top) 원소
> - a_0 : 바닥(bottom) 원소

예 스택에서 자료를 삽입, 삭제하는 모습은 그림 2와 같다. 스택의 경우는 삽입(insert)은 특별히 **push()**로 표시하고 삭제는 **pop()**으로 표시한다. top 변수는 보통 스택의 가장 끝(위) 원소를 가리킨다.

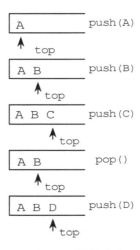

그림 2 : 스택연산의 예

스택을 스택 자료구조와 연산 모델에 따라 그리면 그림 3과 같다. 스택의 자료는 리스트의 자료와 같으며, 스택에 필요한 연산은 top(), push(), pop() 등이다.

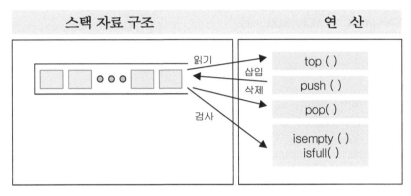

그림 3 : 스택 자료구조 모델

설명

- top() : 스택의 맨 위에 있는 데이터 값을 반환한다.
- push() : 스택에 데이터를 삽입한다.
- pop() : 스택에서 데이터를 삭제하여 반환한다.
- isempty() : 스택에 원소가 없으면 'true' 있으면 'false' 값 반환
- isfull() : 스택에 원소가 없으면 'false' 있으면 'true' 값 반환

■ 스택의 생성

스택을 사용하려면 리스트 자료를 선언한다. 쉬운 방법으로 1차원 배열을 사용한다.

```
#define MAX_STACK_SIZE 100
    int stack[MAX_STACK_SIZE];
    int top = -1;
/* top의 초기 값은 스택이 비어있을 때 -1이다. */
```

■ 스택에 원소 삽입

스택에 데이터를 삽입하는 연산은 push라고 부른다. 삽입할 위치는 top 변수가 가리키는 곳의 다음 위치로 정해져 있으므로 프로그램은 간단하다. top 변수의 값을 1 증가시키고 그곳에 삽입할 데이터를 넣는다. 아래 push( )는 정수형 데이터 item을 삽입하는 프로그램이다. 프로그램 수행 전에 스택이 다 차있는지 검사하는 if 문이 있고, 다음으로 top을 증가시키고 item을 저장하는 연산이 표현되어 있다.

(함수 push)

```
void push(int item)
{
    if(top >= MAX_STACK_SIZE - 1)
    {   stack_full();
        return;
    }
        stack[++top] = item;
    /* top=top+1; stack[top]=item 과 같은 의미이다.*/
}
```

※ 참고 : push() 함수에서 사용되는 top 변수는 전역변수이므로 인자를 전달할 필요가
없다. 그러나 만약 top 변수를 push() 함수에 지역변수로 전달하여 수정된 값을 함수
의 인자로 받으려면 top 대신 * 붙은 변수 *top을 사용한다. *top을 사용하면 함수에서
바뀐 내용이 주 프로그램으로 전달된다. 주 프로그램에서는 push(&top, item)으로 호
출하여야 한다. push() 함수에 top 변수를 인자로 전달하여 바뀐 값을 다시 받으려면
프로그램을 다음과 같이 작성하여야 한다.

(top 변수를 인자로 전달하는 함수 push)

```
void push(int *top, int item)
{
    if(*top >= MAX_STACK_SIZE - 1)
        {   stack_full();
            return;
        }
        stack[++*top] = item;
}
```

■ 스택에서 원소 삭제

스택에서 데이터를 삭제하는 연산을 pop 이라고 한다. top 변수를 감소시키면 스택에서
원소가 삭제되는 것과 같은 결과가 된다. 삭제 전 맨 위에 있는 원소를 함수의 결과로 반
환한다.

(함수 pop)

```
int pop( )
{
    if(top == -1) return stack_empty( );
    /* 스택이 비어있는 경우 */
    return stack[(top)--];
    /* temp=stack[top]; top=top-1; return temp;와 같은 의미이다.*/
}
```

■ 스택의 상태 검사

스택이 비어있는지, 차있는지 검사하는 함수가 필요하다.

isempty()는 스택이 비어있는지 검사하는 함수이다. top 값이 -1이면 비어있다는 의미이다.

(함수 isempty)

```
int isempty()
{
    if( top < 0 ) return(1); else return(0);
}
```

isfull()은 스택에 데이터가 꽉차있는지 검사하는 함수이다. top 값이 배열의 크기 MAX_STACK_SIZE-1 과 같게 되면 스택이 다 차게 된다.

(함수 isfull)

```
int isfull()
{
    if ( top >= MAX_STACK_SIZE -1 ) return(1); else return(0);
}
```

4.2.2 스택 프로그램 예 – C 언어

스택을 C 언어로 구현한 프로그램의 예를 보자. 스택 자료는 배열 stack[ ]을 이용하여 변수 top과 함께 전역변수로 선언하였다. 스택에 필요한 push(), pop() 연산을 정의하였고, 주 프로그램에서는 스택의 연산 push와 pop 연산을 호출하여 실행해본 것이다.

☼ **프로그램 실행 후 다음과 같은 점을 생각해보자.**

① 스택의 원소 타입이 int 가 아니면 어떻게 고쳐야하는가?
② 2개의 스택(stack)을 사용하려면 어떻게 해야 하는가?

```c
/* 프로그램 4-1 스택 실험 : stack-pushpop.c */
#include <stdio.h>
#define MAX_STACK_SIZE 100

int stack[MAX_STACK_SIZE];
int top = -1;

void push(int item)
{
 if(top >= MAX_STACK_SIZE - 1)
 { printf("stack_full()\n");
  return;
 }
 stack[++top] = item;
}

int pop()
{
   if(top == -1)
   { printf("stack_empty()\n"); exit();
   }
   return stack[(top)--];
}

int isempty()
{ if( top == -1 ) return(1); else return(0); }
```

```
int isfull()
{ if ( top >= MAX_STACK_SIZE -1 ) return(1); else return(0); }

/* MAIN 프로그램 */
int main()
{
    int e;
    push(20);
    push(40);
    push(60);
    printf(" Begin Stack Test ...\n");
    while(!isempty())
    {   e = pop();
        printf("value = %d\n", e);
    }
}
```

(실행 결과)

```
Begin Stack Test ...
value = 60
value = 40
value = 20
```

4.2.3 스택 프로그램 예- Java 언어

이절에서는 Java 언어로 스택 자료와 연산을 선언하고, 스택에서 push와 pop 연산을 수행해본다. Java 언어는 이 책에서는 다루지 않지만 C 언어와 비교하는 좋은 예제 프로그램이므로 소개한다. C 언어에서 스택을 구현하는 것과 어떤 차이점이 있는지 살펴보기로 하자. 자바는 객체지향 언어이므로 자료구조를 class로 선언한다. 예제 프로그램은 2개의 class로 구성되어 있다.

- StackX : 스택과 필요한 연산을 정의하였다.
- StackApp : StackX에 정의된 스택과 연산을 사용한 응용프로그램이다.

☼ 실행 후 다음과 같은 점을 C 언어의 경우와 같이 생각해보자.

① 스택의 원소 타입이 int 가 아니면 어떻게 고쳐야하는가?

② 스택(stack)을 2개 사용하려면 어떻게 해야하는가?

```java
/* 프로그램 4-2 스택 실험 : Stack.java
// Java 프로그램은 Eclipse를 사용하거나 윈도우 명령창에서 수행한다(C>java
StackApp)
import java.io.*;
//-------------------------------------------------------------
class StackX
{  private int maxSize      // 스택의 크기
   private double[] stackArray
   private int top;         // top 변수
   public StackX(int s)     // 생성자
   {  maxSize = s;          // 배열크기 결정
      stackArray = new double[maxSize]; // 배열 생성
      top = -1;             // top 변수 초기화
   }
   public void push(double j) // push 함수 정의
      { stackArray[++top] = j;    }
   public double pop()        // pop 함수 정의
      { return stackArray[top--]; }
   public double peek()       // top 값의 반환
      { return stackArray[top];    }
   public boolean isEmpty()
      { return (top == -1);      }
   public boolean isFull()
      { return (top == maxSize-1);    }
   } // end class StackX
//-------------------------------------------------------------
class StackApp
   {
   public static void main(String[] args)
      {
      StackX theStack = new StackX(10); // 새로운 스택 정의
      theStack.push(20);
      theStack.push(40);
      thcStack.push(60);
```

```
        System.out.println("Begin Stack Test...");

        while( !theStack.isEmpty() )
          {
          double value = theStack.pop();
          System.out.print(value);
          System.out.print(" ");
          } // end while
        System.out.println("");
        } // end main()
      } // end class StackApp
```

(실행 결과)

```
    Begin Stack Test ...
    value = 60
    value = 40
    value = 20
```

4.3 큐(Queue)

스택과 비슷하지만, 순서가 있는 리스트에서 데이터의 삽입(insert)과 삭제(delete)가 각각 양쪽 끝(rear, front라고 부름)에서 일어나는 자료구조를 큐라고 한다. 한쪽 끝(rear)에서 삽입이, 반대쪽에서 삭제(front)가 일어나기 때문에, 삭제하려면 맨 먼저 삽입했던 데이터를 삭제하여야 한다. 이러한 성질 때문에 **FIFO(First In First Out)** 자료구조라고 한다. 즉 삽입된 순서와 같은 순서로 삭제가 진행되며, 삽입과 삭제 연산이 섞여서 무작위로 일어날 수 있다. 큐도 스택과 마찬가지로 데이터를 검색하는 기능보다는 데이터를 저장하고 삭제하는 연산이 주로 행해진다.

> ### 정의
> **큐(queue)** Q = $(a_0, \ldots , a_{n-1})$로 구성된 순서 있는 리스트로, 삽입 연산(insert)은 rear라고 부르는 한쪽 끝에서 일어나며, 삭제 연산(delete)은 front라고 부르는 삽입의 반대쪽에서 일어난다. FIFO(First In First Out) 자료구조라고도 한다.

- a_i : 큐 원소 ($0 \leq i < n$) : i+1 번째원소
- a_0 : 프론트(front) 쪽 첫원소
- a_{n-1} : 리어(rear) 쪽 첫원소

예 큐에서 자료를 삽입하고 삭제하는 모습은 그림 4와 같다. 큐에서 삽입은 insert로, 삭제는 delete로 이름을 붙인다. rear와 front는 각각 삽입과 삭제될 위치를 가리키는 포인터이다.

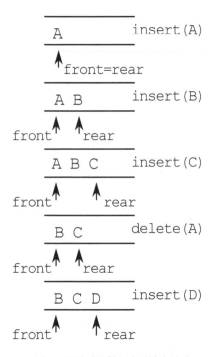

그림 4 : 큐에서의 원소의 삽입과 삭제

큐를 자료구조와 연산 모델에 따라 그리면 다음과 같다.

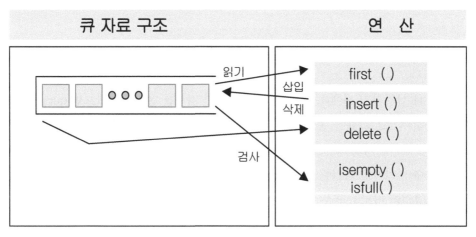

그림 5 : 큐 자료구조 모델

설명

- first() : 큐의 맨 위에 있는 데이터 값을 반환한다.
- insert() : 큐에 끝(rear)에 데이터를 삽입한다.
- delete() : 큐에서 앞(front)에서 데이터를 삭제하여 반환한다.
- isempty() : 큐에 원소가 없으면 'true' 있으면 'false' 값 반환
- isfull() : 큐에 원소가 없으면 'false' 있으면 'true' 값 반환

■ 큐의 구현

큐를 구현하는 쉬운 방법은 1차원 배열의 사용하는 방법이다. C 언어의 경우 다음과 같이 선언한다. front와 rear 변수를 사용하여 큐의 상태를 파악한다. 큐의 원소로 정수형 변수 대신 구조체 element를 사용하는 것으로 가정하였다. 배열 queue는 큐의 원소를 저장한다.

```
#define MAX_QUEUE_SIZE 100
typedef struct {
    int key;
    /* other fields 큐의 원소에 다른 데이터가 들어갈 수 있다. */
} element;
element queue[MAX_QUEUE_SIZE];
/* 큐의 원소로 element 형을 사용하였다 */
```

```
int rear = -1; /* 초기값 */
int front = -1; /* 초기값 */
```

■ 큐의 삽입

큐에 자료를 삽입하기 전에 큐가 다 차있는지 먼저 검사를 한다. 다 찼으면 queue_full()
함수를 통하여 프로그램을 종료하든지 아니면 적절한 조치를 취해준다. 공간이 있으면
rear 값을 1 증가시키고 그 곳에 item을 저장한다. rear 값은 원소가 삽입되면 변하는 값
이므로 함수의 인자로 넘겨줄 때, *rear를 사용하였다. 만약 rear가 전역변수이면, 인자로
넘겨줄 필요없이 바로 rear 변수를 사용하면 된다.

```
void insert(int *rear, element item)
{
  if(*rear == MAX_QUEUE_SIZE - 1)
  {
    queue_full();
    /* queue_full 함수 처리방법 - 큐의 원소를 모두 왼쪽으로 이동 */
    return;
  }
  queue[++*rear] = item;
}
```

■ 큐의 삭제

큐에서 자료를 삭제하기 전에, 큐가 비어있는지 먼저 검사를 한다. 비어있는 조건은 다
른 방법도 있지만 front와 rear 값이 같을 경우로 하였다. 따라서 원소가 1개라도 삽입되
면 rear 값은 front와 다르게 된다. 원소의 삭제는 front 값을 1 증가시키고 front에 저장
된 item 값을 읽는다.

```
element delete(int *front, int rear)
{
  if(*front == rear)
    return queue_empty();
  return queue[++*front];
}
```

■ 큐의 상태 검사

큐가 비어있는지 검사하는 함수는 front와 rear 값이 같은지 비교하면 된다. 두 값의 초기
값은 -1이고, 삽입과 삭제를 반복하면서 변하게 된다. 비어있는 경우 두 값은 같게 된다.

```
int isempty()
{ if( front == rear ) return(1); else return(0); }
```

큐가 다 차있는지 검사하는 것은 큐의 끝을 가리키는 변수 rear가 MAX_QUEUE_SIZE와
같은지 비교하는 것이다. 배열을 이용한 큐의 경우 원소의 삽입으로 rear 값이 큐의 끝에
도달할 가능성이 많다. 이때는 큐의 앞부분이 원소의 삭제로 비어있음에도 큐를 사용할
수 없게 된다. 일반적으로 다음 절에서 소개하는 원형 큐를 사용하여 해결한다.

```
int isfull()
{ if ( rear == MAX_QUEUE_SIZE -1 ) return(1); else return(0); }
```

큐는 일상생활에서 예를 많이 볼 수 있다. 예를 들면 은행, 미용실 고객의 경우 고객에
대하여 공평한 서비스를 해야 하므로 먼저 온 손님을 먼저 서비스를 해주어야 한다. 이
경우 FIFO에 의하여 처리된다. 컴퓨터의 경우 예는 운영체제에서 볼 수 있다. 운영체제
는 사용자의 프로그램(job)을 실행시킬 때 방법 중 하나는 먼저 입력된 프로그램을 먼저
처리한다. 이 처리 과정을 그림으로 보면 그림 6과 같다.

front	rear	Q[0]	Q[1]	Q[2]	Q[3]	설명 s
-1	-1					초기 상태
-1	0	J1				Job 1 삽입
-1	1	J1	J2			Job 2 삽입
-1	2	J1	J2	J3		Job 3 삽입
0	2		J2	J3		Job 1 삭제
1	2			J3		Job 2 삭제

그림 6 : 큐 연산의 예 – 운영체제 job 처리

설명

운영체제가 프로그램(job)을 처리하는 리스트이다. Q[ ]에 새로운 작업이 들어온다. 들어올 때 Q[ ]의 맨 끝에 저장하고 rear 값을 증가시킨다. 프로그램 수행(서비스)이 끝나면 운영체제가 job을 제거하고 front 값을 증가시킨다.

4.4 원형 큐(circular queue)

배열을 이용한 큐의 구현에서 문제점은 새로운 원소가 계속 들어오면 큐의 길이가 계속 증가한다는 점이다. 원소의 삽입은 큐의 뒤 부분에서 이루어지기 때문에 원소의 개수가 많지 않아도 큐의 길이가 길어야하며, 큐가 아무리 길어도 어느 순간에는 끝에 도달하게 된다. 이러한 문제점을 해결하기 위한 방법의 하나가 **원형 큐**이다.

■ 원형 큐를 이용한 큐의 구현

- 배열을 가상으로 원형으로 가정하고 원형 배열에 데이터를 저장한다. 즉 배열의 마지막에 도달하여 저장할 공간이 없으면 배열의 처음에 다음 원소를 저장하여 원형 배열로 다룬다. 그림 7과 8은 이러한 큐의 예를 보여준 것이다.
- 초기값 front, rear는 0으로 만든다.
- front는 큐의 처음 값 위치로 정한다(첫 번째 원소 바로 앞 원소를 가리킨다).
- rear는 큐의 마지막 값 위치로 정한다.

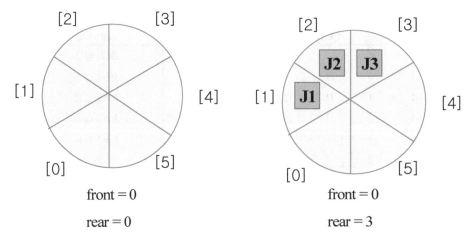

그림 7 : 원형큐의 예 – 원소가 6개 있는 경우 원형 큐

설명

왼쪽은 비어있는 큐이고 오른 쪽은 3개의 원소가 삽입된 상태이다.

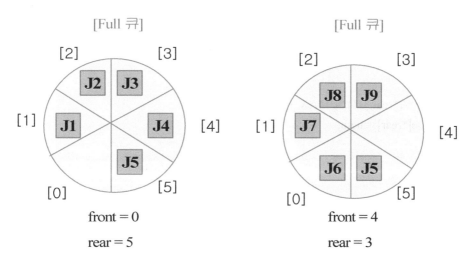

그림 8 : 원형큐의 예 – 원소가 가득찬 원형 큐

설명

왼쪽은 원소가 5개의 꽉 찬 상태이고 오른 쪽도 삭제와 삽입을 반복한 후 큐가 꽉 찬 상태이다. 6개를 다 사용하면 큐의 빈 상태 (front == rear)와 꽉 찬 상태 (front == rear)와 같아져서 혼란이 생기기 때문에 5개만 사용하는 것이 일반적이다.

■ 원형 큐 구현시 주의할 점

원형 큐에서 큐의 시작과 끝을 가리키는 front, rear 변수는 원소가 원형으로 삭제, 삽입됨에 따라 배열의 처음으로 포인터를 이동해야한다. 따라서 나머지 연산자 %를 사용하여 MAX_QUEUE_SIZE 보다 큰 경우는 다시 큐의 처음으로 되돌린다.

· insert 연산 후 rear의 값

 *rear = (*rear +1) % MAX_QUEUE_SIZE;

· delete 연산 후 front의 값

 *front = (*front +1) % MAX_QUEUE_SIZE;

■ 원형큐에 삽입 연산 - add()

```
int add(int front, int *rear, int item) {
    if (front == *rear+1) {
        /* queue_full(rear); */
        /* reset rear and print error */
        return(-1);
    }
    *rear = (*rear + 1) % MAX_QUEUE_SIZE;
    queue[*rear] = item;
}
```

■ 원형 큐에 삭제 연산 - delete()

```
int delete(int *front, int rear) {
    /* remove front element from the queue and put it in item */
    if (*front == rear)
        return -1;
    /* queue_empty(); */
    /*queue_empty returns an error key */
    *front = (*front + 1) % MAX_QUEUE_SIZE;
    return queue[*front];
}
```

■ 원형 큐 구현의 정리

· 원형 큐는 full 상태와 empty 상태를 다음과 같이 구별한다. 2가지 방법 중 1가지 방법
  을 선택하여 구현하면 되고, 이 책에서는 방법 1을 사용하였다. 방법 1을 사용하여 구
  현할 경우 큐의 크기가 n이라고 하면 실제 사용하는 큐의 최대 길이는 n-1개임을 주의
  하여야 한다.
    ‣ 방법 1 : 최대 MAX_QUEUE_SIZE - 1 개 만 저장한다(front==rear+1 이면 full)
      (MAX_QUEUE_SIZE가 아님)
    ‣ 방법 2 : 변수를 추가하여 두 상태를 구별한다. 즉 큐에 입력되는 원소의 개수를 세
      는 변수를 따로 두어 두 상태를 구별한다.
· 원형 큐는 원형이 아닌 배열을 사용할 때보다 큐를 유지하기 위해 데이터를 이동하는
  불편이 없어져 유리하다. 또 비어있는 공간을 최대한 활용할 수 있다.

그림 9는 원형 큐를 구현한 예이다.

■ 원형 큐 구현 예

```
/* 프로그램 4-3 원형 큐 : circularqueue.c */
#include <stdio.h>
#define MAX_QUEUE_SIZE  6
int queue[MAX_QUEUE_SIZE]; /* 큐 배열의 크기 8, 원소는 7개까지 들어간다.*/
int front = 0, rear = 0;

void clear_queue(void) /* 큐를 모두 비우는 함수 */
{
   front = rear = 0;
}

void print_queue(void) /* 큐의 내용을 출력하는 함수 */
{
   int i;
   printf("*Queue 내용 : ");
   for (i = ((front + 1) % MAX_QUEUE_SIZE); i != (rear + 1); i = (++i) %
MAX_QUEUE_SIZE)
      printf("%-3d", queue[i]); printf("\n");
}

int add(int front, int *rear, int item) {
   if (front == *rear+1) {
      /* queue_full(rear); */
      /* reset rear and print error */
      return(-1);
   }
   *rear = (*rear + 1) % MAX_QUEUE_SIZE;
   queue[*rear] = item;
}

int delete(int *front, int rear) {
   /* remove front element from the queue and put it in item */
   if (*front == rear)
      return -1;
```

```
    /* queue_empty(); */
    /*queue_empty returns an error key */
    *front = (*front + 1) % MAX_QUEUE_SIZE;
    return queue[*front];
}

void main(void) /* 큐를 테스트하는 프로그램 */
{
    int i;
    printf("front=%d, rear=%d, 원소수=%d\n", front, rear,
        (rear - front) % MAX_QUEUE_SIZE);
    /* 삽입 테스트 */
    printf("Insert 4 => \n"); add(front, &rear, 4);
    printf("Insert 7 => \n"); add(front, &rear, 7);
    printf("Insert 8 => \n"); add(front, &rear, 8);
    print_queue(); /* 원소의 개수 4개 */

    printf("Delete  => "); i = delete(&front, rear);
    printf("      => Deleted value is %d\n", i);
    print_queue(); /* 원소의 개수 3개 */

    printf("Insert 3 => \n"); add(front, &rear, 3);
    printf("Insert 2 => \n"); add(front, &rear, 2);
    printf("Insert 5 => \n"); add(front, &rear, 5);
    print_queue();

    printf("*Now queue is full\n");
    printf("Insert 3 => "); add(front, &rear, 3);
    print_queue(); /* 삽입 불가능 */

    printf("*Initialize queue\n");
    clear_queue();
    print_queue(); /* 원소 개수 0 개 */

    printf("*Now queue is empty\n");
    printf("Delete  => "); i = delete(&front, rear);
    printf("     => Return Value is %d\n", i);
```

```
    }
```

그림 9 : 원형큐 프로그램 예

(실행결과)

```
front=0, rear=0, 원소수=0
Insert 4 =>
Insert 7 =>
Insert 8 =>
*Queue 내용 : 4  7  8
Delete   =>        => Deleted value is 4
*Queue 내용 : 7  8
Insert 3 =>
Insert 2 =>
Insert 5 =>
*Queue 내용 : 7  8  3  2  5
*Now queue is full
Insert 3 => *Queue 내용 : 7  8  3  2  5
*Initialize queue
*Queue 내용 :
*Now queue is empty
Delete   =>        => Return Value is -1
```

정리|Review

- 리스트는 가장 많이 사용되는 자료의 형태이다.
  리스트 자료에 대한 연산은 검색과 변경이다.
  변경은 삽입과 삭제 연산을 말한다.
- 스택은 리스트의 특별한 형태로 삽입과 삭제가 한쪽 끝에서만 일어난다. 마치 문이 한 개인 관광버스에 손님들을 타고 내릴 때, 먼저 탄 사람이 맨 나중에 내리는 것과 같은 구조이다(First In Last Out). 다시 말하면 맨 나중에 탄 사람이 맨 먼저 내리는 구조이다(Last In First Out, LIFO).
- 큐 또한 리스트의 특별한 형태로 삽입과 삭제가 한쪽 끝에서만 일어난다. 삽입과 삭제는 서로 반대쪽에서 일어나는 것이 스택과 다르다. 문이 두개인 마을버스의 타는 곳과 내리는 곳이 따로 있어서 먼저 탄 사람이 먼저 내리게 되는 구조이다(First In First Out, FIFO).
- 스택과 큐는 이렇게 리스트의 특별한 형태이지만 많이 쓰이는 자료 구조이다. 스택과 큐는 배열을 이용하여 구현할 수 있다.
- 큐를 구현할 때는 일반 배열을 사용하면 자료를 이동해야 하는 불편함이 있어서 일반 배열을 원형으로 만들어서 원형 배열을 이용하여 구현한다.

1. (스택의 이해)

1부터 3까지의 숫자를 스택에 push 하고 pop할 때, pop을 한 결과를 출력하고자 한다. push()는 1,2,3 순서대로 행하고, pop은 아무 때나 중간에 행할 수 있다고 하면, 가능한 출력 결과는 몇 가지인가? 예를 들면 push(1), push(2), pop(), push(3), pop(), pop()가 한 가지 예가 될 수 있으며 출력 결과는 2,3,1 이 된다.

2. (큐 알고리즘)

큐의 첫 번째 원소의 값을 반환하는 함수 first()를 작성하라.

```
element first(int front, int rear)
```

3. (원형 큐)

원형 큐에서 큐에 원소가 다 차있으면, 'true'값을 아니면 'false'를 반환하는 함수 isfull() 을 작성하여라.

4. (배열을 이용한 스택)

아래 배열을 이용한 스택에 대하여 답하여라.

(프로그램)

```
#define MAX 100
typedef struct { int key; } element; // 구조체로 정의
element stack[MAX];

void push(int *top, element item);
element pop(int *top);

void push(int *top, element item)
{
   if(*top == MAX-1) exit( );
   /*1*/
}

element top() {
```

```
    element item;
    if(*top == -1) { item.key = 0; return element; }
    /* 스택이 비어있을 때 key 값을 0으로 반환 */
    /*2*/
}

main()
{
    element item; int top = -1;
    item.key = 5;
    push(&top, item);
}
```

(1) 위 프로그램에서 push() 함수의 /*1*/에 들어갈 문장들을 적어라.

(2) element pop( ) 함수를 작성하여라.

(3) 스택의 맨 위에 있는 원소를 구하는 함수 top( )을 작성하고자 한다. /*2*/에 들어갈
  문장을 적어라.

5. (배열을 이용한 큐)

아래와 같이 작성된 배열을 이용한 큐에 대하여 답하여라.

(프로그램)

```
#define MAX_QUEUE_SIZE 100
typedef struct {    int key;} element;
element queue[MAX_QUEUE_SIZE];

void insert(int *rear, element item) {
    if(*rear == MAX_QUEUE_SIZE - 1) { /* 3 */
    queue_full(); /* 4 */
    return;
    }
    queue[++*rear] = item;
}
```

```
element delete(int *front, int rear) {
    if(*front == rear)
    return queue_empty();
    return queue[++*front];
}

int isempty()
{   if( front == rear ) return(1); else return(0); }
int isfull()
{   if ( rear == MAX_QUEUE_SIZE -    1 ) return(1); else return(0); }

main()
{
    element item;     int top = -1;
    int rear = -1;
    int front = -1;
    item.key = 5;
    /* 1 */
    /* 2 */
}
```

(1) 위 main() 프로그램 /* 1 */에 키(key) 값 5를 insert하는 문장을 적어라

(2) /* 2 */에 delete()하여 값을 출력하는 문장을 적어라. (2문장)

(3) /* 3 */의 식이 true가 되는 경우에 원소의 개수에 대하여 설명하여라.

(4) 큐의 원소 개수가 100개가 아닌 경우에 /* 4 */의 함수가 호출되었을 경우 해결하는
   방법을 설명하고 queue_full() 함수를 구현하여라.

1. **(스택의 응용 - 미로찾기)**

스택을 이용한 응용의 좋은 예로는 미로(maze) 찾기 문제가 있다. 심리학자는 종종 쥐를 미로 상자 안에 넣고 이 쥐가 어떻게 목적지를 찾는가에 대한 실험을 한다. 이런 미로를 찾는 방법은 컴퓨터 시뮬레이션을 통해서도 이루어질 수 있다. 미로를 통과하는 컴퓨터 알고리즘 역시 주어진 미로를 보통 사람과 마찬가지로 여러 번의 시행착오를 거친 후 올바른 길을 찾게 된다. 따라서 컴퓨터는 지금까지 지나왔던 길을 되돌아 와서 어느 일정한 위치에서 다시 탐색을 시작해야 하는데, 이 때 지나가는 경로를 스택을 이용하여 저장하면 지나왔던 길로 쉽게 되돌아 갈 수 있게 된다.

프로그램은 미로를 "maze.txt"라는 파일을 통해 읽어들인 후 미로를 통과하는 길을 찾아서 이를 화면에 출력한다. 미로의 예를 2차원 배열에 표현하면 다음과 같다.

(미로의 표현)

프로그램 작성 시 제일 먼저 해야할 일은 미로를 표현하는 일이다. 가장 쉬운 방법은 아래 그림과 같이 1은 막힌 길, 0은 통과할 수 있는 길을 나타내는 2차원 배열을 이용하는 것이다.

■ 미로의 예와 미로를 표현한 자료구조

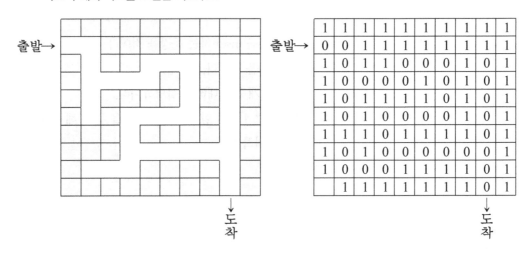

(미로를 표현한 배열)

```c
char maze[MAX_row][MAX_col] = {
1,1,1,1,1,1,1,1,1,1,
0,0,1,1,1,1,1,1,1,1,
1,0,1,1,0,0,0,1,0,1,
1,0,0,0,0,1,0,1,0,1,
1,0,1,1,1,1,0,1,0,1,
1,0,1,0,0,0,0,1,0,1,
1,1,1,0,1,1,1,1,0,1,
1,0,1,0,0,0,0,0,0,1,
1,0,0,0,1,1,1,1,0,1,
1,1,1,1,1,1,1,1,0,1
};
```

(이동의 표현)

2차원 배열로 표현된 미로에서, 미로 속의 쥐는 행과 열로 그 위치를 표현할 수 있다. 만약 X가 현재의 위치, maze[row][col]을 나타낸다면, 아래의 그림은 이 위치에서 이동 가능한 8개의 인접위치를 보여준다. 이 4 방향은 나침반의 이름대로 북(N), 동(E), 남(S), 서(W)로 나타낼 수 있다.

여기에서 유의할 점은 모든 위치가 4 개의 인접 위치를 가지고 있는 것은 아니라는 점이다. 만일 maze[row][col]이 코너에 있게 되면 오직 2 방향만 있게 된다. 이러한 경계 조건을 검사하는 것을 피하기 위해서는 미로의 주위를 벽(1)으로 둘러싼다. 그러면 n x n 미로는 (n +2) x (n+2) 배열이 필요하게 된다. 이때 미로의 입구는 [1][1]이 되고 출구는 [n][n]이 된다.

이러한 인접 위치는 다음의 그림과 같이 배열 move에 미리 저장할 수 있다. 여기에서 4 개의 가능한 이동 방향은 0에서 3까지의 숫자로 나타내고, 각 방향에 대해서는 수평과 수직좌표의 오프셋을 나타낸다.

이 테이블을 만들기 위한 C 선언문은 다음과 같다.

```c
typedef struct {
    short int vert;
    short int horiz;
    } offsets;
offsets move[4];
```

move는 위의 그림과 같이 초기화해야 한다. 현재 위치를 maze[row][col] 이라 하면, 다음 이동할 방향, dir, 에 따른 새로운 위치 maze[next_row][next_col]은 다음 수식으로 표현할 수 있다.

```
next_row = row + move[dir].vert;
next_col = col + move[dir].horiz;
```

(스택의 표현)

위의 이동 테이블을 살펴보면 각 원소는 이동 방향, 수평좌표, 수식좌표를 포함하고 있다는 것을 알 수 있다. 따라서 스택은 다음과 같이 정의되어야 한다.

```
#define MAX_STACK_SIZE 100
typedef struct {
    short int row;
    short int col;
    short int dir;
    } element;
element stack[MAX_STACK_SIZE];
```

스택의 최대 크기는 미로에 있는 0의 개수 만큼의 크기를 가져야 한다. 미로의 각 위치는 기껏해야 한 번씩 방문되므로, n x n 미로는 최대 n x n개의 0을 가질 수 있으므로 이만한 크기로 하면 된다.

[프로그램 구조]

이 프로그램은 스택을 사용하여 작성한다. 스택은 배열을 이용한다. 배열의 크기, 미로의 크기 등은 상수로 선언함으로써, 수정이 쉽도록 한다. 프로그램의 기본 골격은 다음과 같다.

```
main()
{
    initialize();
    find_path();
    print_path();
}
```

(프로그램에 필요한 상수 값 및 자료구조)

- TRUE와 FALSE
- 미로의 크기 (행의 수와 열의 수)
- 스택의 최대 크기
- 스택을 위한 변수 (전역변수로 선언 가능)에는 다음과 같은 것이 있다.

- 스택 (스택의 한 원소는 수평좌표, 수직좌표, 그리고 방향을 갖는 구조체)
- top (교재에서 제공되는 스택 알고리즘에서는 지역변수처럼 사용됨)
- 그 외 전역변수로 사용할 수 있는 것들

- 이동 테이블
- 미로
- 미로 내의 어떤 위치가 이미 방문되었는지 여부를 표시하는 배열
- 해답이 찾아졌는지 여부를 표시하는 flag

(함수)

(1) main()

　　main()함수는 미로를 초기화 하고, 경로를 찾은 후에 그 결과를 출력한다.

(2) initialize()

　　이 함수는 먼저 mark를 FALSE로 초기화 한다. 이 배열은 한 번 시도했던 길을 다시 방문하지 않기 위해 필요하다. 나중에 방문하게 되면 TRUE로 바꾼다. 다음으로는 미로를 만드는데, 벽의 경우에는 1로 하고, 아닌 경우에는 파일 "maze.txt"에서 읽는다.

(3) find_path()

　　이 프로그램의 핵심이 되는 함수이다. 미로의 이동에는 여러 방향을 선택할 수 있는데, 어떤 방향이 최선일지 알 수 없으므로, 현재의 위치를 스택에 저장하고 이동 가능한 한 방향을 선택한다. 이렇게 현재 위치를 스택에 저장하면, 만약 잘못된 길을 선택했을 때, 되돌아 와서 다른 방향을 시도할 수 있다. 여기에서는 먼저 북쪽에서 시작하여 시계 방향으로 순서대로 가능한 방향을 검사한다. 다음에 기본 알고리즘을 보인다.

```
    initialize a stack to the maze's entrance coordinates
        and direction to north;
    while (stack is not empty and path not found) {
            <row, col, dir> = pop from the top of the stack;
            while (there are more moves from current position) {
               <next_row, next_col> = coordinate of the next move;
            if ((next_row == EXIT_ROW) && (next_col == EXIT_COL))
               success;
            else if (maze[next_row][next_col] == 0 &&
                    mark[next_row][next_col] == 0) {
                mark[next_row][next_col] = TRUE;
                push <row, col, dir> to the top of the stack;
                row = next_row;
                col = next_col;
                dir = north;
            }
            else dir++;
            }
    }
```

(4) print_path()

이 함수는 만약에 경로가 찾아졌으면 그 길을 출력하고, 아니면 못 찾았다는 메시지를 출력한다. 답은 스택에 있으므로 스택의 bottom부터 top까지 차례로 수평좌표와 수직좌표를 출력하면 된다. 또한 입력파일을 닫는다.

(5) 스택 관련 함수

push와 pop: 교재에 제시된 알고리즘을 이용한다. 단, 자료형은 char가 아니라 위에 든 element라는 구조체 자료형이므로, push와 pop 알고리즘을 이에 맞게 고쳐야 한다.

- stack_overflow(): 이 함수는 스택이 꽉찼음을 알려주는 오류처리 함수이다.
- stack_empty(): 이 함수는 스택이 비었음을 알려주는 오류처리 함수이다.

(미로 알고리즘의 개선)

본 과제에서 요구하는 프로그램을 좀 더 실용적으로 작성하기 위해서는 적어도 다음과 같은 기능을 추가할 수 있다.

- 미로를 파일에서 읽어 들이지 않고, 프로그램 자체에서 랜덤하게 만든다.
- 해답을 2차원으로 보기 좋게 출력한다.

2. (큐의 응용)

큐를 이용한 응용으로는 시뮬레이션 분야가 있다. 시뮬레이션은 불확실한 자연현상이나 사회현상의 특성을 파악하기 위하여 컴퓨터를 이용한 모의실험을 말한다. 예를 들어, 은행 창구 서비스를 컴퓨터 내에서 모의 실험을 통하여 고객의 수에 따른 창구 서비스의 개수를 컴퓨터 내에서 실험을 해 볼 수 있다. 이 경우 창구 직원의 평균서비스 시간, 시간 대에 따른 고객의 도착 등을 가상의 공간 안에서 분석한다. 이때 서비스 창구보다 고객의 수가 더 많을 경우 고객들은 도착 순서대로(FIFO) 기다리는 모형이 되며, 큐(Queue)를 이용하여 모의 실험을 할 수 있다. 모의 실험 전체 과정은 복잡하기 때문에, 여기서는 큐가 1개 있는 경우 큐의 원소들을 텍스트 모드로 출력하는 프로그램을 작성하여 보자.

(프로그램 조건)
- 난수 시간을 발생하여 큐에 원소 1개 삽입(5~10 초)
- 난수 시간을 발생하여 큐에서 원소 1개 삭제(5~10 초)
- 큐에 원소가 10개 이상이면 원소 삽입을 멈춘다.
- 큐에 원소가 없으면 삭제를 하지 않는다.
- 5분 동안 작업을 하여 큐에 삽입된 원소 전체 개수와 삭제된 원소 개수를 출력한다.
- 5분 동안 작업을 하여 처리된 원소들이 큐에서 기다리는 시간의 평균을 구한다.

예 예를 들어 시간 대 별로 맨 왼쪽 열과 같은 동작이 일어난다면, 동작에 따라 큐의 모
양과 처리 작업에 대한 데이터 처리 결과를 보여줄 수 있다.

시간 (초)	동작	큐의 모양	처리된 원소 개수	평균처리시간 (초)	비고
0			0		
6	원소 1 삽입	1	0		
8	원소 1 삭제		1	2	
9	원소 2 삽입	2	1	2	
12	원소 3 삽입	2 3	1	2	
13	원소 2 삭제	3	2	2.5	
15	원소 4 삽입	3 4	2	2.5	
...	...				

CHAPTER 5

스택의 응용

스택은 리스트의 특별한 형태로 삽입과 삭제가 한쪽 끝에서만 일어난다. 마치 출입 문이 1개인 관광버스에 손님들을 타고 내릴 때, 먼저 탄 사람이 맨 나중에 내리는 것과 같은 구조이다(First In Last Out). 같은 의미로 맨 나중에 탄 사람이 맨 먼저 내리는 구조이다(Last in First Out, LIFO).

스택을 이해할 수 있는 응용의 대표적인 것으로 수식의 계산이 있다. 사람은 수식을 계산할 때 연산자의 우선 순위를 보면서 우선 순위에 따라 임시 값을 저장하고 다음 번 우선 순위가 높은 연산자에 대하여 계산을 한다. 이 방법보다 효율적인 방법으로 **후위표기법(Postfix Notation)**이 있다. 1단계에서 중위표기를 후위표기로 바꾸고 2단계에서 후위표기를 계산한다 이 과정에서 스택을 사용하는 예를 살펴보기로 한다.

제 5 장에서 학습할 내용은 다음과 같다.

5.1 후위 표기법

후위표기법(postfix notation)은 수식을 표현할 때, 연산자를 피연산자의 뒤에 놓는 방법이다. 우리가 보통 사용하는 수식 표기법은 **중위표기법**(infix notation)이라고 한다. 즉 연산자(+, -, *, /)를 피연산자(15, 23, ...)의 가운데 놓는 "15 + 23"과 같은 표기법이다. 후위표기법은 "15 23 +" 와 같이 표현하는 방법이다. 이 장에서는 후위표기법을 처리하는 방법을 보면서 스택 자료구조를 프로그램에서 사용하는 방법을 배운다. 한 개의 완성된 응용을 통하여 스택 자료구조의 유용성을 살펴본다. 수식의 계산은 계산기에서나 컴퓨터 프로그래밍을 할 때 자주 나타나는 응용이다.

■ 수식 계산의 예

다음의 수식을 초등학교 때 배운 방법으로 계산하는 과정을 살펴보자.

> 수식 : x   =(a/b)-c+d*e-a*c

수식은 다음과 같이 단계적으로 계산을 하게 되며 중간 결과는 따로 기록을 하면서 식을 줄여 나간다. 중간 결과를 temp 라는 변수에 기록한다고 가정하자.

```
x    = (a/b)-c+d*e-a*c
     = (temp1)-c+d*e-a*c
     = (temp1)-c+(temp2)-a*c
     = (temp1)-c+(temp2)-(temp3)
     = (temp4)+(temp2)-(temp3)
     = (temp5)-(temp3)
     = (temp6)
```

위처럼 계산하는 이유는 연산을 배울 때, *, / 연산자가 +. - 연산자보다 **우선순위**(priority)가 높아 먼저 계산해야 하고, 또 연산자 *, / 나 +, - 가 동시에 있으면 왼쪽에 있는 식부터 계산해야 하는 왼쪽 결합법칙(left associativity)을 알고 있기 때문이다.

사람은 마음속으로 괄호를 친 아래 수식처럼 계산을 하게 된다. 순서는 안쪽 괄호부터, 왼쪽에서 오른 쪽으로 계산을 해 나간다. 그림 1은 식을 계산하는 과정을 트리 모양으로 나타낸 **수식트리**(expression tree)를 보인 것이다.

x = ((((a/b)-c)+(d*e))-(a*c))

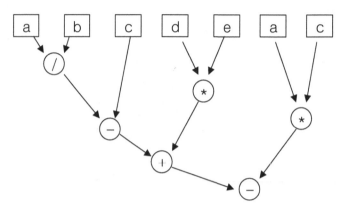

그림 1 : 수식 계산 과정(expression tree)

5.1.1 수식 계산 - 사람과 컴퓨터

앞의 내용을 정리하여 사람과 컴퓨터의 수식계산 방법을 정리하면 다음과 같다. 사람은 중위표기법을 사용하지만, 컴퓨터의 수식계산은 여러 가지 기계적 처리의 장점 때문에 후위표기법을 이용한다.

■ 사람의 수식 계산

① 연산자의 우선 순위를 정한다. 우선순위가 같으면 왼쪽부터인지 오른쪽부터 인지 정한다. 참고로 C언어에서 사용하는 연산자의 우선순위는 그림 2와 같다.
   (/, *. +, - 연산자는 운선 순위가 같으면 왼쪽부터 계산하지만, 지수 연산자는 2개의 지수 연산자가 연속해서 나타나면 오른쪽부터 계산한다.)

② 복잡하면 괄호를 사용하여 계산하며 중간 결과를 저장한다.
   $(((A/(B^C))+(D*E))-(A*C))$

■ 컴퓨터 수식의 계산

사람이 하는 방법대로 계산할 수도 있지만, 더 좋은 방법은 중간 과정을 줄이고 한 번에 왼쪽에서 오른쪽으로 읽어가면서 계산할 수 있는 방법이다. 과정은 2단계로 아래와 같다. 이 방법은 컴퓨터 내부 프로그램이 사용하는 방법이다.

- 수식을 후위표기법(postfix notation)으로 바꾼다.
- 후위식을 계산한다. (후위표기법으로 표기한 식을 후위식이라 하자)

연산자	우선순위	결합성(associativity)
( ) [ ] –>	17	left–to–right
– – ++	16	left–to–right
– – ++ ! ~ – + & * sizeof	15	right–to–left
(type)	14	right–to–left
* / %	13	left–to–right
+ –	12	left–to–right
<< >>	11	left–to–right
> >= < <=	10	left–to–right
== !=	9	left–to–right
&	8	left–to–right
^	7	left–to–right
|	6	left–to–right
&&	5	left–to–right
||	4	left–to–right
?:	3	right–to–left
= += –= /= *= %= <<= >>= &= ^= |=	2	right–to–left
,	1	left–to–right

그림 2 : C 언어에서 연산자의 우선 순위(Precedence)

컴퓨터의 수식 계산은 다음의 2단계를 거친다. 컴퓨터의 수식 계산이라 함은 우리가 프로그램을 작성할 때 중간에 사용하는 "x=y*3-z" 같은 수식 실행 시 컴퓨터가 처리하는 방법을 말한다. 컴퓨터가 실행 시 수식을 위처럼 중위식으로 놓고 처리하면 연산자 우선순위나 또 괄호 등으로 인하여 처리가 복잡하기 때문에, 앞에서 설명한 후위식을 사용한다. 따라서 먼저 컴파일 시간에 중위식을 후위식으로 바꾸고, 실행시 후위식을 계산한다. 이 2단계 과정을 각각 프로그램으로 처리하려면 스택 자료구조가 필요하다.

① 수식을 후위표기법(postfix notation)으로 바꾼다
　사람이 사용하는 수식의 표기 방법은 중위(infix) 표기법이라고 한다.
　중위표기법은 연산자(operator)를 피연산자(operand) 가운데 놓는 방법이다.

　　📖 3 * 5 　　=〉(피연산자) (연산자) (피연산자)
　후위표기법은 연산자를 피연산자 뒤에 놓고 표기하는 방법이다.

예 3 5 *   =〉 (피연산자) (피연산자) (연산자)

후위표기법으로 표현하면 괄호 없이도 계산 순서가 일정하다.

예 3 * 5 + 4 : * 을 먼저 계산한다.
중위표기법   -〉 3 * 5 + 4
후위표기법   -〉 3 5 * 4 +

예 3 * (5 + 4) : * 을 먼저 계산할 수 없다.
중위표기법   -〉 3 * (5 + 4)   =〉
5+4를 먼저 계산하려면 괄호가 필요하다.
후위표기법   -〉 3 5 4 + *   =〉
괄호가 필요 없다. 연산자가 나오는 순서대로 계산한다.

② 후위식을 계산한다.

후위식은 중위식과 계산 방법이 다르다. 중위식처럼 식의 왼쪽, 오른쪽 우선순위에 따라 옮겨 다니지 않고 왼쪽부터 순서대로 기계적으로 계산을 하면된다. 계산하는 방법은 연산자가 나올 때까지 읽어서 먼저 읽어 들인 두 개의 피연산자를 이용하여 계산하고 그 자리에 저장한다.

예를 들어 식 3 * 5 + 4 = 3 5 * 4 + 는

1단계) 3 5 * 4 +
2단계) 15 4 +   =〉 3 5 * 를 계산하여 저장한다.
3단계) 19   =〉 15 4 + 를 계산한다.

다른 예로   3 * (5 + 4) = 3 5 4 + *

1단계) 3 5 4 + *
2단계) 3 9 *   =〉 5 4 + 를 계산한다. (+ 계산)
3단계) 27   =〉 3 9 * 를 계산한다. (* 계산)

5.1.2 중위식을 후위식으로 바꾸기

중위식을 후위식으로 쉽게 바꾸는 방법은 중위식에 괄호를 친 다음 연산자를 괄호 뒤로 옮긴 후 괄호를 지운다. 이 방법은 수식이 복잡할 때 여러분들이 간단히 해볼 수 있는 방법이다. 그림 3의 예를 보면서 연습하도록 하자.

예) (((A / (B ** C)) + (D * E)) - (A * C))

=> A B C ** / D E * + A C * -

중위표기(infix)	후위표기(postfix)
2 + 3 * 4	2 3 4 * +
a * b + 5	a b * 5 +
(1 + 2) * 7	1 2 + 7 *
a*b/c	a b * c /
(a / (b − c + d)) * (e - a) * c	a b c − d + / e a - * c *
a / b − c + d * e − a * c	a b / c − d e * + a c * -

그림 3 : 중위식의 후위식 변환 예

5.2 스택을 이용한 후위식 변환

중위식을 후위식으로 바꾸는 알고리즘은 다음과 같다. 수식의 기호를 왼쪽부터 한 개씩 (토큰이라고 부른다, token) 읽어 연산자와 피연산자에 따라 다음과 같이 처리한다.

■ 후위식 변환 알고리즘 - 괄호가 없는 경우

{

① 입력 토큰이 피연산자이면 그대로 출력한다.

② 연산자이면 다음과 같이 처리한다.

　· 앞 연산자(스택의 맨 위에 있는 연산자)를 살펴서 출력하거나 스택에 넣는다.

　· 프로그램 시작 시 스택은 비어있으며,
　　처음 입력된 연산자는 무조건 스택에 들어간다.

- 연산자가 스택에 있는 연산자 보다 우선순위가 크면 push하고
  아니면 스택에 있는 연산자를 pop하여 출력한다.
- 스택에는 연산자들만 저장된다.
- 연산자의 스택에 push 여부는 연산자간의 우선순위에 따른다.

}

예 후위표기 변환 예 - 괄호가 없는 수식의 예

수식 "a+b*c"를 알고리즘에 따라 후위식(postfix)으로 변환하여보자. 결과는 " a b c * + "
이 출력되어야 한다. 먼저, a가 입력되면 피연산자 a는 그대로 출력한다. 다음 +가 입력
되면 다음 피연산자가 나올 때까지 보관해야하므로 스택에 push 된다. b가 입력되면 그
대로 출력한다. *가 입력되면, 스택의 +와 비교하여 연산자 우선순위가 크므로 계산식이
완성되었으므로 스택에서 push된다. c가 입력되면 그대로 출력된다. 마지막으로 수식의
끝을 알리는 연산자 eos(end of stack, 프로그램 편의상 정의한다)가 들어오면 스택의 연
산자를 모두 pop한다.

- 입력 단계별 스택과 출력 결과

토큰(입력)	스택의 모양	top 변수의 값	출력
a		−1	a

토큰	스택의 모양	top 변수의 값	출력
+	+	0	a

토큰	스택의 모양	top 변수의 값	출력
b	+	0	a b

토큰	스택의 모양	top 변수의 값	출력
*	+ *	1	a b

토큰	스택의 모양	top 변수의 값	출력
c	+ *	1	a b c

토큰	스택의 모양	top 변수의 값	출력
eos(끝)		−1	a b c * +

중위표기를 후위표기로 바꾸는 알고리즘에서 입력 수식에 괄호가 있으면 조금 복잡해진다. 괄호 안의 수식은 우선 순위가 높으므로 따로 처리를 해야 한다.

■ 후위 변환 알고리즘) – 괄호가 있는 경우

앞의 괄호가 있는 알고리즘에서 괄호 '('과 ')'를 연산자로 생각하고 다음과 같이 처리한다.

- '(' 연산자 처리 : '(' 연산자는 입력될 때 우선 다른 모든 연산자의 우선 순위보다 크다고 가정한다. 이렇게 되면 '(' 연산자는 무조건 스택에 push된다.
- ')' 연산자 처리 : ')' 연산자가 나오면, 스택에서 '(' 이전까지 모든 연산자를 pop하여 출력하고, '(' 연산자를 pop하여 버린다.

🔲 후위표기 변환 예 - 괄호가 있는 수식의 경우

수식 "a * (b + c) * d "는 후위표기법으로 변환 후 " a b c + * d * " 로 바뀐다. 수식 "a * (b + c) * d "를 알고리즘에 따라 후위식(postfix)으로 변환하여보자. 먼저, a가 입력되면 피연산자는 그대로 출력한다. 다음 *가 입력되면 다음 피연산자가 나올 때까지 보관해야하므로 스택에 push 된다. '(' 가 입력되면 스택에 push 하여 기록한다. +가 입력되면, 스택에 push 되고, ')'가 입력되면 '(' 괄호까지의 연산자를 모두 pop 한다. 다음 과정은 괄호가 없는 경우와 같다.

- 입력 단계별 스택과 출력 결과

토큰	스택의 모양	top 변수의 값	출력
a		−1	a

토큰	스택의 모양	top 변수의 값	출력
*	*	0	a

⬇

토큰	스택의 모양	top 변수의 값	출력
(	* (	1	a

⬇

토큰	스택의 모양	top 변수의 값	출력
b	* (	1	a b

⬇

토큰	스택의 모양	top 변수의 값	출력
+	* (+	2	a b

⬇

토큰	스택의 모양	top 변수의 값	출력
c	* (+	2	a b c

⬇

토큰	스택의 모양	top 변수의 값	출력
)	*	0	a b c +

⬇

토큰	스택의 모양	top 변수의 값	출력
*	*	0	a b c + *

⬇

토큰	스택의 모양	top 변수의 값	출력
d	*	0	a b c + * d

⬇

토큰	스택의 모양	top 변수의 값	출력
eos		-1	a b c + * d *

5.2.1 후위식 변환 프로그램

앞 절의 알고리즘을 참고로 하여 중위식을 후위식으로 **변환**하는 C언어 프로그램을 작성하면 다음과 같다.

■ 선언부

```
/* 수식 계산을 위한 프로그램 선언 부분 */
#define MAX_STACK_SIZE 100
#define MAX_EXPR_SIZE 100

typedef enum {lparen, rparen, plus, minus,
              times, divide, mode, eos, operand
} precedence;

/* 열거형 타입 precedence 선언 */
int stack[MAX_STACK_SIZE]; /* global stack */
char expr[MAX_EXPR_SIZE]; /* input string */
```

설명

precedence 타입은 열거형(enum)으로 괄호를 포함하여 9개 연산자를 정의하였다. 연산자 대신 열거형에 정의된 기호를 사용하면, 프로그램이 읽기 편하다. 배열 expr은 입력되는 식을 저장하고 있고, 연산자, 피연산자 모두 길이가 1인 문자로만 구성되어 있어서 1 바이트 씩만 차지한다고 가정하자.

■ 스택 선언부

```
precedence stack[MAX_STACK_SIZE];
/* isp and icp arrays -
index is value of precedence lparen, rparen,
plus, minus, times, divide, mode, eos */
static int isp[] = {0,19,12,12,13,13,13,0 };
static int icp[] = {20,19,12,12,13,13,13,0 };
```

설명

배열 stack은 연산자를 저장하는 스택이다. 저장되는 원소의 타입은 괄호 및 연산자를 나타내는 precedence 타입이다. isp[]와 icp[] 배열은 precedence 타입에 정의된 8개 연산자(operand 제외)에 대한 우선 순위 값이다. 숫자 값이 클수록 연산자의 우선 순위가 높다. 연산자의 우선 순위를 저장하는 배열을 2개 사용하는 이유는 '(' 괄호가 스택 밖에 있을 때와 스택 안에 있을때 우선순위가 달라지기 때문에, 입력시 우선순위는 icp(in coming priority)로, 스택에 있을 때 우선 순위는 isp(in stack priority)로 2개의 배열로 나타내었다.

■ 연산자의 우선 순위 처리

연산자가 입력되었을 때 스택에 넣을지, 출력할 지 여부를 판단하는 방법은 우선순위 비교를 통하여 한다. 우선 순위는 숫자 값으로 표시하는 배열 icp[]로 나타낸다. 그러나 '(' 괄호의 경우 입력시 스택에 무조건 들어가야 하므로 우선 순위가 다른 연산자에 비하여 가장 높고, 스택에 들어가 있을 때는 다른 연산자가 들어올 수 있도록 우선 순위가 낮아야 한다. 이 때문에 연산자 우선순위를 isp[]를 하나 더 정의하여 2가지로 만든다. 그림 4 는 이 2개의 스택을 사용하여 연산자를 처리하는 모습을 도식화한 것이다. 스택 top의 연산자의 isp[] 값과 입력되는 token의 icp[] 값을 비교하여 결정한다. isp는 in-stack precedence를 icp는 in-coming precedence를 나타낸다.

(처리 알고리즘)

```
if (isp[stack[top]] < icp[token]) push();
    /* 입력된 연산자가 스택의 맨 위 연산자보다 우선순위가 클 경우 */
if (isp[stack[top]] > icp[token]) pop() until (isp[stack[top]] < icp[token]);
    /* 입력된 연산자가 스택의 맨 위 연산자보다 작거나 같을 경우 */
```

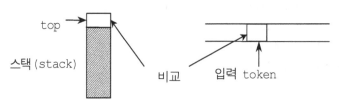

top

스택 (stack)

비교   입력 token

"in-stack precedence"   "in-comming precedence"
스택에 있는 연산자의 우선순위   입력될 때 연산자의 우선순위

그림 4 : 후위표기 변환에서 연산자의 처리

■ postfix( ) 함수

앞의 선언들을 이용하여 알고리즘을 정의하면 다음과 같다.

```c
/* 프로그램 5-1 중위식-후위식 변환 : infixtopostfix.c */
void postfix(void) {
    char symbol;
    precedence token;
    int n = 0;
    int top = 0;
    stack[0] = eos;
    for(token = get_token(&symbol, &n); token != eos;
        token = get_token(&symbol, &n)) {
        if(token == operand) printf("%c", symbol);
        else if(token == rparen) {
            while(stack[top] != lparen)
                print_token(pop( ));
            pop( );
        }
            else {
                while(isp[stack[top]] >= icp[token])
                    print_token(pop( ));
                push(token);
            }
    }
    while((token = pop( )) != eos)
        print_token(token);
    printf("\n");
}
```

설명

함수 postfix는 중위식을 후위식으로 바꾼다. 입력 expr에서 연산자나 피연산자를 읽어서 precedence 타입으로 바꾸는 get_token 함수는 뒤에 설명하였다. 오른쪽 괄호를 처리하는 과정만 따로 if 문으로 되어있고, 나머지는 연산자 우선 순위 처리 방법에 따라 수행된다.

■ get_token() 함수

```
/* 입력에서 토큰을 받아들이는 프로그램 */
precedence get_token(char *symbol, int *n) {
    *symbol = expr[(*n)++];
    switch(*symbol) {
    case '(': return lparen;
    case ')': return rparen;
    case '+': return plus;
    case '-': return minus;
    case '/': return divide;
    case '*': return times;
    case '%': return mod;
    case ' ': return eos;
    default: return operand;
    }
}
```

설명

get_token 함수는 입력배열 expr에서 토큰을 한 개씩 읽어내는 프로그램이다. 매번 호출될 때마다 n이 가리키는 곳의 문자를 읽어서 연산자/피연산자 구분하여 결과 값으로 precedence 형의 데이터를 반환한다.

5.3 스택을 이용한 후위식 계산

5.3.1 후위식 계산과정

후위식이 주어지면 식을 읽어서 값을 계산하여야 한다. 후위표기(postfix)는 괄호 (parenthesis)가 필요 없고 연산자 우선순위(precedence)가 필요 없다. 따라서 왼쪽에서 오른쪽으로 읽어가면서 기계적으로 계산하면 된다. 계산하는 방법은 연산자가 나올 때까지 읽어서 연산자의 앞에 있는 두 개의 피연산자를 이용하여 계산하고 그 자리에 저장한다. 아래 예를 보면서 처리 과정을 보도록 하자.

(후위식 계산 알고리즘)

① 입력이 피연산자면 스택에 push 한다.

② 입력이 연산자이면 스택에서 피연산자 2개를 pop하여 연산자에 해당하는 계산을 하고, 결과를 다시 스택에 push 한다.

③ 앞의 과정을 반복하여 마지막 스택에 남은 값이 결과가 된다.

예 6 2 / 3 - 4 2 * +

피연산자 6과 2는 순서대로 push 한다. 연산자 가 나오면 pop을 2번하여 6/2를 계산한 다음 결과 3을 스택에 push 한다. 나머지 과정도 같은 방법으로 수행한다.

· 입력 단계별 스택의 내용

토큰	스택의 모양	top 변수의 값
6	6	0

토큰	스택의 모양	top 변수의 값
2	6 2	1

토큰	스택의 모양	top 변수의 값
/	3	0

토큰	스택의 모양	top 변수의 값
3	3 3	1

토큰	스택의 모양	top 변수의 값
-	0	0

토큰	스택의 모양	top 변수의 값
4	0　4	1

토큰	스택의 모양	top 변수의 값
2	0　4　2	2

토큰	스택의 모양	top 변수의 값
*	0　8	1

토큰	스택의 모양	top 변수의 값
+	8	0

5.3.2 후위식 계산 프로그램

다음은 후위식을 계산하는 함수 eval()이다.

▪ eval() 함수

```c
/* 프로그램 5-2 후위식 계산 : postfixeval.c */
int eval(void)
{
    precedence token;
    char symbol;
    int op1, op2;
```

```
int n = 0;
int top = -1;
token = get_token(&symbol, &n);
while (token != eos) {
   if(token == operand)
      push(symbol-'0');
   else {
      op2 = pop();
      op1 = pop();
      switch(token) {
      case plus: push(op1 + op2); break;
      case minus: push(op1 - op2); break;
      case times: push(op1 * op2); break;
      case divide: push(op1 / op2); break;
      case mod: push(op1 % op2);
      }
   }
   token = get_token(&symbol, &n);
}
return pop( );
}
```

설명

precedence 데이터 형은 앞 절에 선언된 것과 같다. get_token 함수는 문자열에서 토큰을 하나씩 읽는 함수이고, 스택의 데이터 형은 정수형이다. push와 pop 함수는 정수형 데이터를 스택에 저장한다. symbol-'0'은 문자형 숫자를 정수 값으로 바꾸는 표현이다.

정리|Review

- 후위표기법(postfix notation)은 수식을 표현할 때, 연산자를 피연산자의 뒤에 놓는 방법이다. 우리가 보통 사용하는 수식 표기법은 중위표기법(infix notation)이라고 한다.

- 컴퓨터에서 후위식을 사용하는 이유는 괄호가 필요없고, 계산 과정이 간단하기 때문이다. 컴파일러 시간에 중위식을 후위식으로 바꾸며, 수행시간에 후위식의 값을 계산한다.

- 컴퓨터에서 수식의 계산은 (1) 수식을 후위표기로 바꾸고, (2) 후위식을 계산하는 두 과정으로 이루어진다. 두 과정 모두 스택 자료구조를 필요로 한다.

- 중위식을 후위식으로 바꾸는 프로그램은 연산자를 스택에 저장하고, LIFO 순으로 꺼내는 방법으로 스택을 이용한다. 왼쪽 괄호의 처리 과정 때문에 프로그램이 조금 복잡하다.

- 후위식을 계산하는 프로그램은 피연산자를 스택에 저장하여, LIFO 순으로 꺼내는 방법으로 스택을 사용한다. 최종 결과는 스택에 저장이 된다.

1. (후위식 변환)

다음의 중위식(infix)을 후위식(postfix)으로 바꾸어라(^ 기호는 지수승, A^B = A^B)

(1) A ^ B - C * D

(2) A * (B - C) * D / E

(3) A - B * D + E / (F + G) - H

(4) (1-2) * 7

(5) A / B - C + D * E - A * C

2. (전위식 변환)

다음의 중위식(infix)을 전위식(prefix)으로 바꾸어라(^ 기호는 지수승을 나타낸다)

(1) A ^ B - C * D

(2) A * (B - C) * D / E

(3) A - B * D + E / (F + G) - H

(4) (1-2) * 7

(5) A / B - C + D * E - A * C

3. (후위식 변환 과정)

다음의 중위식을 후위식으로 바꿀 때 스택의 변화를 보여라(^ 기호는 지수승을 나타낸다).

(1) A ^ B - C * D

(2) A * (B - C) * D / E

(3) A - B * D + E / (F + G) - H

4. (후위식 계산과정)

다음 후위식을 계산하는 과정의 스택의 모양을 보여라

(1) 1 2 + 7 *

(2) 3 3 / 4 - 5 6 * + 3 4 * -

5.   (후위식 계산 알고리즘 변형)

후위식의 값을 계산하는 postfixeval.c 프로그램에서 입력된 데이터들의 숫자가 2자리 이상일 때도 계산이 가능하도록 프로그램을 고쳐서 실행하여라.

1. (수식의 계산)

스택 자료구조를 이용하여 계산기를 구현하고자 한다. 일반적인 계산기는 아래 윈도우즈 시스템에서 제공하는 계산기와 같이 덧셈, 뺄셈 등의 연산과 몇 가지 sqrt 함수 계산, 기억, 삭제 기능을 제공한다. 윈도우즈 계산기를 구현하려면 C++, Java 같은 비주얼한 언어를 사용하여 인터페이스를 작성하여야 한다.

C 언어를 사용하여 작성하려면, 이러한 비주얼한 기능은 구현하기 어려우므로, 간단한 수식을 계산하는 계산기를 텍스트 모드로 작성하여 보자. 프로그램을 시작하면 수식의 계산과 프로그램 종료의 2가지 메뉴를 제공한다. 1번을 누르면 사용자는 수식을 입력한다. 숫자와 연산자들을 자유롭게 띄어쓰기 하지 않고도 입력할 수 있다. 입력 후 프로그램은 수식을 숫자와 연산자들 간에 한 칸씩 띄어서 다시 보여주고 계산결과를 출력한다. 본문의 후위식 변환과 후위식 계산 함수 프로그램을 참고로 하되 몇 가지 필요한 사항들은 고쳐야한다. 예를 들어 본문의 프로그램의 경우는 숫자는 한 자리만 허용하고 있으나 과제의 경우는 자리수가 큰 경우도 처리할 수 있어야한다.

```
(프로그램 실행화면)
1. 수식의 입력   2. 종료
수식의 입력 => 123+ 23 *2
입력된 수식 => 123 + 23 * 2
계산 결과  => 169

1. 수식의 입력   2. 종료
수식의 입력 => 123   *2 +2
입력된 수식 => 123 * 2 + 2
계산 결과  => 248

1. 수식의 입력   2. 종료
(프로그램 종료)
```

CHAPTER 6

연결 리스트

리스트(일반 리스트, 스택, 큐 등) 자료는 일반적으로 배열을 이용하여 많이 구현한다. 배열은 선언이 간편하고 프로그래머가 따로 배열의 저장에 대하여 관여할 필요가 없기 때문이다. 즉 배열에 저장된 리스트는 검색이 편하고 변경(삽입, 삭제) 연산이 수월하게 될 수 있다. 그러나 배열에서는 데이터가 자료의 중간에 삽입이나 삭제가 되면, 자료들 간에 순서를 유지하기 위해서 나머지 데이터를 한자리씩 뒤로 이동하거나 앞으로 이동하여야 한다.

배열의 단점을 알 수 있는 두 가지 경우를 생각해보자 첫 번째 경우는 10명의 학생이 한곳에 모여 학번 순으로 줄을 서서 있다. 두 번째 경우는 10명의 학생이 시내 곳곳에 흩어져 있으면서 서로 핸드폰을 가지고 자신의 다음 사람 핸드폰 번호를 알고 있다고 해보자. 두 경우 모두 리스트 자료에서 필요한 검색(학생을 찾는 작업)을 할 수 있다. 두 번째 경우처럼 흩어져있는 경우는 물론 검색 속도가 늦다. 그러나 학생이 삽입되거나 삭제될 경우, 첫째 경우는 학생들의 자리 이동이 일어나지만 두 번째 경우는 한 학생만 다음 학생을 가리키는 핸드폰 번호를 수정하면 된다. 두 번째 경우가 배열의 단점을 보완한 연결리스트이며 핸드폰 번호는 기억장소의 주소이다.

이 장에서는 리스트를 구현하는 연결리스트를 배운다. 먼저 리스트 구현에 필요한 포인터 타입을 배우고, 연결리스트를 이용하면 스택이나 큐도 구현할 수 있다는 것을 배운다.

제 6 장에서 학습할 내용은 다음과 같다.

6.1 포인터 타입(Pointers)

연결리스트는 기억장소의 구조체로 구현된 노드를 서로 연결하여 리스트를 만든다. 따라서 다음 데이터가 저장된 노드의 기억장소를 저장하는(가리키는) 값이 필요하다. 기억장소의 주소 값을 저장하는 데이터 타입을 "**포인터(pointer) 타입**"이라 한다. 3장에서도 설명을 하였지만 그림 1의 오른쪽 컴퓨터 기억장소는 집과 마찬가지로 주소 값을 갖고 있다. 포인터 타입은 여러 가지 유용한 점이 있지만 이 장에서는 연결리스트를 구현하는 것을 살펴보기로 한다. 포인터에 관한 연산자는 *와 &이 있다.

일상에서의 장소 ----> 컴퓨터의 기억장소

123

주소 : 서울시 하늘동   주소 : 1024번지
거주자 : 홍길동   값   : 123

그림 1: 주소 값과 기억장소

■ 예 1

포인터 사용 예

```
int x;          /* 내용을 저장하는 정수형 변수 */
int *y;         /* 주소를 저장하는 정수형 변수 */
int z;

x= 10;          /* 내용 10을 저장 */
y = &x;         /* x의 주소를 저장, x의 주소 값을 알 필요 없다.*/
z = *y          /* 주소 y가 가리키는 곳의 내용을 저장 z = x와 같은 의미가
                   된다. */

int a[20];      /* 배열 변수 a는 주소 값으로 처리한다. */
                /* 그 이유는 배열의 내용 전체를 이동할 경우 보다
                   주소 값을 알려주면 편하기 때문이다. */
```

```
x  [    10    ]      1080  번지

y  [   1080   ]      1120  번지

z  [    10    ]      1140  번지
```

■ 예 2

포인터 변수를 선언하고 포인터가 가리키는 기억장소 확보하여 데이터를 저장하는 프로그램을 살펴보자. 또 포인터를 이용하여 확보된 기억장소는 사용이 끝나면 다시 기억장소 공간에 돌려준다.

```c
/* 프로그램 6-1 포인터 타입 실험 : pointer.c */
 0: int main( )
 0: {
 1:    int i,*pi;
 2:    float f,*pf;
 3:    pi = (int *)malloc(sizeof(int));
 4:    pf = (float *)malloc(sizeof(float));
 5:    *pi = 1024;
 6:    *pf = 3.14;
 7:    printf("an integer=%d,a float=%f\n",*pi,*pf);
 8:    free(pi);
 9:    free(pf);
10: }
```

설명

프로그램에서 선언된 변수는 4개이다. 정수형 변수 i, 정수형 변수에 대한 포인터 pi, 실수형 변수 f, 실수형 변수에 대한 포인터 pf이다. malloc() 함수는 프로그램 실행시 기억장소를 새로 받아오는 함수이다. free() 함수는 malloc()과 반대로 기억장소를 되돌려주는 함수이다. malloc(0 함수에 의하여 새로 받는 기억장소는 힙(heap) 공간이라는 영역에서 받아온다. 단계 별로 문장이 어떤 일을 하는지 살펴보자.

```
실행문장 =>   1:      int i,*pi;
             2:      float f,*pf;
                     /* 변수 i, pi, f, pf의 기억장소가 할당된다. */
```

(결과)

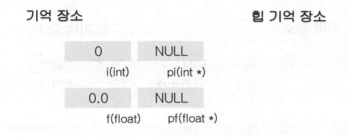

기억 장소   힙 기억 장소

출 력

```
실행문장 =>   3:      pi = (int *)malloc(sizeof(int));
             4:      pf = (float *)malloc(sizeof(float));
                     /* 변수 pi, fi에 힙에서 임의의 기억장소가 할당되어
                        각각 정수형, 실수형 포인터로 변환되어 주소값을 저장한다 */
```

(결과)

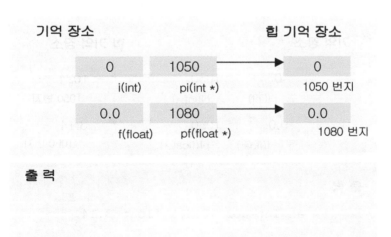

기억 장소   힙 기억 장소

출 력

```
실행문장 =>   5:        *pi = 1024;
             6:        *pf = 3.14;
                       /* 변수 pi, fi가 가리키는 곳에 1024와 3.14를 저장한다.*/
```

(결과)

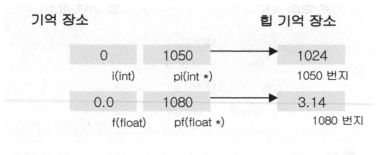

출 력

```
실행문장 => 7:  printf("an integer=%d,a float=%f\n",*pi,*pf);
                /* 변수 pi, fi가 가리키는 곳의 값을 출력한다.*/
```

(결과)

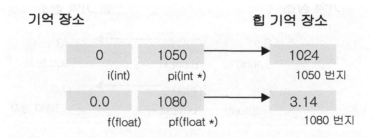

출 력

```
an integer=1024,a float=3.14
```

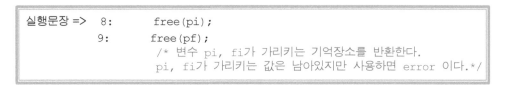

```
실행문장 =>   8:        free(pi);
             9:        free(pf);
                       /* 변수 pi, fi가 가리키는 기억장소를 반환한다.
                       pi, fi가 가리키는 값은 남아있지만 사용하면 error 이다.*/
```

(결과)

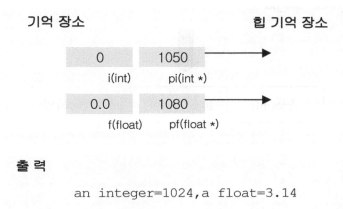

기억 장소   **힙 기억 장소**

0	1050	→

i(int)   pi(int *)

0.0	1080	→

f(float)   pf(float *)

출력

an integer=1024,a float=3.14

■ 연결리스트를 위한 자기참조 구조체 선언

연결리스트를 만들기 위해서는 구조체를 선언해야 한다. 왜냐하면 데이터와 포인터 등
두 개 이상의 데이터를 한 데이터 형에 저장하여야하기 때문이다. 포인터는 자신과 같은
데이터 구조를 가리키기 때문에, **자기참조 구조체**(self referential structure, a pointer to
itself)를 사용한다. 그림 2는 연결리스트를 만들기 위한 자기참조 구조체의 예이다. 데이
터는 data 필드에 저장되고, 다른 노드를 가리키는 포인터 값은 link 필드에 저장한다.
link 필드의 타입은 자신과 같은 구조의 포인터이다. 연결리스트를 위한 list_node와
list_ptr 타입을 선언하였다.

```
struct node {
    int data;
    struct node * link;
};
typedef struct node list_node;
typedef list_node * list_ptr
```

| data(int) | link(list_ptr) | list_node 타입 |

그림 2 : 자기참조 구조체 선언

■ 리스트 자료의 예

```
list_node item1, item2, item3;

item1.data = 10;
item2.data = 20;
item3.data = 30;
item1.link = item2.link = item3.link = NULL;
```

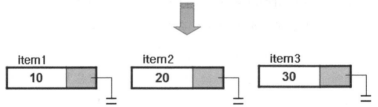

설명

변수 item1, item2, item3은 3개의 구조체를 선언한 것이다. 각각의 필드에 10, 20, 30 값을 넣고, link 필드 값에는 값이 없음을 나타내는 초기 값으로 NULL을 저장하였다.

■ 리스트 연결 예

앞의 예에서 링크 값을 다음 노드 주소 값으로 치환하여 리스트를 하나로 연결한다.

```
item1.link=&item2;
item2.link=&item3;
```

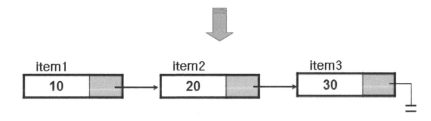

설명

item1의 link 필드에 item2 노드의 주소값을 넣는다. 또 item2의 link 필드에 item3 노드의 주소값을 넣는다. 결과는 3개의 연결된 리스트가 된다. item2와 item3의 정확한 주소값은 모르지만 & 연산자를 이용하여 처리한다.

6.2 단순 연결리스트(Singly Linked Lists)

연결리스트의 가장 간단한 형태로 그냥 "**단순 연결리스트**"라고 부른다. 노드들을 연결한 형태이며 노드는 데이터부분과 링크 부분으로 구성된다. 링크 부분은 다음 노드의 주소값을 가리킨다. 연결리스트는 동적 기억장소 할당과 해제가 가능하다. 연결리스트를 리스트 구현 방법으로 사용하는 장점은 데이터의 삽입과 삭제 시 다른 데이터의 이동이 필요없이 삽입/삭제하려는 노드의 포인터 값만 변경시키면 되기 때문에 간편하다는 점이다. 연결리스트의 생성과 조작에 관한 다음 9개 예를 살펴보자.

■ 예 1

단순 연결리스트 노드의 선언과 생성 프로그램 코드 – C언어

```
struct node {
    char data[4];
    struct node * link;
};
typedef struct node list_node;
typedef list_node * list_ptr
```

list_node 타입의 구조 | data(char[4]) | link(list_ptr) |

■ 예 2

단순 연결리스트 노드 생성 – "bat" 값 저장

```
list_ptr ptr = NULL;
ptr=(list_ptr)malloc(sizeof(list_node));
strcpy(ptr->data, "bat");
ptr->link=NULL;
```

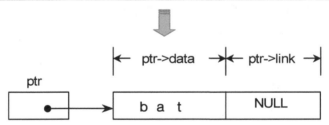

설명

포인터 변수 ptr에 노드를 생성하고 주소값을 저장한다. malloc( ) 함수는 기억장소에서 데이터를 확보하고 데이터의 주소값을 반환한다. sizeof( ) 함수는 데이터 타입의 길이를 반환하는 함수이다. 문자열의 복사는 strcpy( ) 함수를 사용한다. 그리고 NULL은 주소값이 없음을 나타내는 상수값이다.

▪ 예 3

단순 연결리스트의 예 – 4개의 데이터가 연결되어 있는 모양을 도식화한 것이다.

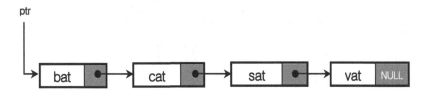

▪ 예 4

단순 연결리스트의 삽입 예 - "cat"과 "sat" 사이에 "mat"을 삽입하려면 다음과 같은 단계를 거친다.

1) 기억장소로부터 노드를 얻는다.(주소값 : paddr)
2) 노드에 "mat" 데이터를 저장한다.
3) "*paddr*" 노드의 링크값에 "cat" 노드의 링크 값을 저장한다.
4) "cat" 노드의 링크값에 paddr을 저장한다.

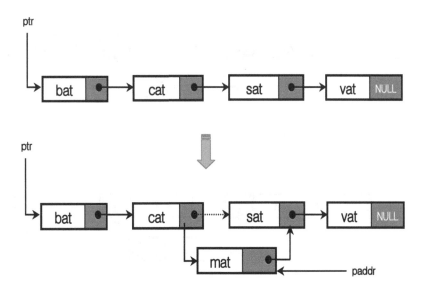

1) 기억장소로부터 노드를 얻는다.(주소값 : paddr)

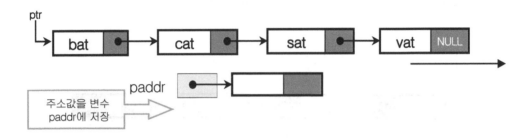

2) 노드에 "mat" 데이터를 저장한다.

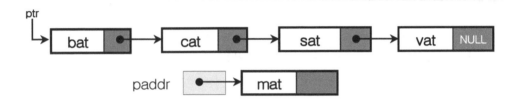

3) "*paddr*" 노드의 링크값에 "sat" 노드의 링크 값을 저장한다.

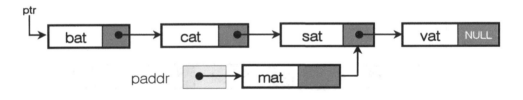

4) "cat" 노드의 링크값에 paddr을 저장한다.

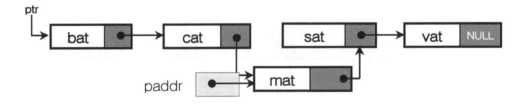

■ 예 5 : 단순 연결리스트의 삭제 예

1) 삭제할 "mat" 노드의 앞 노드 "cat"을 찾는다.

2) "cat" 노드의 링크를 "mat" 노드의 링크가 가리키는 데이터로 바꾼다.

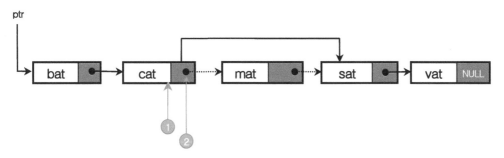

■ 예 6

단순 연결리스트 노드 생성 listcreate( )

```
struct node {
    int data;
    struct node * link;
};
typedef struct node list_node;
typedef list_node * list_ptr
```

```
/* 프로그램 6-2 리스트 생성 실험 : listcreate.c */
list_ptr create() {
list_ptr first, second;
first =  (list_ptr)malloc(sizeof(list_node));
second = (list_ptr)malloc(sizeof(list_node));
second->link=NULL;
second->data=20;
first->data=10;
first->link=second;
return first;
}
```

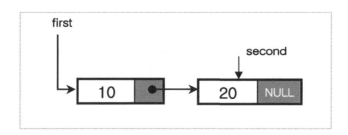

2개의 노드로 구성된 연결리스트를 만들어 본다. 2개의 노드 first, second를 선언하고
first의 link 필드 값으로 second의 주소 값을 저장한다.

■ 예 7 : 단순 연결리스트 노드 삽입 – 프로그램

연결리스트에 노드를 1개 삽입한다.

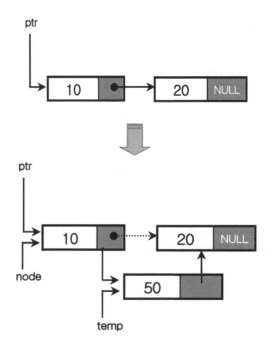

```
/* node 변수가 가리키는 곳 다음에 데이터 50을 저장하는
   노드를 삽입하는 프로그램이다. */
void insert(list_ptr *ptr, list_ptr node) {
    list_ptr temp;
    temp=(list_ptr)malloc(sizeof(list_node));
    if(!temp ) {
        fprintf(stderr,"The momory is full\n");
        exit(1);
    }
    temp->data=50;
    if(*ptr) { /* 리스트에 노드가 있는 경우 */
        temp->link = node->link;
        node->link = temp;
    }
    else {  /* 리스트가 비어있는 경우 */
        temp->link = NULL; *ptr = temp;
    }
}
```

설명

새로운 노드를 기존의 연결리스트에 삽입하는 함수이다. 먼저 포인터 변수 temp에 노드를 한 개 만든 다음, node 뒤에 삽입한다. 인자 ptr은 리스트의 첫노드, node는 삽입할 노드의 바로 앞 노드를 가리킨다. node의 다음에 temp를 두면 된다. 연결리스트가 처음부터 비어있다면, 노드의 시작을 가리키는 변수 ptr = NULL이고, 새로 생긴 노드 temp 값이 연결리스트의 처음을 가리키는 변수로 바뀐다. 프로그램에서 ptr 대신 *ptr을 사용하여 insert() 함수의 인자로 전달하였다.

■ 예 8 : 단순 연결리스트 노드 삭제 − 프로그램

· *ptr* : 리스트 첫 노드를 가리키는 포인터 변수
· *node* : 삭제될 노드를 가리키는 변수
· *trail* : 삭제될 노드의 바로 앞 노드를 가리키는 변수

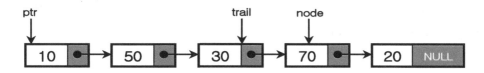

1) 삭제될 노드가 리스트의 첫 노드일 때 - 리스트 시작인 포인터 ptr 값이 바뀐다

2) 그 외의 경우 리스트 시작 포인터인 ptr 값이 안바뀐다

```
void delete(list_ptr *ptr, list_ptr trail, list_ptr node)
{
  if(trail)    /* 노드가 여러 개 있을 경우 */
     trail->link = node->link;
  else    /* 노드가 한 개 밖에 없을 경우 */
     *ptr = (*ptr)->link;
  free(node);
}
```

■ 예 9 : 단순 연결리스트 노드 값 출력 – 프로그램

```
void print_list(list_ptr ptr) {
   printf("The list contains: ");
   for( ; ptr; ptr = ptr->link)
      printf("%4d", ptr->data);
   printf("\n");
}
```

설명

리스트의 시작을 가리키는 변수 ptr을 사용하여 리스트의 노드를 하나씩 방문하면서 data 필드 값을 출력하는 프로그램이다. for 문은 ptr이 NULL이 아닌 동안 반복한다. 반복할 때마다 ptr을 자신의 다음 노드인 ptr-〉link 값으로 치환된다.

6.3 연결리스트를 이용한 스택과 큐의 구현

6.3.1 연결리스트를 이용한 스택의 구현(dynamically linked stacks)

4장에서 배열을 이용하여 스택을 구현하였다. 이번 장에서 배운 연결리스트는 리스트 자료구조를 구현할 수 있으므로 스택을 구현할 수 있다. 스택은 리스트의 한쪽 끝에서 삽입과 삭제가 일어나는 데이터 구조이다. 따라서 연결리스트의 한 쪽에서 노드를 삽입하고 삭제하는 규칙을 따르면 된다.

■ 연결리스트를 이용한 스택자료구조

연결리스트를 이용한 스택 구조의 선언은 단순 연결리스트 선언과 같다. 단 그림 3과 같이 노드에 대한 이름만 약간 바꾸어 데이터가 스택임을 표시한다.

- 스택의 비어있는 상태 : top = NULL
- 스택의 꽉 찬 상태 : malloc( ) 함수 호출 시 기억 장소 공간이 부족할 때

```
#define MAX_STACKS 10
typedef struct {
    int key;
    /* other fields */
} element;
typedef struct stack *stack_ptr;
typedef struct stack {
    element item;
    stack_ptr link;
};
stack_ptr top;
```

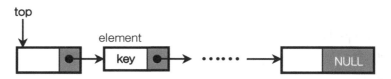

그림 3: 연결리스트를 이용한 스택 모양

■ 연결리스트에서 스택의 push() 함수 구현

```
void push(stack_ptr *top, element e) {
    stack_ptr temp =
        (stack_ptr)malloc(sizeof (stack));
    if( !temp) {
        fprintf(stderr,"The memory is full\n");
        exit(1);
    }
    temp->item=e;
    temp->link=*top;
    *top = temp;
}
```

설명

push() 함수는 연결리스트의 맨 앞에 노드를 삽입하는 것과 같다. top은 연결리스트 시작을 나타내고 item은 삽입할 노드이다. 삽입 후 top 포인터가 삽입된 노드 temp로 바뀌기 때문에 주소값 *top을 사용하였다. temp 값이 NULL이면 기억장소가 부족하다는 의미이다.

■ 연결리스트에서 스택의 pop() 함수 구현

```
element pop(stack_ptr *top) {
    stack_ptr temp = *top;
    element e;
    if( !temp ) {
        fprintf(stderr,"The stack is empty\n");
        exit(1);
    }
    e=temp->item;
    *top=temp->link;
    free(temp);
    return e;
}
```

설명

pop 함수는 연결리스트의 맨 앞에 노드를 삭제하는 것과 같다. top은 연결리스트 시작을 나타내는 노드이다. 삭제 후 top 포인터가 두 번째 노드로 바뀌기 때문에, 주소값 *top을 사용하였다. temp 값이 NULL이면 리스트가 비어있어서 삭제가 불가능하다.

■ 연결리스트를 이용한 스택 구현 프로그램

앞에서 정의한 함수들을 정리하면 다음과 같은 스택 구현 프로그램을 만들 수 있다.

```
/* 프로그램 6-3 연결리스트를 이용한 스택 : linkedlist-stack.c */
#include <stdio.h>
#define MAX_STACK_SIZE 100

struct node {
    int item;
    struct node *link;
};
typedef struct node stack;
typedef stack *stack_ptr;

stack_ptr top=NULL;

void push(int data) {
    stack_ptr temp =
    (stack_ptr)malloc(sizeof (stack));
    if( !temp) {
     fprintf(stderr,"The memory is full\n");
     exit(1);
    }
    temp->item=data;
    temp->link=top;
    top = temp;
}

int pop() {
    stack_ptr temp = top;
    int item;
    if( !temp ) {
```

```
    fprintf(stderr,"The stack is empty\n");
    exit(1);
    }
   item=temp->item;
   top=temp->link;
   free(temp);
   return item;
  }

  int isempty()
  { if( top == NULL ) return(1); else return(0); }
```

■ 연결리스트를 이용한 스택 프로그램 테스트

앞의 스택을 테스트하는 프로그램과 결과는 다음과 같다.

```
/* 프로그램 6-4 연결리스트를 이용한 스택 main() : linkedlist-stack.c */
int main()
{
  int e;
  push(20);
  push(40);
  push(40);
  push(40);
  push(60);

  printf(" Begin Stack Test ...\n");

  while(!isempty())
  {
    e = pop();
    printf("value = %d\n", e);
  }
}
```

(실행결과)

```
Begin Stack Test ...
value = 60
value = 40
value = 40
value = 40
value = 20
```

6.3.2 연결리스트를 이용한 큐의 구현(dynamically linked queues)

연결리스트를 이용하여 큐를 구현하여 보자. 큐는 리스트의 한쪽 끝에서 삽입과 반대쪽 끝에서 삭제가 일어나는 데이터 구조이다. 따라서 연결리스트의 한 쪽에서 노드를 삽입하고 삭제하는 규칙을 따르면 된다. 보통은 연결리스트의 처음에서 삭제하고 마지막에서 삽입한다. 큐의 상태 값은 front와 rear 변수 2개를 사용한다.

■ 연결리스트를 이용한 큐의 구현

· 큐의 초기 상태 : front = rear = NULL
· 큐의 꽉 찬 상태 : malloc( ) 함수 호출 시 기억장소 확보가 안될 때

```
#define MAX_QUEUES 10 /* m=큐의 길이=10 */
typedef struct queue *queue_ptr;
typedef struct queue {
   element item;
   queue_ptr link;
};
queue_ptr front, rear;
```

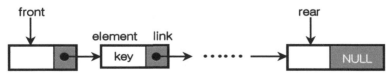

그림 4: 연결리스트를 이용한 큐의 모양

■ 연결리스트에서 큐의 insert() 함수 구현

```
void insert(queue_ptr *front, queue_ptr *rear, element x)
{
  queue_ptr temp =
    (queue_ptr)malloc(sizeof(queue));
  if( !temp ) {
    fprintf(stderr,"The memory is full\n");
    exit(1);
  }
  temp->item=x;
  temp->link=NULL;
  if(*front) (*rear)->link=temp;
  else *front = temp;
  *rear = temp;
}
```

설명

insert 함수는 연결리스트의 맨 뒤 rear 다음에 노드를 삽입하는 것과 같다. element는 삽입할 노드이다. 삽입 후 rear 포인터가 삽입된 노드 temp로 바뀌기 때문에, 주소값 *rear를 사용하였다. front 값이 NULL(0)이면 큐의 원소가 하나도 없는 경우이다.

■ 연결리스트에서 큐의 delete() 함수 구현

```
element delete(queue_ptr *front)
{
  queue_ptr temp=*front;
  element x;
  if(!(*front)) {
    fprintf(stderr,"The queue is empty\n");
    exit(1);
  }
  x=temp->item;
  *front=temp->link;
  free(temp);
  return x;
}
```

설명

delete 함수는 연결리스트의 맨 앞에 노드를 삭제하는 것과 같다. front는 연결리스트 시작을 나타내는 노드이다. 삭제 후 front 포인터가 두 번째 노드로 바뀌기 때문에, 주소값 *front를 사용하였다. front 값이 NULL(0)이면 리스트가 비어있어서 삭제가 불가능한 경우이다.

6.4 연결리스트 응용

연결리스트를 이용한 응용이 많이 있지만 대표적인 예로 다항식의 계산을 보도록 한다. 다항식은 A(x) = 7x^3 + 4x^2 + … + 2 같은 식처럼 여러 개의 항(term)으로 구성된 식이다. 다항식에 관한 연산을 하기위해서 항의 검색, 삽입, 삭제가 필요하고 이러한 연산을 하기위한 자료구조로 연결리스트를 사용하면 편리하다.

두 개의 다항식의 덧셈을 통하여 연결리스트를 조작하는 프로그래밍 기법을 배우도록 한다. 또 연결리스트의 노드를 획득하고 해지하는 함수를 통하여 기억장소를 관리하는 법을 학습한다. 이러한 프로그래밍 기법을 잘 마스터하면 연결리스트에 관한 어떠한 응용도 잘 해결할 수 있다.

6.4.1 다항식(Polynomials)과 연결리스트

■ 다항식 연산 문제

다항식은 A(x) = 7x^3 + 4x^2 + … + 2 같은 식처럼 여러 개의 항(term)으로 구성된 식이다. 다항식의 계산, 두개의 다항식의 덧셈, 곱셈 등에 관한 여러 가지 문제를 해결하려면 다항식을 컴퓨터 프로그램에 표현하여 저장하여야 한다. 저장된 다항식은 여러 가지 연산 과정을 거쳐서 계산을 하거나, 다항식끼리 덧셈, 다항식끼리 곱셈 등을 하게 된다. 이러한 문제를 효율적으로 해결하려면 다항식의 항들을 저장하는 방법을 잘 선택하여야 한다. 그림 5는 다항식 자료구조를 모델링한 것이다. 다항식을 저장하는 자료구조를 정의하고 다항식을 계산하는데 필요한 함수들을 정의하면 된다.

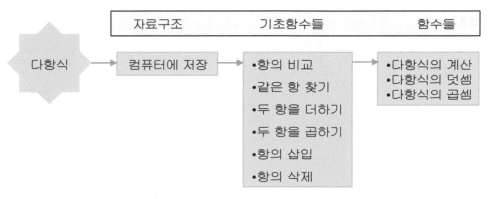

그림 5: 다항식 자료구조 모델

■ 다항식을 배열에 표현하는 방법

예를 들어 다음 다항식 $7x^3 + 4x^2 + 2$은 배열에 계수와 지수 쌍 { (7,3), (4,2), (2,0) }을 저장하여야 한다. 그림 6과 같이 배열을 선언하고 계수(coefficient) 만을 배열에 저장하면 된다.

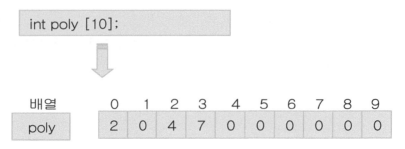

그림 6: 다항식 자료

■ 다항식을 연결 리스트에 표현하는 방법

극단적인 경우이기는 하지만 다항식 $7x^{1000} + 4x^{23} + \dots + 2$를 배열로 표현하면 사용하지 않는 기억장소가 많아진다. 즉, 항은 몇 개 안되지만 배열의 크기는 1000개 이상이 되어야 한다. 이러한 문제점을 해결하고 다항식 계산 시 항의 삽입과 삭제를 쉽게 하려면 연결리스트를 사용하는 것을 고려해야 한다.

연결리스트로 다항식의 항 { (7,1000), (4,23), (2,0) }을 저장하면 된다. 위의 예의 경우 항의 개수는(노드의 개수) 3개이다. 물론 위의 경우 3개의 항을 배열에 (계수, 지수) 쌍을 모두 저장하는 방법도 있지만, 연결리스트를 학습하기 위하여 연결리스트로 표현을 해보도록 하자. 그림 7은 다항식을 연결리스트로 표현하기 위한 자료구조이고 그림 8은 자료구조의 예를 본 것이다.

다항식을 연결리스트로 표현하면?

$$A(x) = a_{m-1}x^{m-1} + \cdots + a_0x^0$$

```
typedef struct poly_node *poly_ptr;
 typedef struct poly_node {
      int coef;
      int expon;
      poly_ptr link;
 };
 poly_ptr a,b,d;
```

| coef | expon | link |

그림 7: 다항식 자료구조 선언

$$a = 3x^{14} + 2x^8 + 1$$

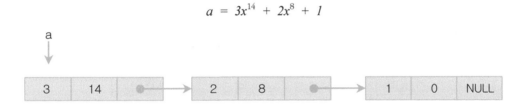

$$b = 8x^{14} - 3x^{10} + 10x^6$$

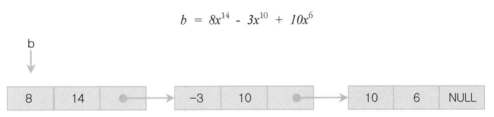

그림 8: 다항식의 예

6.4.2 연결리스트를 이용한 다항식의 덧셈

연결리스트로 표현된 두 개의 다항식을 더하는 프로그램을 작성하여 보자.

두 개의 다항식 a, b는 아래와 같이 표현되고 최종 결과는 d와 같은 결과가 나와야 한다 (d = a + b).

$$a = 3x^{14} + 2x^8 + 1$$
$$b = 8x^{14} - 3x^{10} + 10x^6$$
$$d = 11x^{14} - 3x^{10} + 2x^8 + 10x^6 + 1$$

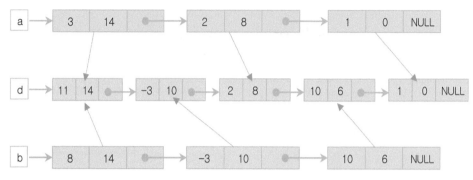

그림 9: 두 개의 다항식의 덧셈

연결리스트로 표현된 두 개의 다항식 a, b를 더하는 경우를 단계별로 보자.

(a) a-〉expon == b-〉expon (지수가 같다. $3x^{14}$, $8x^{14}$)

두 다항식 a, b의 최고차 항 두개를 비교하여 같으므로, 두 항의 계수를 더하여 새로운 다항식 d에 항을 만든다. 덧셈 후 포인터를 이동한다.

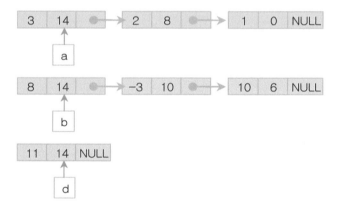

(b) a-〉expon 〈 b-〉expon (b의 지수가 더 크다. $2x^8$, $-3x^{10}$)

예의 경우, b가 가리키는 지수 값이 크므로 b의 항을 d에 더한다.

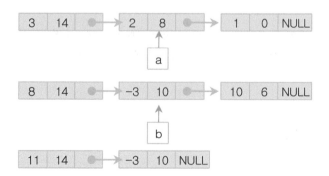

(c) a-〉expon 〉 b-〉expon (a의 지수가 더 크다. $2x^8$, $10x^6$)

a의 가리키는 지수 값이 크므로 a의 항을 d에 더한다.

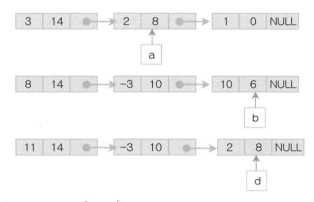

(d) a-〉expon 〈 b-〉expon($1x^0$, $10x^6$)

예의 경우 b가 가리키는 지수 값이 크므로 b의 항을 d에 더한다.

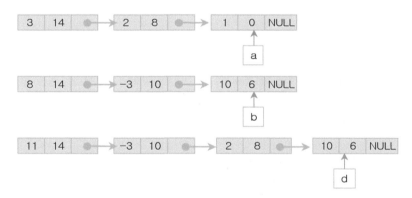

(e) b == NULL;

두 다항식 a, b중 b의 항이 NULL이 되면 a의 남은 항을 d에 복사하여 연결한다.

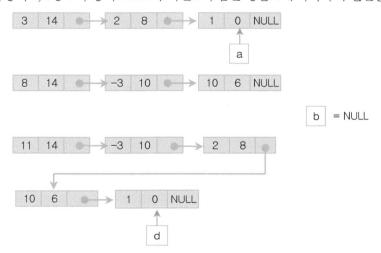

■ 두 다항식의 덧셈 프로그램 – padd()

• 앞의 예를 참고하여 두 개의 다항식을 더하는 프로그램 padd()를 작성하였다.

```
/* 프로그램 6-5 다항식의 덧셈 */
/* 두 개의 다항식을 더하는 함수, 인자는 두 다항식의 포인터,
   결과는 새로 생성된 다항식의 포인터이다 */

poly_ptr padd(poly_ptr a, poly_ptr b) {
  poly_ptr front, rear, temp;
  int sum;
  rear=(poly_ptr)malloc(sizeof(poly_node));
  if(IS_FULL(rear)) {
    fprintf(stderr,"The memory is full\n");
    exit(1);
  }
  front = rear;
  while(a && b)
    switch(COMPARE(a->expon, b->expon)) {
    case -1: /* a->expon < b->expon */
      attach(b->coef, b->expon,&rear);
      b = b->link;
      break;
    case 0: /* a->expon = b->expon */
      sum = a->coef + b->coef
      if(sum) attach(sum, a->expon,&rear);
      a = a->link; b = b->link; break;
    case 1: /* a->expon > b->expon */
      attach(a->coef, a->expon,&rear);
      a = a->link;
    }
  for( ; a; a=a->link)
      attach(a->coef, a->expon,&rear);
  for( ; b; b=b->link)
    attach(b->coef, b->expon,&rear);
  rear->link = NULL;
  temp=front; front=front->link; free(temp);
  return front;
}
```

설명

padd( )는 두 개의 연결리스트로 표현된 다항식을 읽어서 항끼리 더하여 새로운 연결리스트를 만드는 프로그램이다. 각 연결리스트의 노드들을 읽어서 계수(coef) 필드 값의 크기에 따라 새로운 리스트에 연결시킨다.

■ 리스트의 끝에 노드를 첨가하는 함수 – attach()

padd() 함수에서 필요한 다항식의 끝에 항을 붙이는 함수 attach() 이다.

```
/* 항을 다항식에 연결하는 함수, 인자는 항의 계수, 지수,
   다항식의 포인터이고 출력인자는 다항식 포인터 *ptr 이다 */

void attach(float coef, int exp, poly_ptr *ptr)
{
   poly_ptr temp;
   temp=(poly_ptr)malloc(sizeof(poly_node));
   if(IS_FULL(temp)) {
      fprintf(stderr,"The memory is full\n");
      exit(1);
   }
   temp->coef = coef
   temp->expon = exp;
   (*ptr)->link = temp;
   *ptr=temp;
}
```

설명

ptr이 가리키는 노드의 다음에 (coef, exp) 값을 갖는 새로운 노드를 첨가하는 함수이다.

6.5 리스트와 연결리스트(List and Linked List)

리스트 자료구조를 표현하는 여러 가지 방법을 비교하여 보자. 리스트는 순서가 있는 데이터이다. 주 연산은 검색, 삽입, 삭제이고 삽입과 삭제가 특정한 곳에서 일어나는 스택과 큐 자료구조가 있다. 리스트를 저장하는 쉬운 방법은 배열을 이용하는 것이다. 배열은 간편하고 조작이 쉽지만, 순서가 있는 리스트의 삽입과 삭제에는 비효율적이기 때문

에 연결리스트를 사용한다. 그림 11은 리스트 자료구조를 정리한 것이다. 그림 12는 리스트 자료구조를 구현하는 방법을 정리한 것이다. 표 1은 배열과 연결리스트의 장단점을 비교한 것이다.

■ 리스트(list)는

· 순서가 있는 데이터를 말한다.
· 리스트 자료에 대한 연산은 검색, 변경(삽입, 삭제)이다.
· 스택과 큐는 리스트의 특수한 형태이다.

■ 리스트 자료구조의 구현

· 배열은 리스트 자료구조를 구현하는 방법이다.
· 연결리스트도 리스트를 구현하는 방법이다.

■ 배열을 이용한 리스트 구현은 다음과 같은 장단점이 있다.

· 연속된 기억 장소
· 데이터의 중간에 삽입, 삭제 시 데이터 이동이 필요하다.
· 데이터의 크기가 수행 전(컴파일 시간)에 결정된다.
· 정적인 기억장소 할당(static storage allocation)

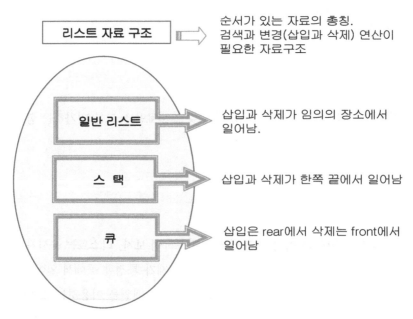

그림 11 : 리스트 자료구조

(설명) 왼쪽은 자료구조이고 오른쪽은 구현방법이다. 예를 들면 스택은 배열로 구현할 수도 있고 연결리스트로도 구현할 수 있다.

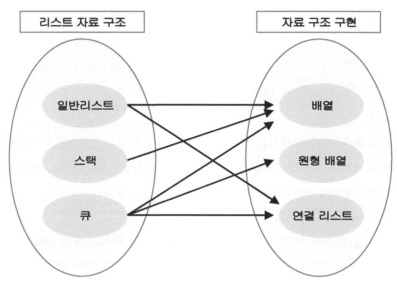

그림 12: 리스트 자료구조를 구현하는 프로그램 자료구조의 종류

표 1: 리스트를 구현하는 두 가지 방법의 비교

	배열	연결리스트	설명
구현방법	배열로 선언 예) int list[N];	자기참조 구조체 선언 예) list_ptr ptr;	
기억장소 확보시점	프로그램 수행전 (compile time) 기억장소 n개로 시작 **정적인(static)** 기억장소할당	프로그램 수행 후 (run time) (기억장소 1개로 시작) **동적인(dynamic)** 기억장소 할당	배열에서 기억장소가 수행 전에 할당되는 경우 기억 장소 크기가 고정되고, 사용여부에 관계없이 기억장소를 확보하기 때문에 비효율적이다.
기억장소 연속성	연속된 기억장소 할당	기억장소 힙(heap) 영역에서 임의로 할당	연결리스트에서는 기억장소가 여기저기 흩어져 있고 링크를 통하여 연결이 된다.
삽입과 삭제	간단하다	복잡하다	배열이 프로그래밍 관점에서는 편하다고 할 수 있다.

정리Review

- 포인터는 데이터의 효율성, 함수의 주소인자, 동적인 자료구조의 세 가지 기능을 구현하기 위한 방법이다. 포인터는 주소값을 저장하며 수행시간(동적, dynamic)에 리스트 데이터들을 주소값으로 연결하는 데 사용된다. 리스트를 배열을 이용하면 쉽게 표현할 수 있다.

- 연결리스트를 만들기 위해서는 구조체를 선언해야 한다. 왜냐하면 데이터와 포인터 등 두 개 이상의 데이터를 한 데이터 형에 저장하여야하기 때문이다. 포인터는 자신과 같은 데이터 구조를 가리키기 때문에, 자기참조 구조체(self referential structure, a pointer to itself)를 사용한다.

- 연결리스트를 리스트 구현 방법으로 사용하는 장점은 데이터의 삽입과 삭제지 다른 데이터의 이동이 필요없이 삽입/삭제하려는 노드의 포인터 값만 변경시키면 되기 때문에 간편하다는 점이다.

- 연결리스트로 스택과 큐를 구현할 수 있다. 연결리스트는 기억장소를 효율적으로 사용하고 또 기억장소를 충분히 사용할 수 있다는 장점이 있다.

- 다항식 문제는 배열을 이용하여 해결할 수 있다. 그러나 이 장에서는 다항식의 지수가 아주커서 배열에 저장하는 것이 비효율적일 경우 연결리스트를 이용하여 해결하는 예를 보였다. 본문에서는 두 개의 다항식을 더하는 예를 보였다. 그러나 실제적으로는 여기서 설명되지 않은 여러 가지 함수 들이 필요하다. 데이터를 입력하여 다항식으로 만들기, 다항식의 덧셈, 다항식의 곱셈 등이다.

- 연결리스트의 생성과 반환을 위한 함수들에 대한 정확한 이해가 필요하다.
  C 언어에서 주로 쓰는 함수는 malloc()과 free() 함수이다.

1. (단순연결리스트)

본문에 예로 든 단순연결리스트의 create()와 insert(), print_list() 함수를 이용하여, 새로운 리스트를 생성하고, 노드 1개를 삽입하고, 리스트를 출력하는 main() 프로그램을 작성하여 보아라.

2. (단순연결리스트의 노드 수 세기)

단순연결리스트에서 리스트에 있는 노드의 개수를 세는 함수 int length()를 작성하여라. 리스트가 비어있으면 0을 출력하게 된다.

3. (다항식의 뺄셈 알고리즘)

다항식을 연결리스트로 표현했을 때, 두 개의 다항식을 뺄셈을 하는 경우 본문의 덧셈을 하는 프로그램을 참조하여 작성하여 보아라.

4. (노드 관리 연산)

다항식 프로그램에서, 기억장소로부터 노드를 생성하고 삭제하는 다음 두 문장을 설명하여라.(temp는 poly_ptr 타입이다)

(1) temp = (poly_ptr)malloc(sizeof(poly_node));
(2) free(temp);

5. (연결리스트 조작 알고리즘)

n개의 노드를 가진 연결리스트를 만들고, 연결리스트의 데이터의 합을 구하는 프로그램을 작성하여라. 연결리스트의 n개의 노드는 1부터 n까지 정수형 숫자를 입력하여라. n 값은 10 이상이 되도록 한다. 리스트에서 k번째 노드를 삭제하는 함수를 만들어서 위의 리스트에서 k번째 노드를 삭제하여라.

main() 프로그램의 구조는 다음과 같이 된다(적당히 고쳐야 함).

```
int main()
{
    listptr = create( ); /* void create(int n) : n개의 노드를 갖는 리스트 생성*/
    print_list(listptr); /* 리스트의 값을 출력 */
    s = sum(listptr); /* 리스트의 노드의 값을 합산한다. */
    print( s ); /* s값을 출력한다 */
    deletek(listptr, int k)
    print_list(listptr); /* 리스트의 값을 출력 */
    s = sum(listptr); /* 리스트의 노드의 값을 다시 합산한다. */
    print( s ); /* s값을 다시 출력한다 */
}
```

출력화면에서의 결과는 대략 다음과 같다.(10개의 데이터에서 3번째를 삭제했다면)

```
(실행결과)
1 -> 2 -> 3 -> 4 -> 5 ...
(리스트 합) 55
1 -> 2 -> 4 -> 5 ...
(리스트 합) 52
```

6. (두개의 연결리스트의 합치기)

두 개의 선형 연결리스트(linked list)를 연결해서 1개의 리스트로 만들려고 한다(그림참조). 다음은 프로그램 일부를 보인 것이다. 빈곳에 맞는 문장을 쓰라. 노드 선언은 5번 문제를 참조하라.

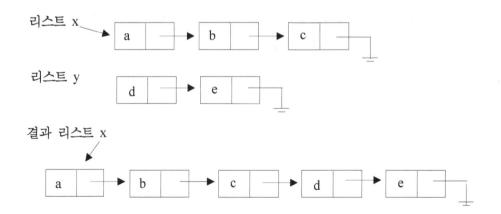

```
list_ptr concat(list_ptr x, list_ptr y)
{
    list_ptr temp;
    if (!x)            (1)            ;
    if (!y)            (2)            ;
    for(temp=x; temp->link; temp=temp->link);
                    (3)              ;
    return x;
}
```

7.　(연결리스트에서 최소값 노드 찾기)

다음은 pointer를 이용한 linked list를 C 언어로 정의한 것이다. list에서 최소원소의 값을 갖는 노드의 데이터 값을 구하는 프로그램을 빈곳에 작성하라. 데이터 값은 모두 양수이고 리스트가 비어있으면, 0 값을 반환한다.

```
typedef struct node *list_ptr;
typedef struct node{
    int data;
    list_ptr link;
}
```

```
int min(list_ptr p)
{
            (최소 원소 값 찾기)
}
```

1. (다항식)

다항식의 덧셈과 곱셈을 계산하는 프로그램을 연결리스트를 이용하여 작성하고자 한다.

샘플 프로그램의 실행은 다음과 같이 진행이 된다. 다항식 a(x), b(x)를 계수, 지수들을 순서대로 입력한다. 다항식의 입력의 끝에는 계수=0, 지수=0을 입력하면 다항식의 입력이 끝나는 것으로 한다. 입력이 끝나면 2개의 다항식을 더한 식 f(x)=a(x)+b(x)와 g(x)=a(x)*b(x)를 곱한 식을 출력한다. 그리고 또 f(2)의 값과 g(2)의 값을 출력하여 본다. 프로그램이 실행되는 실제 화면은 다음과 같다.

[프로그램 실행 예]

```
input a(x) =>
coeff-> 3
order-> 2
coeff-> -2
order-> 1
coeff-> 4
order-> 0
coeff-> 0
order-> 0
a(x) = +3x^2 -2x^1 +4x^0
input b(x) =>
coeff-> 2
order-> 5
coeff-> 6
order-> 1
coeff-> 0
order-> 0
b(x) = +2x^5 +6x^1

a(x) + b(x) = +2x^5 +3x^2 +4x^1 +4x^0
a(x) * b(x) = +6x^7 -4x^6 +8x^5 +18x^3 -12x^2 +24x^1

a(2) + b(2) =  88

a(2) * b(2) = 912
```

[프로그램의 구조]

먼저 프로그램에 필요한 노드 선언은 본문과 같이 선언한다. 단 계수가 실수가 될 수 있도록 바꾸어 선언해 준다.

```
typedef struct poly_node *poly_ptr
typedef struct poly_node{
    double coef;
    int expon;
    poly_ptr link;
}
```

프로그램을 위한 함수를 다음과 같이 정의하고 구현한다.

```
poly_ptr make_node(int expon, double coef);
void insert_node(poly_ptr head, int expon, double coef);
poly_ptr add_polynomial(poly_ptr a, poly_ptr b);
poly_ptr mult_polynomial(poly_ptr a, poly_ptr b);
double eval_polynomial(double x, int order);
void print_polynomial(poly_ptr a, char* p);
void remove_polynomial(poly_ptr a);
poly_ptr input_polynomial(FILE *file);
```

CHAPTER 7

고급 연결리스트

연결리스트의 장점을 활용하기 위해서는 연결리스트 프로그래밍 방법을 습득해야 한다. 연결리스트 프로그래밍은 대부분 학습자들이 어렵다고 말한다. 그러나 몇 가지 원리만 습득하고 극복하면 자신감있게 프로그래밍을 할 수가 있다. 앞 장에서 배운 단순 연결리스트는 몇 가지 단점이 있다.

단순 연결리스트의 단점을 극복하는 리스트 구조로

(1) 연결리스트의 끝에서 작업하기 편리한 **원형 연결리스트** : 연결리스트에서 마지막 노드가 끝 노드를 가리키게하며 리스트의 포인터를 맨 끝 노드를 가리킨다.

(2) 임의의 노드의 앞뒤 작업을 편리하게 하기위한 **이중 연결리스트** : 연결리스트의 각 노드에 앞과 뒤로 가는 링크를 만들어 놓은 장점을 동시에 갖는다. **이중 원형 연결리스트**는 원형과 이중 연결리스트 두 가지 구조를 동시에 갖는다. 즉 각 노드에 두개의 링크를 두면서 마지막 노드와 첫 노드도 연결시킨다. 또 머리노드라는 가상의 노드를 운영한다.

제 7 장에서 학습할 내용은 다음과 같다.

7.1 원형 연결리스트(Circularly Linked Lists)

원형 연결리스트란 연결리스트의 맨 끝 노드를 첫 번째 노드와 연결시켜서 원형으로 만든 리스트이다. **단순 연결리스트(Singly Linked List)**는 다음과 같은 경우 불편한 점이 있다. 단순연결리스트의 노드 포인터를 알고 있을 때, 첫 번째 노드는 바로 찾아갈 수 있지만 마지막 노드는 리스트 전체를 따라가면서 끝을 찾아가야 한다(즉 n번의 링크를 따라가야 한다, 시간복잡도 O(n)). 즉 마지막 데이터를 찾을 때, 마지막 다음에 데이터를 삽입하는 등의 경우에 불편함이 있다. 아래 단순 연결리스트를 보면서 이것을 확인하자.

그림 1 : 단순 연결 리스트

단순 연결리스트의 마지막 노드를 끝 노드와 연결시키면 ?

그림 2의 단순 연결리스트를 끝 노드와 연결시키면 상황은 마찬가지이지만, 대신 그림 2의 아래 리스트의 포인터를 마지막 노드를 가리키면 바로 찾을 수 있다. 리스트의 첫 노드는 마지막 노드의 다음 노드이므로 리스트의 첫 노드도 바로 찾을 수 있다. 이렇게 구성한 리스트를 원형 연결리스트라고 한다. 원형 연결리스트의 포인터는 항상 마지막 노드를 가리켜야 한다는 점을 주의하라. **원형 연결리스트**는 단순 연결리스트를 원형으로 만든 다음 리스트의 포인터를 마지막을 가리킨다.

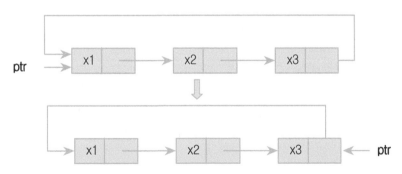

그림 2 : 리스트를 원형으로 만든 모습과 포인터를 마지막 노드로 가리킨 원형
연결리스트 모습

■ 원형 연결리스트의 여러 가지 모습

그림 3의 원형리스트의 여러 가지 모습을 보자.

(1) 비어있는 리스트
(2) 원소가 1개 있는 리스트 - x1이 첫 원소이며 마지막 원소이다.
(3) 원소가 3개 있는 리스트 - (x1, x2, x3)인 리스트이며 리스트의 포인터는 마지막 노드인 x3을 가리키도록 한다. 원형 연결리스트의 첫노드는 ptr이 가리키는 다음 노드이고, 마지막 노드는 ptr이 가리키는 노드이다.

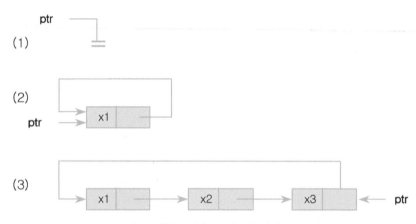

그림 3 : 원형 연결리스트의 여러 가지 모습

■ 원형 연결리스트에서의 데이터 삽입 알고리즘

아래 리스트의 경우를 보면서 리스트에서 데이터를 마지막과 처음에 삽입하는 경우를 보자. 두 가지는 같은 작업이지만 단지 마지막에 삽입할 경우 리스트의 포인터만 새로 삽입된 노드를 가리키면 된다. 그림 4는 원형 연결리스트의 끝에 노드를 삽입하는 모양을 보인 것이다. 노드를 추가하고 ptr 값을 수정하면 된다. 원형 연결리스트를 삽입과 삭제하는 경우는 리스트의 길이 n에 관계없이 상수시간만 소요되기 때문에, 알고리즘의 복잡도는 O(1)이 된다. 두 가지 경우를 정리하면 아래와 같다.

(1) 리스트의 처음에 삽입 - O(1) : 수행 시간이 상수시간이 걸린다.
    x3 다음에 삽입한다.
(2) 리스트의 마지막에 삽입 - O(1) : 수행 시간이 상수시간이 걸린다.
    x3 다음에 삽입한다. ptr 값을 새로 삽입한 노드를 가리킨다.

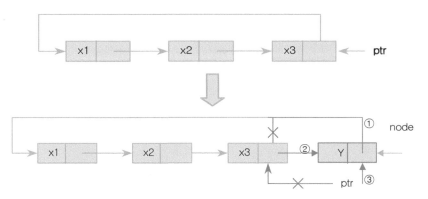

그림 4: 원형 연결리스트의 끝에 노드 삽입과정

```
/* 프로그램 7-1 원형 연결리스트 삽입 */
/* 원형 연결리스트의 맨 뒤에 노드를 삽입하는 알고리즘
   insert_last(list_ptr *ptr, list_ptr node)를 만들고 비교하여보자 */
   void insert_last(list_ptr *ptr, list_ptr node)
   {
     if((*ptr)==NULL) { /* 빈 리스트에 삽입할 경우 */
       *ptr = node; node->link = node; }
     else
     {
       node->link = (*ptr)->link;    /* ① */
       (*ptr)->link = node;          /* ② */
       *ptr = node;                  /* ③ */
       /* 리스트의 맨 처음노드로 삽입할 경우 ③ 문장을 생략 */
     }
   }
```

참고 **수행시간 표기법**

알고리즘의 수행시간이 입력 데이터 개수에 따라 어떻게 변하는 가를 수행에 필요한 연산의 수의 근사치를 나타내는 O-표기법을 사용한다. 즉 O(f(n)) 복잡도라 함은 수행시간이 많이 걸려야 f(n) 함수보다는 작거나 같다는 의미이다. 프로그램 수행이 얼마나 오래 걸릴 것인지에 대한 척도이다.

- O(1) : 상수시간 : 프로그램 수행 시간이 항상 똑 같을 때
- O(n) : 프로그램 수행 시간이 데이터 개수 n의 1차 함수보다 크지 않을 때
- O(n^2) : 프로그램 수행 시간이 데이터 개수 n의 이차함수(n^2)보다 크지 않을 때

7.2 이중 연결리스트(Doubly Linked List)

단순 연결리스트(Singly Linked List)는 다음과 같은 경우 불편한 점이 있다. 단순연결리스트의 노드 포인터를 알고 있을 때, 노드의 다음 노드는 찾아갈 수 있지만, 노드의 앞 노드는 찾아 갈 수 없다. 앞 노드를 찾아가려면 리스트의 처음부터 따라가야 한다. (즉 노드의 개수 만큼 링크를 따라가야 한다 O(n)). 즉, 임의의 노드의 앞 노드를 찾아가는 데 시간이 걸린다. 이중 연결리스트의 각 노드에 링크 2개를 만들어 하나는 뒷 노드를 하나는 앞 노드를 가리키는 연결리스트이다. 단순 연결리스트의 각 노드에 두개의 노드 포인터를 두어서 하나를 앞쪽 노드를 하나는 뒤 쪽 노드를 가리키어 앞 뒤 어느 방향으로나 갈 수 있도록 만든 리스트이다.

그림 5: 이중 연결 리스트

이중 연결리스트(Doubly Linked List)는 대부분 이중 연결리스트만 구현하는 것이 아니고 **이중원형 연결리스트(Doubly Linked Circular List)**로 구현한다. 이중원형 연결리스트는 이중 연결리스트를 원형으로 만들고 또 헤드노드라는 노드를 두어서 리스트가 원형이 되도록 관리한다. 즉 노드가 하나도 없어도 헤드노드는 존재한다. 단순 연결리스트의 단점과 이중연결리스트(이중원형 연결리스트)를 정리하면 다음과 같다.

단순 연결리스트의 문제점을 정리하면 다음과 같다.

- 한 쪽 방향으로만 노드를 따라간다(앞에서 뒤로).
- 앞 노드를 찾으려면 처음부터 링크를 따라와야 한다.
- 임의의 노드를 지우기 어렵다. 현재위치에서 노드를 지우려면 앞 노드 포인터를 알아야 한다.

이중 연결리스트 구조는 그림 6에 보인 것처럼 다음과 같다.
- 이중원형 연결리스트(Doubly Linked Circular List)는 앞뒤 노드를 가리키는 포인터가 있으며 원형이고 헤드노드를 갖는 연결리스트이다.
- 이중 연결리스트에서는 다음의 식이 성립한다. ptr이 이중 연결리스트의 임의의 노드를 가리킨다고 가정하면 ptr = ptr-⟩llink-⟩rlink = ptr-⟩rlink-⟩llink 이다.

- 이중 연결리스트의 처음 시작 때는(노드가 하나도 없는 경우), 가상의 노드에서부터 시작한다. 이 데이터가 없는 가상의 노드를 헤드노드(head node, dummy node)라고 한다.
- 헤드노드는 프로그램의 편의를 위하여 만들어 놓은 것으로 노드와 같은 자료구조이나 데이터 값이 없다.

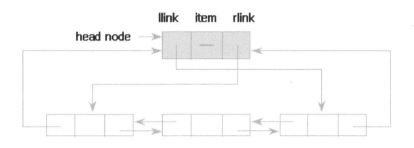

그림 6: 헤드노드를 가진 이중 원형 연결리스트의 모양

이중 연결리스트를 위한 노드 선언은 다음과 같다. 단순 연결리스트와 같고 link 필드가 2개이므로 앞 노드는 llink, 뒷 노드는 rlink 필드로 이름을 붙인다.

```
/* 이중 연결리스트를 위한 노드의 선언 */
   struct dnode {
   struct dnode *llink
   element item;
   struct dnode *rlink
};
typedef struct dnode node;
typedef node *node_ptr;
```

이중 연결리스트에 노드를 삽입하는 경우는 그림 7과 그림 8에 있다. 그림 8의 경우 node 다음에 newnode를 삽입하며 모두 4개의 포인터 값을 변경해야한다. 그림 9는 비어있는 리스트에 처음 노드를 삽입하는 경우이다.

■ 이중 연결리스트에서 노드를 삽입하는 프로그램

```
/* 프로그램 7-2 이중 연결리스트 노드 삽입 */
/* 이중 원형 연결리스트에 노드를 삽입하는 프로그램
   삽입할 노드의 바로 앞 노드만 알면 된다.*/
/* node의 오른쪽에 newnode를 삽입 */
   void dinsert(node_ptr node, node_ptr newnode)
   {
      newnode->llink = node;              /* ① */
      newnode->rlink = node->rlink;       /* ② */
      node->rlink->llink = newnode;       /* ③ */
      node->rlink = newnode;              /* ④ */
   }
```

설명

node 다음에 newnode를 삽입한다. 그림 8과 같이 모두 4개의 링크 값을 변경해야한다. 먼저 newnode의 링크 값들을 부여하고 기존의 노드의 링크 값들을 수정한다. 3번과 4번 문장이 바뀌면 결과가 틀리게 된다. 그 이유를 살펴보도록 한다.

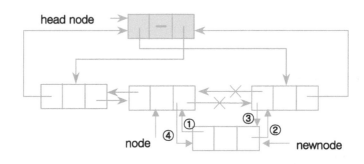

그림 7 : 이중 연결리스트에 노드 추가

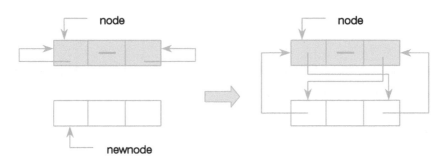

그림 8 : 비어있는 이중 연결리스트에 노드 추가

이중 연결리스트에 노드의 삭제는 노드 양쪽에 있는 두 노드의 링크 값을 바꿔주면 된다. 노드가 1개 남아 있는 경우(deleted) 삭제는 그림 9에 있다. 삭제 후 헤드노드만 남게 된다.

■ 이중 연결리스트에서 노드를 삭제하는 프로그램

```
/* 프로그램 7-3 이중 연결리스트 노드 삭제 */
/* 이중 연결리스트에서 노드의 삭제 */
/* 이중 연결리스트 node에서의 deleted 노드 삭제 */
  void ddelete(node_ptr node, node_ptr deleted)
  {
    if(node == deleted)
      printf(" 머리노드 삭제 금지 ...\n");
    else {
      deleted->llink->rlink = deleted->rlink;  /* ① */
      deleted->rlink->llink = deleted->llink;  /* ② */
      free(deleted);                           /* ③ */
    }
  }
```

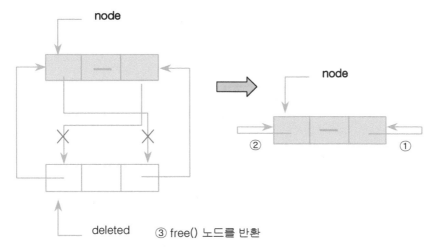

③ free() 노드를 반환

그림 9 : 이중 연결리스트에서 노드 삭제 – 노드가 1개인 경우

7.3 연결리스트 알고리즘들

앞에서 여러 가지 연결리스트에 대하여 배웠다. 이러한 연결리스트를 다루는 다양한 프로그램이 있다. 몇 가지 예를 보면서 연결리스트 문제에 부딪힐 때 자신감을 갖도록 하자.

7.3.1 두 개의 연결리스트를 한 개의 연결리스트로 연결

두개의 단순 연결리스트가 있을 때 이것을 연결하여 한 개의 리스트를 만드는 문제를 생각해보자. 첫 번째 리스트(ptr1)의 끝 노드를 찾아서 링크 필드에 두 번째 리스트(ptr2) 값을 저장하면 된다.(①)

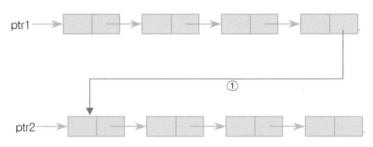

그림 10: 두개의 연결리스트를 한 개로 합치는 과정

■ 프로그램 : 두 개의 단순 연결리스트의 연결

```
/* 프로그램 7-4 2개의 연결리스트를 1개로 연결 */
/* 두개의 리스트를 연결해서 새로운 리스트 만든다 */
/* ptr1에 ptr2를 붙인다 */
   list_ptr concat(list_ptr ptr1, list_ptr ptr2)
   {
     list_ptr temp;
     if( !ptr1 ) return ptr2;
     else {
       if( ptr2 )
       { for(temp=ptr1; temp->link; temp=temp->link);
         temp->link = ptr2; }
       return ptr1;
     }
   }
```

설명

if 문에서 첫 번째 리스트가 NULL 인지 점검하고, 또 두 번째 리스트가 NULL 인지 점검한다. 아니면 첫 번째 리스트의 마지막 노드를 찾는다. 찾는 방법은 for 문을 이용하여 끝노드를 찾을 때까지 반복적으로 다음 노드로 이동하는 것이다. for 문의 끝에 세미콜론이 있음을 주의하여야 한다.

7.3.2 원형 연결리스트의 노드의 개수 세기

원형 연결리스트에 있는 원소의 개수를 센다고 하자. 원형 연결리스트의 끝은 NULL이 아니기 때문에, 단순 연결리스트 프로그램과는 다르다. 그림 11의 연결리스트의 노드 개수는 3개이다. ptr로부터 시작하여 다시 ptr로 올때까지 링크를 따라 순회하면서 노드의 개수를 1 증가시키면 된다. ptr 값을 저장해두고 매번 새로운 노드를 만날 때마다 ptr 값과 같은지 비교를 한다.

그림 11: 원형 연결리스트

■ 프로그램 : 원형 연결리스트의 노드 개수 세기

```
/* 프로그램 7-5 원형 연결리스트 노드 수 세기 */
/* 원형 연결리스트의 노드의 개수 세기  */
  int length(list_ptr ptr)
  {
    list_ptr temp;
    int count = 0;
    if(ptr) {
       temp = ptr;
       do {
          count++;
          temp = temp->link;
       } while(temp != ptr);
    }
    return count;
  }
```

설명

원형 연결리스트 ptr을 주었을 때 노드의 개수를 센다. ptr이 NULL이면 0을 반환하지만, 그렇지 않으면 ptr 값을 temp에 저장하고 while 문을 통하여 temp 값을 자신의 링크 값으로 치환하면서 count를 증가시킨다.

7.3.3 연결 리스트를 역순으로 만들기

연결리스트를 역순으로 구성한다고 하자. 즉 리스트의 링크 값을 모두 앞 노드를 가리키도록 한다. 노드 값을 바꾸면 연결된 노드 값을 잃어버리기 때문에 전 값을 기억하면서 작업을 해야 한다. 그림 12와 같이 3개의 변수 trail, middle, lead를 사용한다. 변수 trail, middle, lead의 역할은 각각 진행하면서 리스트의 노드를 역순으로 바꾸는 역할을 한다. middle의 노드 링크 값은 trail의 값으로 바꾸고 계속 trail은 middle 값을 middle은 lead 값을 lead 는 리스트의 다음 노드를 가리킨다. 프로그램이 좀 복잡하니 차근차근 따라가 보자.

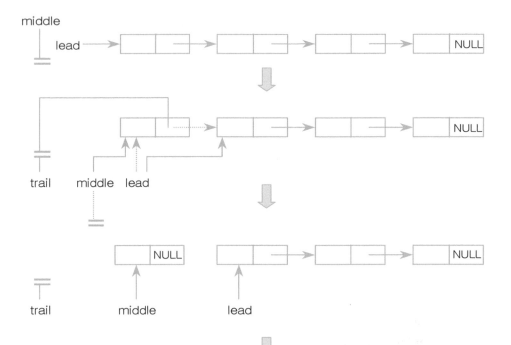

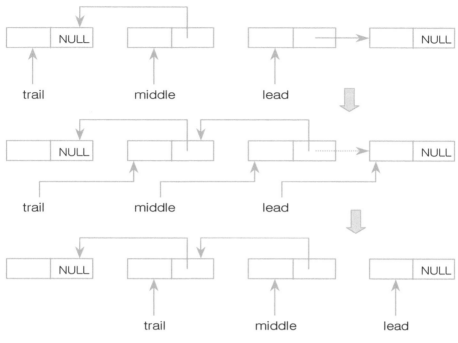

그림 12 : 연결리스트를 역순으로 바꾸는 예

■ 프로그램 : 연결리스트를 역순으로 배열하기

```
/* 연결리스트의 링크를 거꾸로 만드는 프로그램을 작성하여 본다 */
/* 리스트 노드 선언 부분 */
   struct node {
      char data;
      struct node * link;
   };
   typedef struct node list_node;
   typedef list_node * list_ptr;
```

```
/* 프로그램 7-6 연결리스트를 역순으로 다시 만들기 */
/* 프로그램 invert */
   list_ptr invert(list_ptr lead)
   {
      list_ptr middle, trail;
      middle = NULL;
      while(lead) {
```

```
            trail = middle;
            middle = lead;
            lead = lead->link;
            middle->link = trail;
        }
        return middle;
    }
```

정리^{Review}

- 단순 연결리스트의 단점을 극복하는 리스트 구조는 다음과 같다. 연결리스트의 끝에서 작업하기 편리한 원형 연결리스트, 임의의 노드의 앞뒤 작업을 편리하게 하기 위한 이중 연결리스트, 원형과 이중 연결리스트의 두 가지 장점을 동시에 갖는 이중 원형 연결리스트가 있다.

- 원형 연결리스트는 단순 연결리스트를 원형으로 만든 다음 리스트의 포인터를 마지막을 가리킨다. 단순 연결리스의 단점인 마지막 노드 찾는 시간을 O(1)로 줄인다.

- 이중 연결리스트는 연결리스트 노드에 앞과 뒤를 가리키는 노드 포인터를 만든 리스트이다. 단순 연결리스트의 단점인 리스트의 앞으로 찾아나가는 문제를 해결한다.

- 연결리스트를 다루려면 연결리스트에 관한 여러 함수들을 프로그래밍 하여야한다. 연결리스트의 길이 세기, 두개의 리스트를 연결하기 등 여러 가지 함수들이 가능하다.

- 연결리스트 프로그래밍은 약간 복잡하다. 링크와 노드의 구조를 잘 이해하면 기계적이다.

1. (연결리스트 연산시간 비교)

수행시간이 노드의 개수에 관계없이 일정한 시간을 갖는 경우 O(1), 데이터 개수 n에 1차 비례할 때 O(n)로 표시한다. 다음 연결리스트의 포인터 값을 알 때 리스트 삽입에 관한 다음의 알고리즘들의 수행시간 중 비어 있는 곳에 해당되는 수행 시간을 적어라.

연산 리스트 종류	리스트의 처음에 노드를 삽입	리스트의 마지막에 노드를 삽입	임의의 노드 뒤에 삽입	임의의 노드 앞에 삽입
단순 연결리스트	O(1)	①	O(1)	④
원형 연결리스트	O(1)	O(1)	③	O(n)
이중 연결리스트	O(1)	O(n)	O(1)	⑤
이중 원형 연결리스트	O(1)	②	O(1)	⑥

2. (연결리스트에서 i 번째 노드 찾기)

연결리스트에서 리스트의 길이가 i보다 크다고 할 때, i 번째 노드의 포인터를 반환하는 함수를 작성하여라.

```
list_ptr ith(list_ptr ptr, int i)
```

3. (연결리스트의 복사)

다음과 같이 선언된 linked list를 사용하여 아래의 프로그램을 완성하여라.

(선언)

```
typedef struct node *pointer;
typedef struct node{
    int data;
    pointer link;
}
```

한 개의 리스트를 읽어서 똑 같은 리스트를 만드는 리스트 복제 프로그램을 만들어라. 아래 박스에 해당되는 코드를 작성하라.

```
pointer listcopy(pointer P);
{
        /* 새로운 리스트 포인터를 선언한다. */
        /* 리스트를 읽고 복사하는 작업을 반복한다. */
        /* 리스트 포인터를 반환한다. */

}
```

4.   (원형연결리스트 만들기)

한 개의 리스트를 읽어서 원형 연결리스트(circular linked list)를 만드는 프로그램을 작성하라. 노드 선언은 3번 문제와 같다.

```
list_ptr makecircular(list_ptr p)
{   if( !p ) return p;
        /* 리스트의 마지막 포인터를 찾는다. */
        /* 리스트의 마지막과 처음을 연결한다. */
        /* 새로운 리스트 포인터를 반환한다. */

}
```

5.   (이중원형연결리스트 만들기)

한 개의 단순 연결리스트를 읽어서 doubly circular linked list를 만드는 프로그램을 작성하라. 노드 선언은 다음과 같다. 입력리스트는 단순 연결리스트이고, 이중 연결리스트는 헤드노드를 만들고 원형으로 구성한다.

(선언)

```
typedef struct node *dpointer;
   typedef struct dnode{
       int data;
       dpointer left;
       dpointer right;
   }
```

(프로그램 앞부분)

```
dpointer makedoublecircular(list_ptr P)
{   if( !P ) return P;
```

1. (명함관리 프로그램)

명함을 관리하는 프로그램을 연결리스트 구조를 이용하여 작성하려고 한다.(3장 프로그래밍 프로젝트에서는 배열을 이용하여 명함을 관리하는 프로그램을 작성하여 보았다.) 연결리스트를 이용하면 명함을 삭제하는 경우, 배열과는 달리 해당 명함 자료를 연결리스트에서 삭제하면 되므로, 배열보다는 효율적으로 작업을 진행할 수 있다. 자료가 크거나 삽입, 삭제 작업이 많은 응용에서는 연결리스트가 배열보다 효율적이다. 명함은 이름, 회사, 전화번호의 3가지 데이터로만 구성되어 있다고 가정하자. 프로그램을 통하여 하고자하는 작업은 다음과 같다.

(프로그램 기능)

1. 명함을 입력 받는다.
2. 명함을 이름으로 찾아서 삭제한다. 이름을 모두 입력하여야 찾는다고 가정한다.
3. 명함을 이름으로 찾아서 검색한다. 이름을 모두 입력하여야 찾는다고 가정한다.
4. 프로그램이 시작되면 먼저 디스크의 파일에 있는 명함 자료를 읽어들여 배열에 저장한다. 또 프로그램이 종료되면, 배열에 있는 명함 자료를 모두 디스크의 파일에 저장한다.
5. 명함 자료 전체를 출력하는 기능을 제공한다.

(명함 자료의 구성)

명함 자료를 배열에 저장하기 위해서는 속성(field)가 3개 이므로, 3개의 속성을 갖는 구조체를 먼저 정의 한다. 배열과 달리 연결리스트 노드를 구성하여야하므로, 링크 필드가 추가된다.

```c
typedef struct acard
  {
    char name[NAME_SIZE];
    char corp[CORP_SIZE];
    char tel[TEL_SIZE];
    struct _card *next;
  } card;

card *head, *tail; /* 카드 관리를 위한 리스트의 head, tail 포인터 선언 */
```

(실행화면)

```
NAMECARD Manager(명함관리)
---------------------------
1. 입력(명함)
2. 삭제(명함)
3. 검색(명함)
4. 전체검색(명함)
5. 종료

명령선택 => 1
명함입력 :
  이름 : Park
  회사 : Duksung
  전화 : 02-901-8342
명령선택 => 3
  이름 : Park


이름            회사            전화
-----------------------------------------------
Park           Duksung        02-901-8342


명령선택 => 4
이름            회사            전화
-----------------------------------------------
Park           Duksung        02-901-8342
Kim            Samsung        02-901-8341
```

(프로그래밍 힌트)

명함데이터를 프로그램 종료 후에도 저장하려면, 명함 목록을 파일에 저장하여야 한다. 파일이름을 namecard.txt라고 한다. 프로그램은 namecard.c로 이름을 붙인다. namecard.c에 사용될 몇 가지 함수는 다음과 같다.

```c
/* init_card : 프로그램이 시작되면 파일에 저장된 명함목록을 읽어 배열에
   저장한다. */
void init_card(void)
  {
  FILE *fp;
  card *t;
  card *u;
  if ((fp = fopen(s, "rb")) == NULL)
    {
      printf("\n   Error : %s is not exist.", s);
      return;
    }
  t = head->next;
  while (t != tail)
    {
      u = t;
      t = t->next;
      free(u);
    }
  head->next = tail;
  while (1)
    {
    t = (card*)malloc(sizeof(card));
    if (!fread(t, REC_SIZE, 1, fp))   /* if file end... */
      {
        free(t);
        break;
      }
    t->next = head->next;
    head->next = t;
    }
  fclose(fp);
  }
```

```
/* input_card : 사용자에게 명함을 받아들여 배열의 마지막 원소로 저장한다. */
void input_card(void)
  {
  card *t;
  t = (card*)malloc(sizeof(card));

  printf("\nInput namecard menu : ");
    printf("\n   Input name -> ");
      gets(t->name);
    printf("\n   Input corporation -> ");
      gets(t->corp);
    printf("\n   Input telephone number -> ");
      gets(t->tel);

  t->next = head->next;  /* insert at first */
  head->next = t;
  }

/* 프로그램이 종료되면 리스트의 카드를 모두 파일에 저장한다. */
void save_cards(char *s)
  {
  FILE *fp;
  card *t;
  if ((fp = fopen(s, "wb")) == NULL)
    {
      printf("\n   Error : Disk write failure.");
      return;
    }
  t = head->next;
  while (t != tail)
    {
      fwrite(t, REC_SIZE, 1, fp);
      t = t->next;
    }
  fclose(fp);
  }
```

```
/* delete_card : 리스트의 카드를 삭제한다. */
int delete_card( )
{ ... }

/* search_card : 카드의 데이터를 검색 */
card search_card( )
{ ... }

/* main : 메뉴를 사용자에게 보이며 작업을 하는 함수 호출 */
int select_menu(void)
  {
    int i;
    char s[10];
    printf("\n\nNAMECARD Manager(명함관리)");
    printf("\n--------------------------");
    printf("\n1. 입력(명함)");
    printf("\n2. 삭제(명함)");
    printf("\n3. 검색(명함)");
    printf("\n4. 전체검색(명함)");
    printf("\n5. 종료");

  do
    {
      printf("\n\n   : select operation -> ");
      i = atoi(gets(s));
    } while (i < 0 || i > 5);
  return i;
  }

void main(void)
  {
    char *fname = "NAMECARD.DAT";
    char name[NAME_SIZE];
    int i;
    card *t;
    init_card();
    while ((i = select_menu()) != 5)
```

```c
      {
     switch (i)
       {
     case 1 : input_card();
           break;
     case 2 : printf("\n    Input name to delete -> ");
           gets(name);
           if (!delete_card(name))
              printf("\n       Can't find that name.");
           break;
     case 3 : printf("\n    Input name to search -> ");
           gets(name);
           t = search_card(name);
           if (t == NULL)
              {
              printf("\n       Can't find that name.");
              break;
              }
           print_header(stdout);
           print_card(t, stdout);
           break;
     case 4 : t = head->next;
           print_header(stdout);
           while (t != tail)
              {
              print_card(t, stdout);
              t = t->next;
              }
           break;
       }
     }
   save_cards(fname);
   printf("\n\nProgram ends...");
  }
```

CHAPTER **8**

트리 자료구조

이 장에서는 앞에서 배운 선형 자료구조와는 달리 비선형 자료구조의 하나인 트리 구조에 대하여 살펴본다. 먼저 트리의 정의와 트리에 관한 용어, 루트노드, 부모노드, 자식노드, 형제노드, 트리의 깊이, 레벨 등에 대하여 설명한다. 트리는 일반적으로 노드가 가질 수 있는 자식노드의 최대 개수에 제한이 없는 일반 트리를 말하지만 컴퓨터에서는 자료를 저장하기 편리한 이진트리를 주로 다룬다. 일반 트리는 왼쪽자식-오른쪽형제 노드로 표현하면 이진트리로 바꿀 수 있다.

이진트리를 컴퓨터에 표현하는 방법은 두 가지가 있다.

첫째는 배열 자료구조를 이용하는 방법이다. 이 방법은 트리를 레벨 순으로 같은 레벨에서는 왼쪽부터 오른쪽으로 순서대로 배열에 저장하는 방법이다. 간편한 장점이 있다. 둘째는 연결리스트를 사용하는 방법이 있다. 이 방법은 트리의 구조에 따라 유연하게 기억 장소를 효율적으로 사용할 수 있는 장점이 있다.

제 8 장에서 학습할 내용은 다음과 같다.

8.1 트리의 개념
8.2 이진트리
8.3 이진트리의 저장

8.1 트리의 개념

8.1.1 트리 자료구조

트리는 나무를 거꾸로 세운 모습을 모형화한 자료 구조이다. 트리 자료구조는 왜 필요할까 생각해보자. 트리 구조를 컴퓨터에 저장하면 더 효율적인 처리되는 자료들이 있다. 계층적인 데이터 형태들은 트리에 저장하면 자연스럽게 표현된다. 예를 들면, 그림 1은 행정구역 데이터를 트리로 표현한 것이다. 행정구역 자료들은 계층적인 표현이 더 자연스러우며 특정 데이터의 소속이 명확히 표현된다. 트리 자료구조에 해당되는 것들은 회사나 정부의 조직 구조 같은 데이터의 저장, 인덱스 파일의 생성 등이다. 인덱스는 계층적 자료 구조로 자료 검색을 쉽게 해준다.

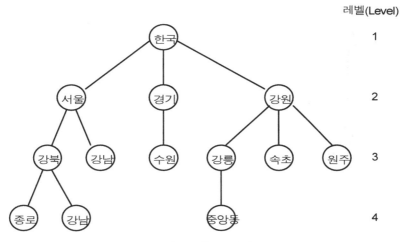

그림 1: 계층구조의 예

■ 트리의 정의

트리는 1개 이상의 노드를 갖는 자료의 집합으로 노드들은 다음과 같은 조건을 만족한다.

① 트리에는 루트(root)라고 부르는 특별한 노드가 있다.
② 루트 이외의 다른 노드들은 원소가 중복되지 않는 n개의 부속 트리 (subtree) T_1, T_2, …, T_n으로 나누어지며 T_i 각각은 루트의 부속 트리라고 부른다.
   (트리는 사이클이 없는 그래프 (acyclic graph)이며 계층 구조를 이룬다.)
   일상생활에서의 트리는 그림 2와 같다. 루트노드, 서브트리, 잎노드 등 컴퓨터 자료구조의 트리에 관한 용어는 여기서 나온 것이다. 그림 3은 일상생활의 트리를 거꾸로

그리고 가지와 잎들을 노드라는 데이터 저장소로 표현해 본 곳이다. 부속 트리 T_1, T_2, T_3 또한 트리이다.

그림 2 : 트리와 각 부분의 명칭

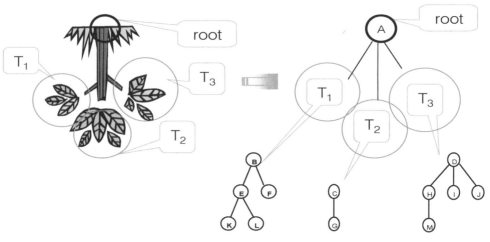

그림 3 : 트리와 트리구조

■ 트리에 관한 용어

그림 4의 예를 보면서 각 부분에 관한 용어를 보자.

- 노드의 차수(degree) : 노드의 부속 트리의 개수
  예 노드 E의 차수는 2이다.
- 트리의 차수(degree of tree) : 트리의 최대 차수
  예 예제 트리의 전체 차수는 3이다.

- 잎(leaf, 단말, terminal) 노드: 차수가 0인 노드, 즉 맨 끝에 달린 노드들이다.

  예 (K, L, F, G, M, I, J)

- 내부(internal, non-terminal) 노드 : 차수가 1 이상인 노드

  예 (A, B, C, D, E, H)

- 부모(parent) 노드 : 부속 트리(subtree)를 가진 노드

  예 K의 부모는 E이다.

- 자식(child) 노드 : 부모에 속하는 부속노드

  예 B의 자식은 E, F이다.

- 형제(sibling) 노드 : 부모가 같은 자식 노드들

  예 I와 J는 서로 형제이다.

- 조상(ancestor) 노드 : 노드의 부모 노드들의 총 집합

  예 K의 조상은 A, B, E이다.

- 자손(descendant) 노드 : 노드의 부속 트리에 있는 모든 노드들

  예 노드 B의 자손은 E, F, K, L이다.

- 레벨(level) : 루트 노드들로부터 깊이(루트 노드의 레벨 = 1)

  예 노드 C의 깊이는 2이다.

- 트리의 깊이(depth of tree) : 트리에 속한 노드의 최대 레벨

  예 트리의 깊이는 4이다.

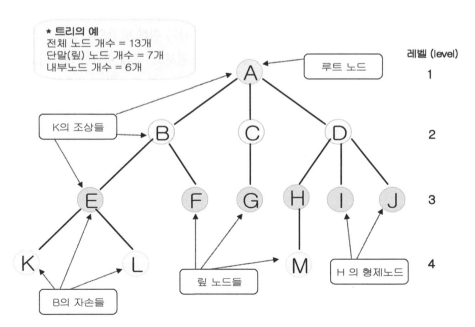

그림 4 : 트리의 예

8.1.2 트리 구조를 컴퓨터 내부에 저장하는 방법

트리 자료를 자료구조화하려면 트리를 프로그램에서 처리할 수 있는 자료로 저장하고 필요한 연산들을 정의한다. 먼저 트리를 저장하는 방법들을 두 가지 살펴본다.

■ n–링크 표현법

연결리스트의 형태로 저장하며, 각 노드에 n 개의 링크 저장 장소를 두고 자식의 개수만큼 링크에 저장한다. 모든 노드는 실제 자식 노드 수에 관계없이 최대 n개의 링크를 갖는다. 각 링크는 부속 트리가 저장된 곳을 링크한다.

★ 차수가 n인 경우 표현된 노드

data	link 1	link 2	· · ·	link n

※ 참고 : 트리를 리스트 형태로 표현하는 방법 - 괄호를 사용하여 같은 레벨에 있는 노드들을 같은 괄호로 묶는다. 그림 4의 트리를 예로 들면 다음과 같다.

예 (A(B(E(K,L),F),C(G),D(H(M),I,J)))

■ 왼쪽자식노드–오른쪽형제노드 표현 방법

자식의 수에 따라 링크의 개수가 변하는 단점을 극복하기 위한 방법으로 모든 노드에 링크를 2개씩 둔다. 첫째 링크는 첫 번째 자식노드를 표현하고, 둘째 링크는 자신의 오른쪽 형제 노드를 표현한다. 노드의 길이가 2개로 고정되기 때문에 n-링크 방법보다 간편하다. 그림 4의 트리를 왼쪽자식노드-오른쪽형제노드로 표현하면 그림 5와 같이 된다. n-링크 방법에 비하면 이 방법은 각 노드의 크기가 2개의 링크를 갖고 일정하기 때문에, 기억 장소를 절약할 수 있다.

★ 왼쪽자식노드-오른쪽형제노드 표현법

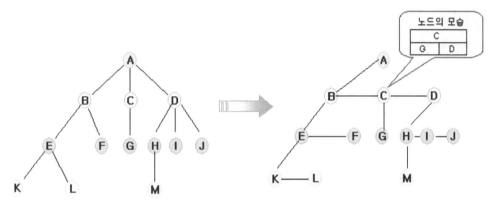

그림 5 : 왼쪽자식노드-오른쪽형제노드 방법으로 저장된 트리

8.1.3 차수가 n인 트리를 차수가 2인 트리로 저장하는 방법

일반트리는 차수가 n으로 n값이 3, 4, 5, ...로 큰 값을 가질 수 있다. 그러나 차수가 큰 트리를 컴퓨터에 저장하려면 기억장소의 낭비가 많기 때문에 차수가 2인 트리로 변환하는 것이 좋다. 차수가 큰 트리는 실제 자식노드 수가 적어도 기억장소는 일단 차수만큼의 확보해야 하기 때문에 공간사용 면에서 매우 비효율적이다. 그림 6의 경우 트리구조를 왼쪽자식노드-오른쪽형제노드 방법과 같이 변형하면 차수가 2인 트리로 바뀐다.

■ 일반트리의 차수 2인 트리로의 변환

트리를 왼쪽자식노드-오른쪽형제노드로 변환하여 그린 다음 45도 시계 방향으로 돌리면 된다. 약간의 수정은 필요하다. 변형 후 모든 노드가 2개 이하의 자식 노드를 갖는다. 즉, 차수가 2인 트리가 된다.

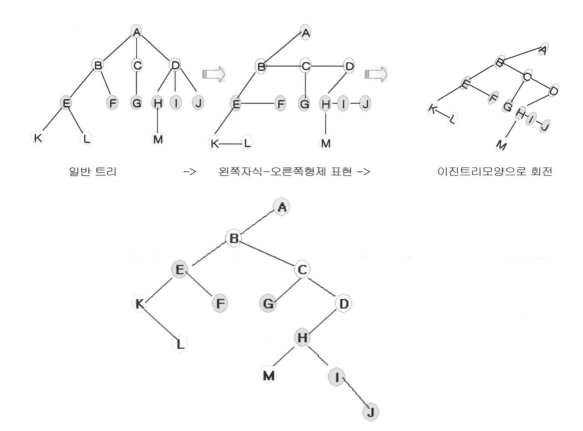

<table>
<tr><td>일반 트리</td><td>-></td><td>왼쪽자식-오른쪽형제 표현 -></td><td>이진트리모양으로 회전</td></tr>
</table>

그림 6 : 왼쪽자식노드-오른쪽 형제노드 표현방법 → 이진트리 모양

8.2 이진(Binary) 트리

일반트리 중에서 자식 노드의 수가 2개 이하인 트리는 특별히 컴퓨터에서 다루기가 쉽고 많이 활용된다. 일반 트리는 앞에서 보았듯이 컴퓨터에 표현하기 어렵기 때문에 이진트리로 바꾼다. 대부분 응용에서 일반 트리보다는 원래부터 이진트리로 표현된 문제가 많다. 이진트리는 단순히 차수가 2인 일반트리와는 정의가 약간 다르다.

> **정의** 이진트리(binary tree)

이진트리는 유한개의 노드로 구성된 트리로

① 비어있거나 혹은
② 루트노드와 2개의 부속 트리로 구성된다. 2개의 부속 트리는 왼쪽 부속 트리, 오른쪽 부속 트라라고 부른다.

※ 주의 : 이진트리는 정의에서 알 수 있듯이 비어있는 트리를 포함하며, 왼쪽과 오른쪽
자식간의 구별이 있다.

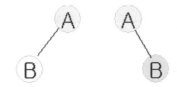

그림 7: 두개의 이진트리의 예: 두 트리는 서로 다른 이진트리이다

■ 이진트리의 성질

· 이진트리는 일반 트리와는 달리 노드가 하나도 없는 경우(empty node)도 이진트리가
된다. 각 노드는 0,1,2개까지 자식노드를 가지며, 그림 7과 같이 왼쪽자식과 오른쪽 자
식은 서로 다른 자식으로 구분된다.

· 이진트리의 최대 레벨이 i 인 경우 트리의 최대 노드의 개수는 $2^{(i-1)}$ 개다.

레벨 1의 최대 노드 개수 = 1

레벨 2의 최대 노드 개수 = 2

레벨 i의 최대 노드 개수 = $2^{(i-1)}$

레벨 i인 트리의 최대 노드 개수는 = $1 + 2 + 4 + 8 + … + 2^{(i-1)} = 2^i - 1$

· 이진트리의 립 노드의 개수 n0 와 차수가 1인 노드의 개수 n1, 차수가 2인 노드의 개
수 n2 에 관한 다음의 등식이 성립한다.

n0 = n2 + 1

(증명)

전체 노드 개수를 n이라고 하면

① n= n2 + n1 + n0 (노드 개수는 세 가지 경우를 합한 것이다)

② n= $2 \times n2 + 1 \times n1 + 0 \times n0 + 1$

(전체노드 수는 자식노드를 곱한 식에다, 루트 노드 1을 더한다.)

두 식을 계산하면 n과 n1 이 소거되어 증명 성립.

■ 일반트리의 이진(Binary) 트리로의 변환 예

차수가 2보다 큰 일반트리는 규칙을 정하여 2진 트리로 바꾸어 저장하면 효율적이다. 일반트리의 첫 번째 자식은 이진트리의 왼쪽 자식으로, 나머지 자식들은 왼쪽자식의 오른쪽 자식들로 저장하는 방법이다. 그림 8의 3가지 예를 보면서 규칙을 익히도록 하자.

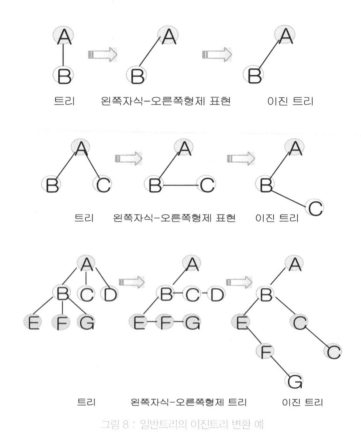

그림 8 : 일반트리의 이진트리 변환 예

■ 이진트리의 여러 가지 모습

• 포화(full) 이진트리(full binary tree of depth k)

| 정의 |

트리의 깊이가 k이며, (k 〉= 0), 2^k - 1 노드를 가진 이진트리

트리 깊이가 1이면 노드가 1개, 2이면 3개, 3이면 7개, 4이면 15개로 노드가 트리에 꽉차 있는 이진트리이다.

그림 9의 (a)는 깊이가 4인 포화이진트리이다.

① **스큐(skewed) 이진트리**

트리의 노드가 왼쪽이나 오른쪽으로 한쪽으로만 노드가 있는 트리이다.

그림 9의 (b)는 왼쪽으로 치우친 스큐(skewed) 이진트리이다.

② **완전(complete) 이진트리(complete binary tree)**

n개의 노드를 가진 complete(완전) 이진트리는 full(포화) 이진트리에서 노드에 1부터 n까지 번호를 붙였을 때 만들어진 트리이다. 마지막 레벨을 제외한 모든 노드가 꽉차있고, 마지막 레벨에서는 왼쪽부터 오른쪽으로 순서대로 차 있게 된다.

그림 9의 (c)는 완전이진트리의 예이다.

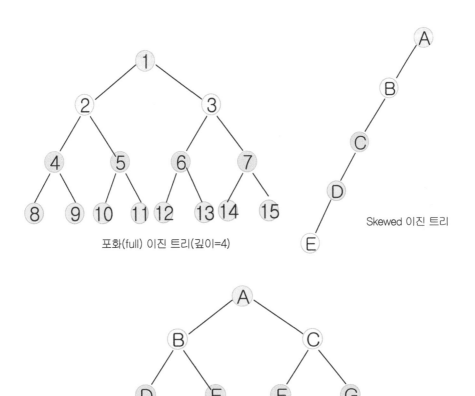

포화(full) 이진 트리(깊이=4)

Skewed 이진 트리

완전(complete) 이진 트리

그림 9 : 여러 가지 이진트리

8.3 이진트리의 저장

이진트리 자료를 저장하기 위해서는 적합한 자료구조가 필요하다. 배열에 저장하는 방법과 연결리스트를 사용하는 방법이 있다.

8.3.1 배열을 이용한 저장

트리를 저장하는 가장 쉬운 방법은 배열 자료구조에 트리를 저장하는 방법이다. 트리의 레벨 순서대로 배열에 순서대로 저장을 해두는 방법이다. 트리의 노드를 레벨순서대로, 같은 레벨의 노드는 왼쪽에서 오른쪽으로 저장한다. 배열이름을 T[ ]라고 하면 루트노드는 T[0]에, 레벨 2의 첫째노드는 T[1]에, 둘째 노드는 T[2]에 저장하는 방식이다. 이렇게 배열에 저장할 경우 임의의 배열 원소의 부모와 왼쪽, 오른쪽 자식을 찾는 함수는 다음과 같이 배열의 인덱스를 살펴보면 쉽게 구할 수 있다.(첨자가 0부터 시작할 경우)

■ 배열에 저장된 트리에서 부모/자식의 위치(첨자 0부터 시작)

---

① 부모 노드의 배열에서의 위치
  $parent(i) = (i - 1) / 2$ if $i \neq 0$:
    (소수점 이하는 버리고 정수 값만 계산한다.)
  $parent(i) =$ 없음   if $i = 0$: (루트노드는 부모가 없다.)
② 왼쪽자식의 위치
  $left\_child(i) = 2i + 1$
③ 오른쪽자식의 위치
  $right\_child(i) = 2i + 2$

※ 주의 : 첨자가 1부터 시작하면 위 식을 약간 바꾸어야 한다.

배열에 이진트리를 저장하는 예를 보도록 하자. 그림 10의 이진트리는 완전이진트리이다. 배열에 저장하면 루트노드부터 하나씩 1차원 배열에 넣으면 된다. 임의의 원소에 대하여 부모와 자식 노드 위치는 위의 식과 같이 찾을 수 있다.
예를 들어 T[6]의 부모는 T[(6-1)/2]이고 T[3] 노드의 왼쪽자식은 T[3×2 +1]이다. 같은 방법으로 T[1]의 오른쪽 자식노드의 위치를 찾아보자.

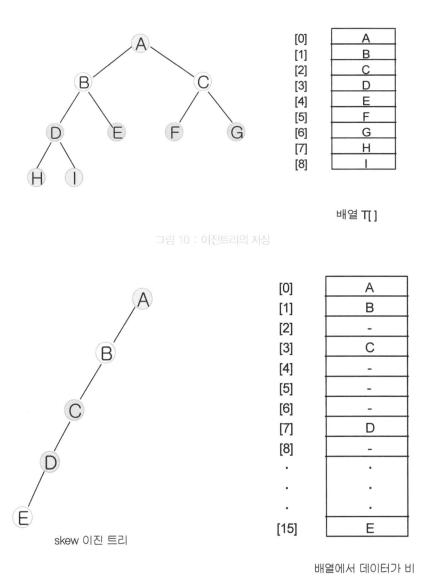

그림 10 : 이진트리의 저장

skew 이진 트리

배열에서 데이터가 비
어있는 곳이 많다.

그림 11 : 스큐(skew) 이진트리의 저장

■ 배열을 이용한 이진트리 저장의 문제점

① 이용하지 않는 저장 공간이 많다.

깊이가 k인 트리에서 전체 필요한 공간은 $S(k) = 2^k - 1$ 이지만 스큐(skewed) 이진트리 처럼 깊이에 비하여 노드 수가 적은 경우 기억 공간 활용율이 낮다. 반면 완전 (complete) 이진트리의 경우 저장에는 효과적이다

② 트리의 최대 깊이를 대비하여 많은 기억장소를 확보하여야 하며, 트리가 예상보다 커 지면 프로그램 수행을 시작하기 어렵다.

8.3.2 연결리스트를 이용한 트리의 표현

이진트리를 저장하는 두 번째 방법은 연결리스트를 이용하는 것이다. 이진트리를 연결리스트로 표현하려면 노드마다 링크 값을 2개를 두어 왼쪽과 오른쪽 자식에 대한 포인터를 저장한다. 앞에서 배운 연결리스트는 1차원 개념이기 때문에 트리를 연결리스트에 저장한다는 의미보다는 트리의 각 노드들을 연결(linked)한다는 표현이 정확하다. 각 노드에 저장될 내용은 다음과 같고, 자료구조는 아래와 같이 선언한다.

① 데이터
② 왼쪽자식에 대한 포인터
③ 오른쪽자식에 대한 포인터

```
struct tnode
{
    int data;
    struct tnode *left_child;
    struct tnode *right_child;
};
typedef struct tnode node;
typedef node *tree_ptr;
```

연결 표현된 노드 구조는 그림 12와 같이 도식화 할 수 있다. 각 노드는 데이터를 저장하는 필드외에 2개의 링크 값, left_child, right_child를 갖는다. 그림 13은 9개의 노드를 갖는 완전이진트리를 연결 표현한 것이다. 총 노드는 9개이며 총 링크 값의 수는 18개이다. 또 NULL 값을 갖는 링크값의 수는 10개이다. 트리에 데이터가 증가할 때마다, 새로운 노드를 생성하여 붙여주면 된다. 그림 14는 앞의 스큐 이진트리를 연결 표현한 것이다. 배열과 달리 필요한 데이터만 저장하기 때문에 기억장소 낭비가 적다.

그림 12 : 트리 노드의 모양

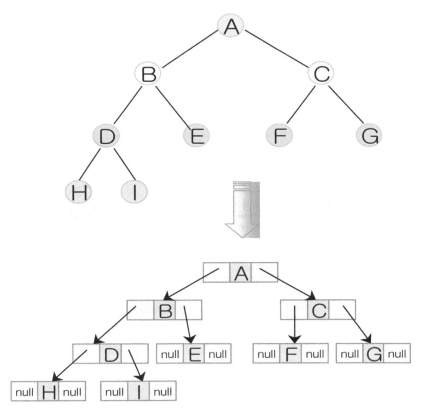

그림 13 : 연결리스트로 표현한 트리 예1

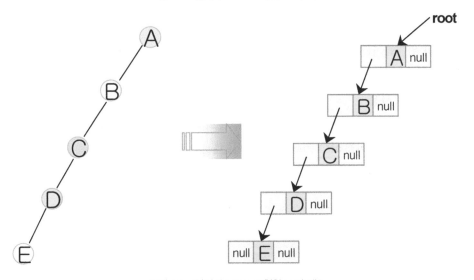

그림 14 : 연결리스트로 표현한 트리 예2

참고 **이진트리를 연결리스트로 표현하는 다른 방법**

그림 15와 같이 필드를 한 개 추가하여 부모노드에 대한 포인터를 저장한다. 그러나 트리를 다룰 때 링크 3개를 관리해야 하므로 복잡하여 잘 사용하지 않는다.

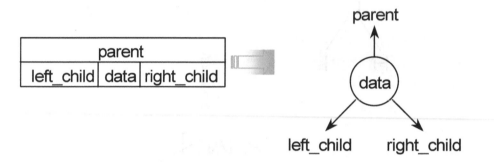

그림 15 : 3개의 링크를 사용한 트리노드 예

■ 이진트리 저장 방법의 비교 : 배열과 연결리스트

① **배열 사용**

• 저장이 편하다.

• 노드의 위치를 쉽게 알 수 있다. 첨자가 0부터 시작한다고 할 때,

  m 레벨의 k 번째 노드의 위치는 $(2^{(m-1)} -1) + k - 1$ 이다.

② **연결리스트 사용**

• 트리의 크기와 깊이에 관계없이 노드 수 만큼의 데이터를 저장한다.

• 트리의 크기가 증가하여도 기억장소에서 노드를 확보하여 트리를 구성할 수 있다.

• 트리 전체를 탐색하는 알고리즘이 배열보다는 복잡하다.

 **정리**Review

- 트리 구조에 컴퓨터에 저장하면 더 효율적인 처리되는 자료들이 있다. 계층적인 데이터 형태들은 트리에 저장하면 자연스럽게 표현된다. 트리를 가장 많이 활용하는 응용은 대량의 데이터 검색에서 사용하는 인덱싱이다.

- 트리는 중요한 자료구조 중의 하나이다. 이 장에서는 트리의 기본 개념, 부모노드, 자식노드, 형제노드, 이진트리 등에 대하여 살펴보았다.

- 일반트리 중에서 자식 노드의 수가 2개 이하인 트리는 특별히 컴퓨터에서 다루기가 쉽고 많이 활용된다. 이진트리는 단순히 차수가 2인 일반트리와는 정의가 약간 다르다. complete 이진트리, full 이진트리, skewed 이진트리 등이 있다.

- 이진트리 자료를 저장하기 위해서는 적합한 자료구조가 필요하다. 배열에 저장하는 방법과 연결리스트를 사용하는 방법이 있다. 배열은 간단한 반면, 기억공간 효율성, 확장성에 문제가 있다. 연결리스트 방식은 트리의 노드에 자식 노드를 가리키는 포인터를 사용하여 자식 노드와 연결을 시킨다. 배열은 완전이진트리처럼 노드가 많이 차 있는 응용에 경우 효율적이며, 스큐 이진트리와 같이 트리구조가 동적일 때는 연결리스트를 사용하는 방법이 더 효율적이다.

1. (이진트리 구조)

다음 트리구조를 보고 질문에 답을 하시오.

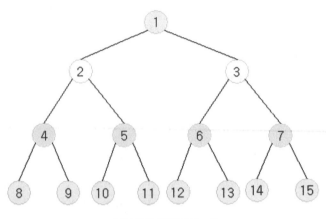

full 이진 트리(깊이=4)

(1) 트리의 깊이는?

(2) 노드번호 6의 형제노드는?

(3) 노드번호 6의 조상노드들은?

(4) 노드번호 6의 오른쪽 자식 노드는?

(5) 트리를 배열 X[ ]에 저장하였을 때(첨자 0부터 시작), X[6]에 저장되는 데이터는?

(6) 연결리스트로 저장한다면 전체 노드의 수는?

(7) 연결리스트로 저장할 경우, 링크필드의 전체 개수는?

(8) 연결리스트로 저장할 경우, 전체 링크필드 중 링크에 값이 있는 필드의 수는?
   (NULL이 아닌 필드)

(9) 연결리스트로 저장할 경우, 링크의 값이 NULL인 필드의 수는?

2. (일반트리)

이진트리에 관한 다음의 질문에 답을 하시요.

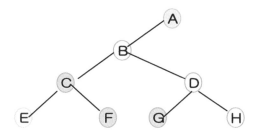

(1) 위 이진트리는 일반트리를 왼쪽자식-오른쪽형제(left child - right sibling) 저장 방법
에 의하여 표현한 것이다. 원래 일반트리의 모양을 그려라.

(2) 위 이진트리를 배열 X[ ]에 저장하였을 때(첨자 0부터 시작) X[10]에 저장되는 자료는
어느 것인가?

3. (이진트리)

이진트리의 노드 수를 세는 문제에 대하여 답하여라(루트 노드의 레벨을 1로 가정한다).

(1) 깊이가 4인 포화이진트리의 노드 개수는 모두 몇 개인가?

(2) 깊이가 k인 포화이진트리의 노드 개수는 모두 몇 개인가?

(3) 깊이가 4인 완전이진트리의 노드 개수는 (최대, 최소) 몇 개인가?

(4) 깊이가 k인 완전이진트리의 노드 개수는 (최대, 최소) 몇 개인가?

(5) 어떤 완전이진트리가 립노드의 개수가 5개이라면, 이 트리의 최소 깊이는 얼마가 될
수 있는가?

(6) 일반 이진트리에서 자식이 2인 노드의 수가 10개이고, 자식이 1개인 노드 수가 10개
라면 전체 노드의 수는 몇 개인가?

CHAPTER **9**

트리의 탐색

트리의 탐색은 컴퓨터에 저장된 트리 자료구조의 각 노드를 방문하는 알고리즘을 말한다. 즉 트리의 각 노드를 방문하여 노드에 저장된 데이터를 검색하거나 노드에 저장된 데이터를 변경하는 작업을 하는 것을 말한다. 경우에 따라서는 노드 전체를 방문하여 전체 데이터를 처리하는 작업을 할 수도 있다. 이러한 작업을 탐색이라고 한다.

탐색에서 노드를 방문하는 순서에 따라 여러 가지 방법이 생길 수 있고, 필요에 따라 특정한 방문 순서를 택해야 하는 경우가 있다. 트리의 탐색은 트리의 루트 노드를 언제 방문하느냐에 따라 중위탐색, 전위탐색, 후위탐색으로 나누며, 레벨이 낮은 순서대로 탐색을 하는 레벨 탐색이 있다.

또 탐색을 효율적으로 하기 위하여 트리의 구조를 변경하여 속도를 빠르게 할 수 있다. 쓰레드 트리는 쓰레드 (thread) 개념을 이용하여 이진트리의 탐색 속도를 높인다.

그 밖에 이진트리의 복사, 이진트리를 비교하는 프로그램들을 통해서 탐색 과정을 응용해보자.

제 9 장에서 학습할 내용은 다음과 같다.

9.1 이진트리 탐색 알고리즘
9.2 쓰레드(Threaded) 이진트리
9.3 이진트리를 다루는 알고리즘

9.1 이진트리 탐색 알고리즘

트리의 탐색은 트리의 각 노드를 방문하여 필요한 작업을 하는 것을 말한다. **탐색 (traversal)**은 운행, 순항 등으로도 부른다. 트리를 탐색하는 방법은 어떠한 방법이 있는 지 알아보도록 하자.

트리의 노드를 방문하는 방법은 다음과 같은 4가지 방법들을 생각해 볼 수 있다.
그림 1의 트리에 대하여 4가지 방법의 탐색결과를 보자.

방법 1: 레벨 탐색 : 레벨이 낮은 순으로 방문

A B C D E F G H

그러나 보통은 레벨 순보다는 트리를 탐색할 때는 한쪽 부속트리를 다 탐색하고 다른 쪽 트리를 탐색을 하는 방법이 필요할 때가 많다. 따라서 아래 3가지 방법이 나올 수 있다.

방법 2 : 왼쪽트리 L -〉 루트 A -〉 오른쪽트리 R
방법 3 : 왼쪽트리 L -〉 오른쪽 트리 R -〉 루트 A
방법 4 : 루트 A -〉 왼쪽트리 L -〉 오른쪽트리 R

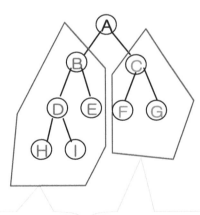

그림 1 : 트리의 예

앞의 방법 1은 가장 간단하다. 즉 레벨 순서대로 트리를 탐색하면 된다. 그러나 더 많이 쓰이는 방법은 2, 3, 4 이다. 2, 3, 4의 경우 왼쪽 트리를 L, 오른쪽 트리를 R, 그리고 루트

노드의 방문을 V로 표시하면, 루트 노드의 방문 순서가 왼쪽과 오른쪽 트리에 대하여 언제 방문하는가에 따라 다음의 탐색 방법으로 표시할 수 있다.

① 중위탐색(inorder traversal) : LVR (Left Visit Right)
② 전위탐색(preorder traversal) : VLR (Visit Left Right)
③ 후위탐색(postorder traversal) : LRV (Left Right Visit)

트리를 탐색하는 방법 연습 : 그림 1의 트리의 예에서 4가지 탐색 방법에 따라 방문되는 노드를 살펴보면 다음과 같다.

방법 1 : 레벨 순　 : A B C D E F G H I
방법 2 : 중위탐색 : H D I B E A F C G
방법 3 : 전위탐색 : A B D H I E C F G
방법 4 : 후위탐색 : H I D E B F G C A

9.1.1 중위탐색(inorder traversal)

중위탐색은 왼쪽 트리 → 루트노드 → 오른쪽 트리 순으로 방문을 하게 된다. 그런데 여기서 주의할 점은 왼쪽 트리를 방문할 때, 왼쪽 트리 자체가 트리이기 때문에 왼쪽 트리 안에서도 다시 중위탐색을 한다.

그러므로 왼쪽 트리로 간 다음 왼쪽 트리의 왼쪽 트리, 왼쪽 트리의 루트노드, 왼쪽 트리의 오른쪽 트리 순이 된다. 노드가 1개 있는 트리는 왼쪽과 오른쪽 자식이 없기 때문에 바로 방문을 한다. 이 알고리즘은 다음과 같다. 트리 탐색 알고리즘은 **순환 알고리즘 (recursive algorithm)**이 간단하다.

```
/* 프로그램 9-1 이진트리의 중위탐색 – 순환 알고리즘 */
void inorder(tree_ptr ptr)
{
   if(ptr) {
      inorder(ptr->left_child);
      printf("%d",ptr->data);
      inorder(ptr->right_child);
   }
}
```

설명

연결표현된 트리의 포인터 ptr이 주어졌을 때, 중위탐색 inorder( )는 먼저 트리가 NULL 인지 점검한다. NULL이면 아무 결과없이 반환된다. NULL이 아닌 경우 트리 탐색을 하는데, 트리의 왼쪽 트리(ptr-〉left_child)를 가지고 inorder( ) 호출을 하고, 왼쪽 트리가 끝나면 루트노드인 ptr-〉data 값을 출력하고, 다음 트리의 오른쪽 트리(ptr-〉right_child)를 가지고 inorder( ) 호출을 한다. 순환 알고리즘이므로 잘 분석을 하여야 한다.

참고 **순환 알고리즘(recursive algorithm)**

트리를 탐색하는 프로그램들은 앞에서 보았듯이 순환 알고리즘으로 작성되어 있다. 순환 알고리즘이란 프로그램이 자기 자신을 호출하는 프로그램을 말한다. 순환 알고리즘에 대응되는 말은 반복 알고리즘이다. 예를 들면 팩토리얼(factorial number), 피보나시(fibonacci number), 이진탐색(binary search), 하노이 탑 문제(tower of Hanoi), 퀵정렬(quick sort) 등이 있다.

예 n! 함수는 다음과 같이 정의된다.
6! = 6 * 5 * 4 * 3 * 2 * 1 이다.

■ 반복 알고리즘

factorial을 프로그램으로 작성하면 1부터 n 까지 곱한 값을 누적하면 된다.

```
/* factorial 함수를 구하는 반복 알고리즘 */
int factorial(int n)
{
    int f =1, i=1;
    for(i =1; i <= n; i++)
    { f = f * i; }
    return f;
}
```

■ 순환 알고리즘

위 프로그램을 순환 알고리즘으로 작성하면 다음과 같다.
factorial 함수의 정의를 다음과 같이 해석하면 된다.

```
6! = 6 * 5! (단 1! = 1)
```

```
/* factorial 함수를 구하는 순환 알고리즘 */
int factorial(int n)
{
    if (n ==1) return 1
    else return ( n * factorial(n-1) );
}
```

● 중위탐색 예 1

그림 2의 트리를 중위탐색으로 탐색하면 다음과 같은 순서로 진행된다.

① 왼쪽 트리(B D E H I), 루트(A), 오른쪽 트리(C F G)이기 때문에 왼쪽 트리를 방문해야 한다.

② 왼쪽 트리(B D E H I)가 트리를 구성하기 때문에, 왼쪽 트리를 다시 중위 방문을 하면 다음과 같은 방법들을 생각해 볼 수 있다. 왼쪽 트리(H D I), 루트(B), 오른쪽 트리(E)

③ 다시 왼쪽 트리를 (H D I)를 중위탐색을 하면 왼쪽 트리(H), 루트(D), 오른쪽 트리(I)가 된다.

④ 왼쪽 트리(H)를 중위탐색을 하면, 왼쪽(없음), 루트노드(H), 오른쪽 트리(없음)이 되기 때문에 H가 결과가 되고 출력된다(출력 ⇒ H)

⑤ 3번으로 돌아가서 루트를 방문(출력 ⇒ HD)하고, 오른쪽 트리(I)를 다시 중위탐색을 한다.

⑥ 오른쪽 트리(I)를 중위탐색을 하면, 왼쪽(없음), 루트노드(I), 오른쪽 트리(없음)이 되기 때문에 I가 결과가 되고 출력된다(출력 ⇒ HDI)

⑦ 3번이 끝났으므로 2번에서 루트방문(출력 ⇒ HDIB)오른쪽 트리(E)를 방문한다(출력 ⇒ HDIBE)

⑧ 2번이 끝나면 1번의 루트방문(출력 ⇒ HDIBEA)하고1번의 오른쪽 트리를 방문한다.

⑨ 1번의 오른쪽을 마찬가지 중위탐색을 하면 결과는⇒ HDIBEAFCG 가 된다.

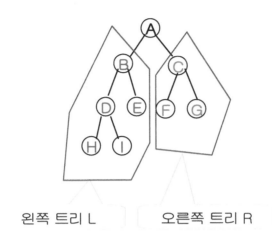

그림 2 : 트리의 중위탐색(결과: HDIBEAFCG)

- **중위탐색 예 2** : 그림 3의 트리가 있다고 하자. 수식을 트리로 표현한 것이다. 이 트리를
  중위탐색으로 방문해보자. 결과는 중위표기식과 같게 된다. 왜 그런지 생각해보자.

  결과 ⇒ A / B * C * D + E (중위표기식)

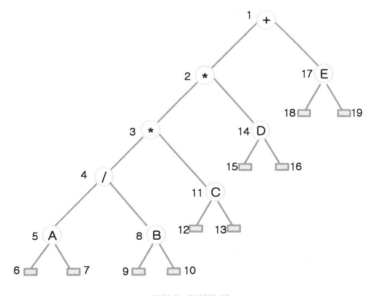

그림 3: 트리의 예

그림 3의 트리를 중위탐색 프로그램에 적용하면 다음과 같은 순서로 진행된다. 호출노드
번호는 그림 3의 노드 번호이다. 6, 7은 노드가 아닌 NULL 값에 해당되는 값이다. 맨 처
음 1번 노드의 + 값에 대하여 inorder()를 호출하면 프로그램 내에서 출력결과없이 1번
노드의 왼쪽자식노드인 2번 노드를 가지고 inorder()를 호출한다. inorder()가 순환 알고

리즘이므로 이러한 호출을 계속하게 되며, 아래 호출/return을 반복하는 과정을 아래 설명한 것이다.

순서	호출노드 번호	루트의 값	동작
1	1	+	없음
2	2	*	없음
3	3	*	없음
4	4	/	없음
5	5	A	없음
6	6	NULL	없음
7	5	A	printf
8	7	NULL	없음
9	4	/	printf
10	8	B	없음
11	9	NULL	없음
12	8	B	printf
13	10	NULL	없음
14	3	*	printf

순서	호출노드 번호	루트의 값	동작
15	11	C	없음
16	12	NULL	없음
17	11	C	printf
18	13	NULL	없음
19	2	*	printf
20	14	D	없음
21	15	NULL	없음
22	14	D	printf
23	16	NULL	없음
24	1	+	printf
25	17	E	없음
26	18	NULL	없음
27	17	E	printf
28	19	NULL	없음

■ 중위탐색 알고리즘의 반복 알고리즘

트리 탐색을 꼭 순환 알고리즘으로 작성해야 하는 것은 아니다. 프로그램 9-2는 중위탐색 알고리즘을 반복적인 알고리즘으로 작성한 것이다. 방문하면서 과거 노드를 기억하였다가 호출하였던 반대 순으로 돌아오는 LIFO 순으로 기억을 해야 하기 때문에 스택을 사용하였다. 순환 알고리즘과 비교하여 보자.

```
/* 프로그램 9-2 이진트리의 중위탐색 - 반복적 알고리즘 */
void iter_inorder(tree_ptr node)
{
  int top = -1;
  tree_ptr stack[MAX_STACK_SIZE];
  while(1) {
    while(node) {
```

```
        push(&top, node);
        node = node->left_child;
    }
    node = pop(&top);
    if(!node) break;
    printf("%d", node->data);
    node = node->right_child;
  }
}
```

설명

중위탐색을 순환 알고리즘이 아닌 반복 알고리즘으로 작성하면 프로그램이 조금 복잡해진다. 먼저 루트노드에서 왼쪽 트리로 내려가면서 자식들을 스택에 push한다. 끝에 도달하면 노드를 방문하고 다음 방문지는 스택에서 pop을 하여 pop한 노드의 오른쪽 자식에 대하여 다시 왼쪽으로 내려가면서 push를 한다. 방문할 곳이 없으면 계속 pop을 하면 된다. 이 방법이 어떻게 중위탐색을 하는지 그림 1의 트리에 대하여 적용하여 보자.

9.1.2 전위탐색(preorder traversal)

전위탐색은 루트노드 → 왼쪽트리 → 오른쪽트리 순으로 방문을 하게 된다. 중위탐색과 마찬가지로 왼쪽 트리를 방문할 때 왼쪽트리 자체가 트리이기 때문에, 왼쪽트리에서도 다시 전위탐색을 한다. 그러므로 왼쪽트리의 루트노드, 왼쪽트리의 왼쪽트리, 왼쪽트리의 오른쪽트리순이 된다. 노드가 1개 있는 트리는 왼쪽과 오른쪽 자식이 없기 때문에 바로 방문을 한다. 이 알고리즘은 프로그램 9-3과 같다. 마찬가지로 순환 알고리즘이다.

```
/* 프로그램 9-3 이진트리의 중위탐색 - 반복적 알고리즘 */
void preorder(tree_ptr ptr)
{
  if(ptr) {
    printf("%d", ptr->data);
    preorder(ptr->left_child);
    preorder(ptr->right_child);
  }
}
```

설명

연결 표현된 트리의 포인터 ptr이 주어졌을 때, 전위탐색 preorder( )는 먼저 트리가 NULL인지 점검한다. NULL이면 아무 결과없이 반환된다. NULL이 아닌 경우 트리 탐색을 하는데, 전위탐색이므로 먼저 루트노드 자신을 방문하고, 트리의 왼쪽 트리(ptr-〉left_child)를 가지고 preorder( ) 호출을 하고, 왼쪽 트리가 끝나면 오른쪽 트리(ptr-〉right_child)를 가지고 preorder( ) 호출을 한다.

9.1.3 후위탐색(postorder traversal)

후위탐색은 왼쪽 트리 → 오른쪽 트리 → 루트노드 순으로 방문을 하게 된다. 중위탐색과 마찬가지로 왼쪽 트리를 방문할 때, 왼쪽 트리 자체가 트리이기 때문에 왼쪽 트리에서도 다시 후위탐색을 한다. 그러므로 왼쪽 트리의 왼쪽 트리, 왼쪽 트리의 오른쪽 트리, 왼쪽 트리의 루트노드 순이 된다. 노드가 1개 있는 트리는 왼쪽과 오른쪽 자식이 없기 때문에 바로 방문을 한다. 알고리즘은 프로그램 9-4와 같다.

```
/* 프로그램 9-4 : 이진트리의 후위탐색 */
void postorder(tree_ptr ptr)
{
   if(ptr) {
      postorder(ptr->left_child);
      postorder(ptr->right_child);
      printf("%d", ptr->data);
   }
}
```

설명

연결표현된 트리의 포인터 ptr이 주어졌을 때 후위탐색 postorder( )는 먼저 트리가 NULL인지 점검한다. NULL이면 아무 결과없이 반환된다. NULL이 아닌 경우 트리 탐색을 하는데, 트리의 왼쪽 트리(ptr-〉left_child)를 가지고 postorder( ) 호출을 하고, 왼쪽 트리가 끝나면 오른쪽 트리(ptr-〉right_child)를 가지고 postorder( ) 호출을 한다. 후위탐색이므로 루트노드 자신은 마지막에 방문한다.

9.1.4 레벨 탐색(level order traversal)

레벨 탐색은 레벨 1 노드들 → 레벨 2 노드들 → 레벨 3 노드들 → … 순서대로 탐색을 한
다. 레벨 i를 탐색할 때 방문 노드의 자식 노드를 저장을 해둔 다음 레벨 i를 다 방문하면
다음 방문지는 저장해둔 노드를 꺼내어 방문한다. 이 때 저장해 둔 노드들은 먼저 저장된
노드를 먼저 꺼내어 방문을 하면 된다. 즉 큐(FIFO) 자료구조를 사용해야 되는 것이다.

그림 4의 트리의 경우 레벨 순으로 방문을 하면 다음과 같다.
⇒ 1 2 3 4 5 6 7 8 9 10 11 12 13 14 15

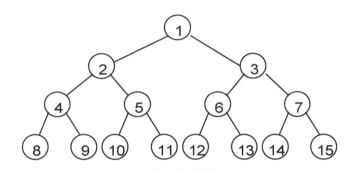

그림 4: 트리의 예

■ 레벨 순서 탐색 알고리즘 − 큐의 사용

```
/* 프로그램 9-5 : 이진트리의 레벨탐색 */
void level_order(tree_ptr ptr)
{
    int front = rear = 0;
    tree_ptr queue[MAX_QUEUE_SIZE];
    if(!ptr) return;
    add(front,&rear,ptr);
    for(;;) {
        ptr = delete(&front, rear);
        if(ptr) {
            printf("%d", ptr->data);
            if(ptr->left_child)
                add(front,&rear,ptr->left_child);
            if(ptr->right_child)
                add(front, &rear,ptr->right_child);
```

```
        }
      else break;
    }
  }
```

설명

레벨 순으로 방문을 하므로 임의의 레벨을 방문할 때, 노드들의 자식 노드들을 큐에 저장해 놓는다. 다음 방문은 큐에서 원소를 꺼내어 방문한다. 루트 노드는 프로그램 편의상 먼저 큐에 add 하고 for문 반복이 시작되면 루트노드부터 delete 하여 방문을 시작한다. 방문할 곳이 없으면 break을 하게 된다.

9.1.5 트리탐색 프로그래밍

실제 이진트리를 구성하여 탐색하는 프로그램을 작성해보자. 이진트리는 비어있는 이진트리에 노드 값을 하나씩 추가하여야 한다. 새로 추가되는 노드가 기존 트리에 추가되면 보통은 립노드로 추가된다. 이 절에서는 이진 탐색트리라는 이진트리를 만들고, 구성된 트리를 탐색하는 프로그램을 작성하여 보았다.

■ 이진 탐색트리의 구성

이진 탐색트리(binary search tree, BST)는 이진트리 구조에 검색 대상 데이터를 저장하는 방법이다. 즉 비어있는 트리에 키값을 저장하되, 키값이 작은 값은 왼쪽 트리로 키값이 크면 오른쪽 트리에 저장을 한다. 모든 노드는 키값을 갖고 있으며, 같은 키값을 갖는 경우는 없다. 왼쪽 부속 트리의 모든 노드의 키값은 루트의 키값보다 작고, 오른쪽 부속 트리의 모든 노드의 키값은 루트의 키값보다 크다.

```c
/* 프로그램 9-6 : 이진트리의 생성 treetraversal.c */
#include <stdio.h>

struct tnode {
      int data;
      struct tnode * left_child;
    struct tnode * right_child;
```

```
    };
  typedef struct tnode node;
  typedef node *tree_ptr;

  tree_ptr insert(tree_ptr head, int number)
  {
    tree_ptr temp=NULL;
    tree_ptr insertpoint = NULL;
    /* head 값이 NULL 이면 빈 트리이므로 노드를 만들고 head 값을 반환한다. */
    if(! head)
    { temp = (tree_ptr)malloc(sizeof(node));
      temp->data = number;
      temp->left_child = temp->right_child = NULL;
        return temp;
    }
    /* head 값이 NULL 이 아니면 */
    insertpoint = head;
    for( ; ; )
    {
       //printf("%d **", insertpoint->data);
    if ((insertpoint->data > number) && (insertpoint->left_child != NULL))
         insertpoint = insertpoint->left_child;
    else if (insertpoint->data == number) return head;
    else if ((insertpoint->data < number) && (insertpoint->right_child != NULL))
         insertpoint = insertpoint->right_child;
    else break;
    }
       temp = (tree_ptr)malloc(sizeof(node));
       temp->data = number;
       temp->left_child = temp->right_child = NULL;
       if (insertpoint->data < number) insertpoint->right_child = temp;
       else insertpoint->left_child=temp;
       return head;
  }
```

설명

tree_ptr insert() 함수는 트리 포인터 head와 삽입할 데이터 number를 입력 받아 이진
탐색트리의 성질에 맞게 number를 트리에 삽입한다. 비어있는 트리면 삽입되는 데이터

가 루트가 되면서 프로그램이 끝나며, 그렇지 않으면 삽입할 노드의 위치 insertpoint를 찾는다. insertpoint는 루트부터 비교하면서 저장된 값이 number보다 크면 왼쪽 트리로, 그렇지 않으면 오른쪽 트리로 내려가는 과정을 반복한다. 잎노드에 이르면 삽입을 한다.

■ 이진 탐색트리 중위탐색

앞에서 구성된 이진 탐색트리(binary search tree, BST)에 대하여 중위탐색하는 프로그램과 수행 결과를 보면 다음과 같다.

```c
/* 프로그램 9-7 이진트리 탐색 실험 main() : treetraversal.c */
void inorder(tree_ptr ptr)
{
    if(ptr)
    {
        inorder(ptr->left_child);
        printf("%d ",ptr->data);
        inorder(ptr->right_child);
    }
}

int main()
{
    int i, number[10] = {23, 24, 42, 13, 28, 56, 32, 14, 31, 17};
    tree_ptr head = NULL;
    /* 데이터10개 로 트리를 미리 구성, 구성 방법은 이진 탐색트리 */
    for(i=0; i < 10; i++)
    {
        head = insert(head,number[i]);
    };
    /* 중위탐색 */
    inorder(head);
}
```

(수행결과)

```
13 14 17 23 24 28 31 32 42 56
```

설명

먼저 비어있는 트리에 10개의 데이터를 삽입하기 위하여 insert() 함수를 반복 호출한다. 호출이 끝나면 변수 head는 트리를 가리키는 포인터가 되며, head 값을 inorder 함수에 전달하여 inorder()를 호출한다.

insert() 프로그램 수행 후 구성된 이진 탐색트리는 다음 그림과 같다.

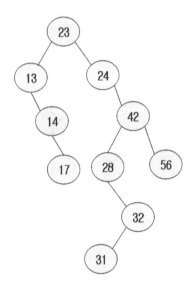

9.2 쓰레드(Threaded) 이진트리

이진트리를 중위탐색할 때, 일정한 순서에 따라 노드를 탐색하게 된다. 이때 노드 탐색의 순서에 따라 미리 다음 방문지 노드를 연결시켜 놓으면 훨씬 검색 속도가 빠르게 된다. 노드의 링크에서 자식이 없는 노드에 링크 노드에 링크 필드 값을 NULL로 비워두지 말고 오른쪽 링크는 다음 방문할 곳들, 왼쪽 링크는 바로 앞 방문했던 노드를 가리키도록 한다.

이진트리 경우 전체 노드 수가 n 개이면 링크의 수는 2n 개이며 이 중 n+1개의 링크는 NULL 값으로 비어있게 된다. 이 n+1개의 링크를 활용한다, 이 링크를 **쓰레드(thread)** 라고 부른다.

■ 쓰레드 값의 저장 구조

쓰레드 값은 비어있는 링크 값이 왼쪽인지 오른쪽인지에 따라 다음과 같이 구축한다. 그림 5는 쓰레드 이진트리의 예이다. 점선은 쓰레드를 나타낸다. 예를 들어, 노드 E의 경우 왼쪽 빈 링크값에 B를, 오른쪽 빈 링크값에 A를 저장한다.

- 왼쪽 링크가 비어있으면(if ptr-〉left_child is null),

  ⇒ 노드의 링크 값을 중위 탐방 순서의 바로 전 노드 값을 저장한다.
- 오른쪽 링크가 비어있으면(if ptr-〉right_child is null),

  ⇒ 노드의 링크 값을 중위 탐방 순서의 바로 다음 노드 값을 저장한다.

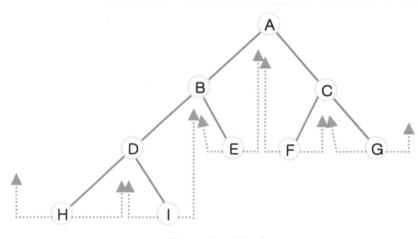

그림 5: 쓰레드 이진트리

■ 링크 값과 쓰레드 값의 구분

노드의 링크에 저장된 값이 자식 노드에 대한 포인터인지, 쓰레드인지 구분을 어떻게 하는가? 따로 필드를 두어서 표시하여야 한다. 필드 변수 이름은 left_thread and right_thread라고 이름을 붙인다. 이 값들은 논리값 TRUE, FALSE 값을 갖는다.

변수 값 :

- ptr-〉left_thread = TRUE   : ptr-〉left_child 가 thread 값일 경우
- ptr-〉left_thread = FALSE   : ptr-〉left_child 가 왼쪽 자식일 경우
- ptr-〉right_thread = TRUE   : ptr-〉right_child 가 thread 값일 경우
- ptr-〉right_thread = FALSE : ptr-〉right_child 가 오른쪽 자식일 경우

■ 쓰레드 트리를 위한 노드의 선언과 구조

쓰레드 트리를 만들기 위해서는 일반 트리와 같으나, 쓰레드인지 구분하는 필드를 2개 더 두게 된다. 그림 6은 쓰레드 이진트리의 노드를 그림으로 그린 것이다.

```
struct tnode
{
   short int left_thread;
   struct tnode *left_child;
   char data;
   struct tnode *right_child;
   short int right_thread;
};
typedef struct tnode threaded_tree;
typedef threaded_tree *threaded_ptr;
```

left_thread	left_child	data	right_child	right_thread

그림 6 : 쓰레드 이진트리의 노드모양

■ 쓰레드 트리의 헤드노드

쓰레드 트리에서는 왼쪽 끝과 오른쪽 끝의 두 노드는 가리킬 곳이 없으므로 전체 트리를 관리하는 헤드노드(머리노드)를 둔다. 트리가 비어있어도 머리노드는 남아있게 된다. 그림 7은 헤드노드의 구조를 나타낸 것이다. 데이터를 저장하지 않는 것을 제외하고는 다른 노드와 같은 구조이다.

그림 8은 그림 1의 이진트리를 쓰레드 이진트리로 나타낸 것이다.

left_thread	left_child	data	right_child	right_thread
TRUE		——		FALSE

그림 7 : 쓰레드 이진트리의 머리모양 노드

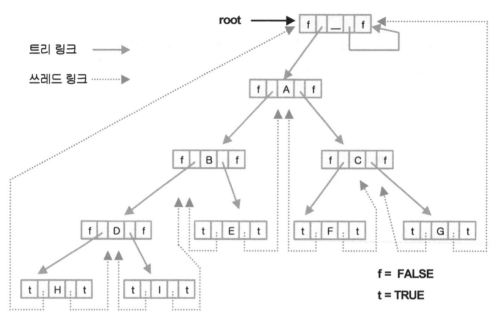

그림 8 : 머리노드를 가진 쓰레드 이진트리 예

■ 쓰레드 트리의 중위탐색 알고리즘

이진트리를 쓰레드 트리로 바꾼 후에는 중위탐색을 편하게 할 수 있다. 자식노드가 있으면 자식노드에 대한 링크 값을 바로 알 수 있고 자식노드가 없으면 쓰레드 링크에 다음 방문지 링크 값이 포함되어 있으므로 역시 바로 찾을 수 있다. 이 과정을 알고리즘으로 설명하면 다음과 같다.

먼저 임의의 노드의 다음 방문 링크를 찾는 insucc() 함수를 만들어 보자. 쓰레드 트리의 중위탐색에 대한 다음 노드 값 찾기 함수 insucc()는, 노드의 포인터 값 tree를 인자로 주면 반환되는 값은 중위탐색의 다음 방문 노드이다. 예를 들어 그림 8의 경우 중위탐색순서는 HDIBEAFCG 이다. insucc(노드B포인터)의 결과는 노드 E의 포인터 값이고, insucc(노드 E 포인터)의 결과는 노드 A의 포인터 값이다.

```
/* 프로그램 9-8 : 쓰레드 이진트리 – insucc 함수 */
threaded_ptr insucc(threaded_ptr tree)
{
    threaded_ptr temp;
    temp = tree->right_child;
```

```
        if(!tree->right_thread)
            while(!temp->left_thread)
                temp = temp->left_child;
        return temp;
    }
```

설명

insucc 함수는 중위탐색의 다음 방문지를 찾는 함수이다. 임의의 노드가 주어지면 다음 방문지는 오른쪽 링크 값이 쓰레드이면, 오른쪽 값 tree-〉right_child이 결과이다. 오른쪽 링크 값이 쓰레드가 아니면, 다음 방문노드는 오른쪽에 있는 자식의 왼쪽 링크 값을 while 문을 이용해 따라 내려가야한다.

쓰레드트리의 중위탐색 알고리즘은 루트 노드에서 시작하여서 다음 노드를 계속 찾아나가면 된다. 앞에서 다음 노드를 찾는 insucc() 함수를 계속하여 호출하면 중위탐색 프로그램을 작성할 수 있다.

```
/* 프로그램 9-9 : 쓰레드 이진트리 - tinorder 함수 */
void tinorder(threaded_ptr tree)
{
    threaded_ptr temp = tree;
    for(;;) {
        temp = insucc(temp);
        if(temp = tree) break;
        printf("%3c", temp->data);
    }
}
```

설명

트리의 헤드노드 값에서 시작하여 insucc 함수를 계속 호출한다. 다시 헤드노드에 도달하면 끝이 난다. insucc 함수의 결과는 그림 8의 경우 HDIBE... 순서로 노드의 포인터 값을 반환한다.

■ 쓰레드 이진트리에 새로운 노드를 첨가 방법

쓰레드 트리에서 임의의 노드의 오른쪽 자식으로 노드를 삽입하려면, 이진트리에 비하여 필요한 작업이 많아진다. 그림 8의 예를 들면, 노드 B의 오른쪽에 노드 D를 삽입하려면 노드 D의 오른쪽과 왼쪽 링크 값, 노드 B의 오른쪽 링크값, 루트 노드의 오른쪽 링크값들을 수정해야 한다. 그림 9의 경우처럼, 오른쪽 자식이 있는 경우, 노드 X를 삽입하려면 마찬가지로 링크값들을 모두 수정해야 한다.

```
algorithm thread_insert_right(쓰레드 트리의 오른쪽 자식 삽입)
{
    1) parent->right_threaded 를 FALSE 로 변경
    2) child->left_thread 과 child->right_thread 를 TRUE 로 변경
    3) child->left_child 를 parent 로 변경
    4) child->right_child 를 parent->right_child 로 변경
    5) parent->right_child 를 child 로 변경
}
```

```
/* 프로그램 9-10 : 쓰레드 이진트리 - insert 함수 */
/* 쓰레드 트리에서 임의의 노드의 오른쪽에 새로운 노드를
                삽입하는 프로그램 */
void insert_right(threaded_ptr parent, threaded_ptr child)
{
  threaded_ptr temp;
  child->right_child=parent->right_child; ①
  child->right_thread=parent->right_thread; ②
  child->left_child=parent; ③
  child->left_thread=TRUE; ④
  parent->right_child=child; ⑤
  parent->right_thread=FALSE; ⑥
  if(!child->right_thread) { /* 오른쪽 자식이 있는 경우 */⑦
    temp=insucc(child);
    temp->left_child=child;
  }
}
```

설명

insert_right는 쓰레드트리의 오른쪽에 노드를 삽입하는 알고리즘이다. 1, 2, 3, 4번은 삽입되는 노드 child의 자식노드 값과 쓰레드 상태값을 고치는 문장이다. 5, 6은 parent 노드의 오른쪽 자식노드 값과 쓰레드 상태 값을 변경하는 문장이고, 7은 노드 parent 노드 B의 다음노드의 왼쪽 자식 값을 찾아 변경하는 문장이다.

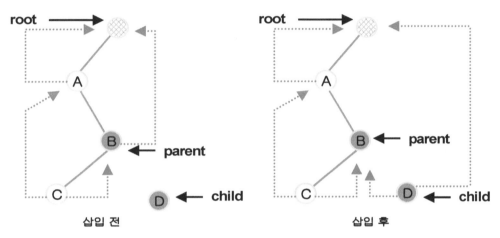

그림 9: 쓰레드 트리에서 임의의 노드의 오른쪽에 새로운 노드를 삽입하는 그림- 오른쪽 자식이 없는 경우

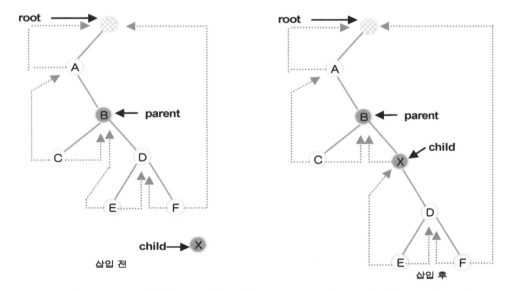

그림 10: 쓰레드 트리에서 임의의 노드의 오른쪽에 새로운 노드를 삽입하는 그림-오른쪽 자식이 있는 경우

9.3 이진트리에 관한 알고리즘

9.3.1 이진트리 복사

이진트리가 있을 때 똑같은 모양의 이진트리를 한 개 더 만든다면 트리를 탐색하면서 새로운 노드를 만날 때마다 노드를 **복사**하여야 한다. 복사는 탐색과정 중에 일어나며 탐색 방법은 여러 가지 탐색 방법 중 택하면 되지만 후위탐색 방법을 이용하여 복사하는 프로그램을 작성해 보자.

```
/* 프로그램 9-11 이진트리 복사 알고리즘 */
tree_ptr copy(tree_ptr original)
{
  tree_ptr temp;
  if(original) {
    temp = (tree_ptr)malloc(sizeof(node));
    if(IS_FULL(temp)) exit(1);
    temp->left_child =
    copy(original->left_child);        ①
    temp->right_child =
    copy(original->right_child);       ②
    temp->data = original->data;       ③
    return temp;
  }
  return NULL;
}
```

설명

트리가 비어있으면 바로 NULL 값을 반환한다. 아니면 노드를 malloc 함수를 호출하여 생성하고, 1번에서 왼쪽 링크 값은 원래트리 original의 왼쪽트리를 복사한 링크 값을, 2번에서 오른쪽 링크 값은 원래트리 original의 오른쪽트리를 복사한 링크 값을 넣고, 3번에서 data 값을 복사하여 넣는다.

9.3.2 이진트리 동등비교

두 개의 이진트리가 있을 때 두 이진트리가 모양과 노드에 값이 **똑같은지 비교**하려면 두 개의 이진트리를 탐색하면서 노드를 만날 때마다 두 트리의 노드의 값을 비교하면 된다. 탐색 방법은 여러 가지 탐색 방법 중 택하면 되지만 전위탐색 방법을 이용하여 비교하도록 하자.

```
/* 프로그램 9-12 : 이진트리 동등 비교 알고리즘 */
int equal(tree_ptr first,tree_ptr second)
{
    return ((!first && !second) ||
        (first && second
            && (first->data == second->data)
            && equal(first->left_child, second->left_child)
            && equal(first->right_child, second->right_child)));
}
```

설명

알고리즘은 1개의 문장으로 되어있다. 두개의 트리 first와 second가 모두 NULL이면 참이다. 모두 NULL이 아니면, 데이터 값이 같아야하고, 왼쪽트리의 구조와 값이 같고, 오른쪽트리의 구조와 값이 같으면 참이 된다.

정리^{Review}

- 트리는 중요한 자료구조 중의 하나이다. 또 트리에 관한 대부분 프로그램은 트리의 탐색에서 시작한다. 이 장에서는 트리의 탐색 방법으로 중위탐색, 전위탐색, 후위탐색과 레벨탐색에 대한 알고리즘을 살펴보았다. 탐색은 대부분 순환 알고리즘을 이용하여 작성된다.

- 이진트리를 효율적으로 탐색하는 방법은 트리구조를 쓰레드(thread) 구조로 바꾸는 방법이 있다. 중위탐색을 효율적으로 하기 위한 방법으로 노드의 링크 값 중 사용하지 않는 값을 중위탐색의 다음이나, 전 방문 노드를 가리키도록 하는 방법이다. 자료구조를 변경하여 프로그램의 효율성을 높이는 대표적인 예이다.

- 이진트리를 효율적으로 탐색하는 방법은 트리구조를 쓰레드(thread) 구조로 바꾸는 방법이 있다. 중위탐색을 효율적으로 하기 위한 방법으로 노드의 링크 값 중 사용하지 않는 값을 중위탐색의 다음이나, 전 방문 노드를 가리키도록 하는 방법이다. 자료구조를 변경하여 프로그램의 효율성을 높이는 대표적인 예이다.

- 이진트리에 관한 알고리즘이 많이 있지만 이진트리의 복사 알고리즘, 동등성 검사 알고리즘을 통하여 좀 복잡한 알고리즘에 대하여 살펴볼 수 있다.

1. (트리의 탐색)

다음 트리를 보고 질문에 답을 하시요.

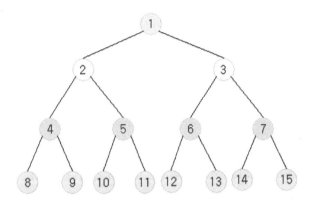

(1) 중위탐색을 했을 때 탐색되는 결과는?

(2) 후위탐색을 했을 때 탐색되는 결과는?

(3) 전위탐색을 했을 때 탐색되는 결과는?

(4) 깊이가 4인 포화(full) 이진트리의 노드의 개수는 15개 이다. 깊이가 5인 포화 이진트리의 노드의 개수는 몇 개인가?

(5) 깊이가 5인 포화 이진트리의 노드수를 깊이가 5인 스큐(skewed) 이진트리의 노드수로 나눈 값은?

2. (쓰레드 이진트리)

아래 이진트리를 중위탐색을 위한 쓰레드(threaded) 이진트리로 표현하고자 한다.

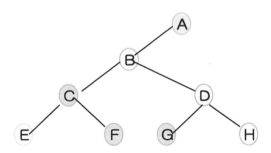

(1) 트리의 전체 노드의 개수는 8개이고 링크 필드 개수는 16개이다. 쓰레드(threaded) 트리가 아닌 일반 이진트리로 표현했을 때, NULL 값을 갖는 링크 필드의 개수는 몇 개인가?

(2) 위 트리를 이진탐색 쓰레드(threaded) 이진트리로 그려라. (head 노드 포함하여 그려라)

(3) 쓰레드(threaded) 이진트리를 구성했을 때, 전체 링크 필드의 개수는 16개이다(헤드 노드 제외). 쓰레드 링크 필드의 개수는 몇 개인가?

(4) 쓰레드(threaded) 이진트리를 구성한 후 중위탐색을 하고자 한다. 첫 노드에서 마지막 노드까지 탐색할 때, 쓰레드 링크를 따라가는 횟수는 몇 번인가?

(5) 위 트리를 후위탐색을 위한 쓰레드 이진트리를 구성한다면(오른쪽 threaded link가 후위탐색 순서의 다음 노드 가리킴, 왼쪽은 이전 노드 가리킴) 트리의 모양을 그려라. (head 노드 포함하여 그려라)

1. (이진 탐색트리 프로그래밍)

이진 탐색트리를 구성하고 트리 탐색에 관한 프로그래밍을 하고자 한다. 교재에 포함된 이진 탐색트리 프로그램을 이용하여, 다음 데이터에 대하여 이진 탐색트리를 구성하고 다음의 탐색결과를 구하여라.

> (38 58 13 15 51 27 10 19 12 86 49 67 84 60 25 43 89 83 37 66)

(1) 중위탐색 결과를 출력하여라.

(2) 전위탐색 프로그램 preorder()를 작성하고, 수행 결과를 출력하여라.

(3) 이진 탐색트리에 저장된 데이터 값을 모두 더하는 프로그램을 작성하고 결과를 출력 하여라.

    int treesum(tree_ptr head);

(4) 이진 탐색트리의 깊이를 구하는 프로그램을 작성하고 결과를 출력하여라.

    int treedepth(tree_ptr head);

(5) 이진 탐색트리의 리프노드의 개수를 구하는 프로그램을 작성하고 결과를 출력하여라.

    int treeleaf(tree_ptr head)

CHAPTER **10**

정렬

자료구조와 알고리즘 분야는 밀접한 관계에 있다. 자료구조에 따라 알고리즘의 효율이 바뀐다. 트리나 그래프에서 이러한 예를 많이 살펴보았다. 자료구조를 좀 복잡하게 가져가면 알고리즘의 효율성을 높이는 예들이 많이 있다. 정렬 알고리즘은 이러한 것을 보여주는 대표적인 알고리즘이다. 정렬은 컴퓨터가 발달하면서 가장 많이 연구되고 개발되어온 알고리즘 분야이다. 이 장에서는 기본적인 정렬 알고리즘인 버블, 삽입 정렬을 살펴보고 좀 더 효율적인 정렬 방법인 퀵정렬과 힙정렬을 살펴본다. 버블과 삽입정렬은 평균 수행시간의 복잡도가 O(n²)이고 퀵정렬과 힙정렬은 평균 수행시간의 복잡도가 O(nlogn)이다.

데이터가 100개인 경우 어느 정렬프로그램이나 비슷한 시간이 걸린다. 그러나 데이터가 약 1,000,000개 있다고 가정해보자. 어떤 정렬 알고리즘의 평균 수행복잡도가 O(n²)일 경우 약 1,000,000,000,000번의 비교 연산을 한다고 예상할 수 있다. 그렇지만 복잡도가 O(nlogn)일 경우 필요한 비교 연산은 1,000,000 * 20번으로 줄어들 수 있다.

제 10 장에서 학습할 내용은 다음과 같다.

주소록이나 은행의 고객 리스트, 혹은 서울시 주민의 명단 같은 데이터가 있다고 생각해 보자. 이 데이터를 컴퓨터에 저장하는 이유는 저장 후 사용을 하기 위해서이다. 즉 필요한 데이터를 검색하기 위해서이다. 그런데 이 리스트의 데이터를 아무렇게나 입력된 순서대로 둔다면 검색 시간이 어떻게 될까?

컴퓨터에서 다루는 데이터의 수는 1,000개일 수도 있지만 1백만 개, 1억 개인 경우가 훨씬 더 많다. 이 데이터를 이름순서나, 주민등록번호순으로 정리해 둔다면 찾는 과정이 훨씬 쉬워진다. 정렬은 데이터 검색을 빠르게 해준다.

정렬 방법은 데이터를 주 기억장치에서 하는지 혹은 보조 기억장치에서 하는지에 따라 크게 다음과 같이 나눈다.

① **내부정렬(internal sorting)**

데이터의 크기가 주 기억장소 용량보다 적을 경우 주 기억장소를 활용하여 정렬하는 방법이다. 내부정렬은 버블정렬(bubble sort), 삽입정렬(insertion sort), 선택정렬(selection sort), 퀵정렬(quick sort), 쉘정렬(shell sort), 힙정렬(heap sort) 등의 방법이 있다.

② **외부정렬(external sorting)**

데이터의 크기가 주기억장소의 용량보다 클 경우, 외부 기억장치(디스크, 테이프 등)를 사용하여 정렬하는 방법이다. 외부정렬은 머지정렬(merge sort) 방법이 있다.

앞으로 설명할 정렬을 위한 데이터는 구조체 타입 element에 다음과 같이 저장되어 있다고 가정한다.

```
#define MAX_SIZE 1000
typedef struct {
    int key;
    /* 그 밖의 데이터들 */
    } element
element list[MAX_SIZE];
```

10.1 버블정렬(bubble sort)

버블정렬은 정렬이 진행되는 모양이 비누거품(bubble)과 같다고 하여 붙여진 이름이다. 나란히 있는 두개의 데이터를 계속하여 비교하면서 바꾸어 나간다.

■ 버블정렬 과정

N개의 데이터가 배열 list에 list[0]부터 list[n-1]에 저장되어 있다고 가정하자. 그림 1의 예제 데이터를 보면서 과정을 살피자. 매 단계를 거칠 때 마다 그림의 원 안에 있는 데이터는 정렬된 상태가 된다.

- 1단계 : list[i]와 list[i+1]를 i = 0, 1, 2, …, n-2에 대하여 차례로 비교하여, 만약 뒤 데이터가 값이 더 작으면 바꾼다. 이 과정을 거치면 가장 큰 값이 맨 뒤로 이동한다.
- 2단계 : list[i]와 list[i+1]를 i = 0, 1, 2, …, n-3에 대하여 비교하여, 만약 뒤 데이터가 값이 더 작으면 바꾼다. 이 과정을 거치면 두 번째 큰 값이 뒤에서 두 번째에 위치한다.
- 3단계 : list[i]와 list[i+1]를 i = 0,1,2, …, n-4에 대하여 비교하여, 만약 뒤 데이터가 값이 더 작으면 바꾼다. 이 과정을 거치면 세 번째 큰 값이 뒤에서 세 번째에 위치한다.
  …
- n-1단계 : list[i]와 list[i+1]를 i = 0에 대하여 비교하여, 만약 뒤 데이터가 값이 더 작으면 바꾼다. 이 과정을 거치면 n-1번째 큰 값이 뒤에서 2번째(n-1)번째에 위치한다.

위의 단계는 전체 n-1단계이다. 각 과정에서 n-1, n-2, n-3, …, 1번 비교를 하게 된다. 이 과정을 프로그램으로 for 문을 사용하여 작성하면 버블정렬이 된다.

■ 버블정렬 프로그램

```
/* 프로그램 10-1 버블정렬 : bubblesort.c */
/* list에 대한 기본 버블정렬 알고리즘 */
void bubble_sort(element list[], int n)
{
   int i, j;
   element next;
   for(i = n-1; i>0; i--) {              /*1*/
    for(j = 0; j < i; j++) {            /*2*/
      if(list[j] > list[j + 1] {        /*3*/
```

```
          swap(list[j], list[j + 1]);       /*4*/
       }
     }
   }
}
```

설명

버블정렬의 가장 바깥쪽 루프는 전체 n-1번이다. 안쪽 루프의 인덱스 j는 0부터 i-1번 반복한다. 3번 문장에서 앞뒤 두 데이터를 비교하여 뒤쪽 데이터가 더 크면 4번 문장에서 swap() 함수를 호출하여 바꾼다. swap 함수는 두 데이터 위치를 바꾸는 함수로 생략한다.

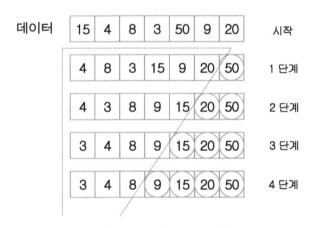

그림 1 : 버블 정렬의 예와 각 단계 진행 과정

■ 버블정렬 프로그램의 분석

버블 알고리즘에서 필요한 연산은 몇 번일까? 버블 알고리즘에서 가장 많이 진행되는 연산은 알고리즘의 /*3*/번 문장이다. 버블정렬 프로그램의 각 단계별 첨자의 변화는 다음과 같다. 또 프로그램의 if 문에서 비교를 하게 되며 비교횟수(필요에 따라 교환)는 아래와 같다.

(단계)	(첨자 변화)	(비교 횟수)
1단계 :	i=n-1 : j=0,1,2,…,n-2	n-1번
2단계 :	i=n-2 : j=0,1,2,…,n-3	n-2번
3단계 :	i=n-3 : j=0,1,2,…,n-4	n-3번
…		…
n-2단계 :	i=2 : j=1,0	2번
n-1단계 :	i=1 : j=0	1번

따라서 정렬을 하기위한 전체 비교횟수 T(n) = n(n-1)/2 이다. 비교 횟수로 따지면 수행 시간복잡도는 O(n(n-1)/2) = O(n²)이다. n에 관한 2차 함수로 프로그램 수행 시간이 걸린다.

■ 개선된 버블정렬

버블정렬의 매 단계에서 데이터의 이동이 한 번도 일어나지 않으면 다음 단계로 진행할 필요가 없다. 즉 중간단계에서 정렬이 끝나면 더 이상 비교와 교환이 필요 없다. 각 단계를 수행할 때 데이터의 이동이 있었는지 "flag" 변수를 사용하여 점검한다.

```c
/* 프로그램 10-2 개선된 버블정렬 */
/* 개선된 버블정렬 알고리즘 */
void bubble_sort(element list[], int n)
{
   int i, j;
   int flag = 1;
   element next;
   for(i = n - 1; flag > 0; i--)
   {   /*1*/
      flag = 0;
      for(j = 0; j < i; j++)        /*2*/
      {
         if(list[j] > list[j + 1]
         { swap(list[j], list[j + 1]);/*3*/
            flag = 1;
         }
      }
   }
}
```

설명

버블 알고리즘을 개선하는 방법으로 어느 단계에서 데이터 교환이 없다면 더 이상 프로그램 진행을 할 필요가 없다는 점을 이용한다. 데이터 교환이 없는지 변수 flag로 점검한다. 1번 문장의 for 문이 매 반복시 flag를 0으로 설정하고, 3번 문장에서 swap이 일어나면 flag이 1로 바뀐다. 바깥 루프는 flag이 0 상태로 그대로 있으면 끝나게 된다.

10.2 삽입정렬(Insertion Sort)

삽입정렬은 j = 1, …, n-1에 대하여 각 단계에서 list[j]를 앞 방향으로 비교해가면서 교환해 나간다. 더 작은 값이 나오면 멈춘다. 처음 j=1, 2, 3순서대로 진행을 하기 때문에, j번째 진행될 때는 j-1개의 앞쪽 데이터는 정렬이 끝난 상태이다. list[i]에 대하여 앞으로 진행하며 값을 찾아가는 과정이 된다. list[j]가 앞으로 이동하면서 list[j]보다 큰 데이터를 한 칸씩 뒤로 이동시킨다.

■ 삽입정렬 과정

n개의 데이터가 배열 list에 list[0]부터 list[n-1]에 저장되어 있다고 가정하자.

- 1단계 : list[1]을 list[0]과 비교하여 만약 뒤 list[1] 데이터가 값이 더 작으면 바꾼다. 이 과정을 거치면 list[1], list[2]는 정렬된 상태가 된다.
- 2단계 : list[2]을 list[1], list[0]과 순서대로 비교하여 만약 뒤 데이터가 값이 더 작으면 바꾼다. 이 과정을 거치면 list[i], i = 0, 1, 2는 정렬된 상태가 된다.
- 3단계 : list[3]을 list[i], i = 2,1,0 순서대로 비교하여 만약 뒤 데이터가 값이 더 작으면 바꾼다. 이 과정을 거치면 list[i], i = 0, 1, 2, 3은 정렬된 상태가 된다.
    …
- n-1단계 : list[n-1]을 list[i], i = n-2,n-3, 2, 1, 0 순서대로 비교하여 만약 뒤 데이터가 값이 더 작으면 바꾼다. 이 과정을 거치면 list[i], i = 0, 1, 2, 3, …, n-1은 정렬된 상태가 된다.

설명

위의 단계는 전체 n-1단계이다. 각 단계에서 교환을 하다가 더 작은 값이 나오면 멈추어도 된다. 각 과정에서 1, 2, 3, …, n-2번 비교를 하게 된다. 이 과정을 프로그램으로 for 문을 사용하여 작성하면 삽입정렬이 된다.

■ 삽입정렬 프로그램

```c
/* 프로그램 10-3 삽입정렬 : insertionsort.c */
/* 삽입정렬 - 데이터를 앞으로 이동하면서 끼워넣는다 */
void insertion_sort(element list[], int n)
{
  int i, j;
  element next;
  for(i = 1; i < n; i++)        /*1*/
  {
    next = list[i];
    for(j = i - 1; j >= 0 && next.key < list[j].key; j--) /*2*/
      { list[j + 1] = list[j]; }
    list[j + 1] = next;
  }
}
```

설명

삽입정렬의 가장 바깥쪽 루프는 1번 문장에서 전체 n-1번이다. 안쪽 루프의 인덱스 j는 i-1부터 0까지 i번 반복한다. 앞의 데이터와 비교하면서 진행되며 앞 데이터가 더 작으면 멈춘다. 마지막에 next를 멈춘 위치에 놓는다.

∘ 삽입정렬의 예와 각 단계 진행 과정 - n = 5, n = 5, 입력데이터 : (5, 4, 3, 2, 1)

i	[0]	[1]	[2]	[3]	[4]	
–	3	2	5	1	4	0단계 : 초기데이터
1	2	3	5	1	4	1단계 : 데이터 3를 2와 비교 앞으로 이동
2	2	3	5	1	4	2단계 : 데이터 5을 3과 비교 이동없음
3	1	2	3	5	4	3단계 : 데이터 1를 5,3,2순으로 비교이동
4	1	2	3	4	5	4단계 : 데이터 4을 5와 비교 이동

■ 삽입정렬 프로그램의 분석

삽입정렬 프로그램의 각 단계별 첨자의 변화는 다음과 같다. 프로그램의 if 문에서 비교를 하게 되며 비교횟수(필요에 따라 교환)는 아래와 같다.

```
(단계)          (첨자 변화)                    (비교횟수)
1단계 :         i=1 : j=0                      1번
2단계 :         i=2 : j=1,0,                   2번
3단계 :         i=3 : j=2,1,0                  3번
    ...                                          ...
n-2단계 :       i=n-2 : j=n-3, ..., 2,1,0      n-2번
n-1단계 :       i=n-1 : j=n-2, ..., 2,1,0      n-1번
```

각 단계에서 비교횟수는 비교 값보다 더 작은 값이 나오면 멈추므로 실제 더 적으나 최대를 가정한다. 따라서 정렬을 하기위한 전체 비교횟수 $T(n) = n(n-1)/2$이다. 비교 횟수로 따지면 수행시간복잡도는 $O(n(n-1)/2) = O(n^2)$이다.

10.3 퀵정렬(Quick Sort)

퀵정렬은 정렬 속도가 빠르다 해서 붙여진 이름이다. 그러나 앞의 버블정렬과 선택정렬보다는 속도가 빠르지만 더 빠른 방법들도 있다. 정렬과정을 보자.

■ 퀵정렬 방법

[1단계]

리스트에서 기준값(pivot value) 1개를 지정한 다음, 리스트의 데이터들을 앞과 뒤 양쪽에서 가운데 쪽으로 비교해 오면서 기준값보다 큰 값을 리스트 앞에서 찾고, 기준값보다 작은 값은 리스트의 뒤쪽에서 찾아서 맞교환한다. 이 과정이 끝나면 리스트는 자연스럽게 두개로 분리된다. 기준값은 리스트의 비교하여 오면서 만나는 위치에 둔다.

1단계를 거치면 데이터결과는 기준값보다 작은 값들, 기준값, 기준값보다 큰 값들) 순으로 배치된다.

[2단계]

첫 번째 과정이 끝난 후 만들어진 두 개의 리스트(기준값보다 작은 리스트와 큰 리스트)에 대하여 각각 같은 방법으로 첫 번째 과정과 같은 방법으로 분리한다. 기준값은 각각의 리스트 내에서 새로 정한다. 과정 2를 반복하면 나중에 데이터개수가 1개 있는 리스트가 남게 되며 이때는 자동으로 정렬이 끝나게 된다.

■ 퀵정렬 예

퀵정렬과정을 그림으로 보자. 그림 2에서 전체리스트의 첫 번째 데이터를 기준값으로 정하였다. 1번부터 올라가면서 찾은 기준값보다 큰 원소와, n-1번째부터 내려오면서 찾은 기준값보다 작은 원소를 서로 바꾼다. 위 과정을 반복하여 가운데 만날 때까지 진행한다. 기준값 x를 만나는 위치의 데이터와 교환한다. 위 과정을 거치면 그림 2의 2단계가 된다. 다음 기준값 x의 왼쪽 데이터에 대하여 위 과정을 반복한다. 이번에는 x' 를 기준값으로 한다.

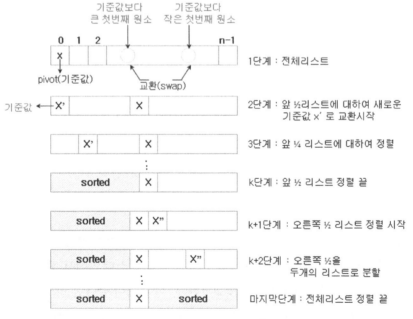

그림 2: 퀵정렬 과정

그림 3의 데이터를 보도록 하자. 데이터는 10개이고 1단계에서 정렬은 R[0]부터 R[9]까지이다. 기준값은 26이고, 37과 19, 61과 15를 바꾼다. 더 이상 바꿀 것은 없으면 기준값 26과 마지막 멈춘 데이터 11과 바꾼다. 26은 정렬이 끝난 상태가 된다. 26의 왼쪽은 26보다

모두 다 작은 값이고, 26의 오른쪽은 모두 26보다 큰 값이다. 2단계는 26의 왼쪽 데이터
인 R[0]부터 R[4]에 대하여 같은 과정을 반복한다. 그림은 8단계까지만 보인 것이다.

R_0	R_1	R_2	R_3	R_4	R_5	R_6	R_7	R_8	R_9	left	right	
26	5	37	1	61	11	59	15	48	19	0	9	1단계
11	5	19	1	15	26	59	61	48	37	0	4	2단계
1	5	11	19	15	26	59	61	48	37	0	1	3단계
1	5	11	19	15	26	59	61	48	37	3	4	4단계
1	5	11	15	19	26	59	61	48	37	6	9	5단계
1	5	11	15	19	26	48	37	59	61	6	7	6단계
1	5	11	15	19	26	37	48	59	61	9	9	7단계
1	5	11	15	19	26	37	48	59	61			8단계

그림 3: 퀵정렬의 예 - 입력데이터(10개)

■ 퀵정렬 알고리즘

```c
/* 프로그램 10-4 퀵정렬 : quicksort.c */
/* 퀵정렬 프로그램 */
void quicksort(element list[], int left, int right)
{
   int pivot, i, j; element temp;
   if(left < right)                              /*1*/
   {
      i = left; j = right + 1;
      pivot = list[left].key;
      do {                                       /*2*/
         do   i++;
         while(list[i].key < pivot && i <= right); /*3*/
         do   j--;
         while(list[j].key > pivot);             /*4*/
         if(i < j)
            SWAP(list[i], list[j], temp);
      } while(i < j);
      SWAP(list[left], list[j], temp);
      quicksort(list, left, j - 1);
      quicksort(list, j + 1, right);
   }
}
```

설명

퀵정렬의 순환 알고리즘이다. 1번 문장은 첨자 값이 뒤집히면 끝나기 위한 조건이다. 2번 문장은 데이터를 교환하기 위한 반복문이다. 3번 문장은 left 첨자부터 올라가면서 기준값보다 큰 원소를 찾는 반복문이고, 4번 문장은 right 첨자부터 내려오면서 기준값보다 작은 원소를 찾는 반복문이다.

■ 퀵정렬의 수행시간 분석(time complexity)

퀵정렬의 수행시간은(평균 수행시간) 수식으로 계산을 해 낼 수 있다. n개의 데이터에 대한 수행 시간을 T(n)이라고 하면, 첫 번째 단계를 거치면 기준값(pivot value)을 중심으로 n/2개의 리스트가 2개가 생긴다. 이렇게 두개의 분리된 리스트로 만들기 위해서는 데이터 n개에 대하여 n번의 비교를 해야 한다. T(n)을 정렬을 위한 전체 비교 횟수라고 하면 첫 번째 단계를 거치면서 다음과 같은 식을 유도해 낼 수 있다.

즉, 전체비교회수 = (n번 비교) + 2 * (n/2개의 데이터 정렬에 필요한 비교회수)

$$T(n) \leq cn + 2T(n/2)$$

마찬가지로 나머지 데이터에 대하여 계속 반복을 한다면

$$
\begin{aligned}
T(n) &\leq cn + 2T(n/2) \\
&\leq cn + 2(cn/2 + 2T(n/4)) \\
&\leq 2cn + 4T(n/4) \\
&\bullet\bullet\bullet \\
&\leq cn\log_2 n + nT(1) = O(n\log_2 n)
\end{aligned}
$$

따라서 데이터의 크기 분포가 고르다면 평균 수행시간은 **$O(n\log_2 n)$**이 된다.

그러나 데이터분포가 고르지 않다면, 예를 들어, 이미 정렬되어 있다면 기준값이 한쪽 끝 값을 갖는다. 따라서 매 단계 데이터가 1개씩만 정렬이 된다. $T(n) = n + T(n-1)$이므로 최악시간은 $O(n^2)$이다. (식을 풀어보기 바란다.)

10.4 힙정렬(Heap Sort)

힙정렬은 **힙(heap)**이라는 자료구조에서 시작한다. 먼저 힙에 대하여 살펴본다.

10.4.1 힙 구조

힙(heap)은 트리 중에서 부모노드의 원소 값이 자식노드의 원소 값보다 큰 완전 이진트리이다. 정확히 말하면 부모노드의 값이 큰 경우 Max Heap이라고 하고 작은 경우를 Min Heap이라고 한다. Max Heap을 힙이라고 부르기로 한다. 힙 구조에서 가장 큰 값의 위치는 루트에 있으며 가장 작은 값은 잎 노드 중에 있게 된다. 힙은 완전 이진트리 이므로 트리 구조이지만 배열에 저장하는 것이 더 효율적이다. 트리를 배울 때 완전 이진트리를 배열에 저장하는 것에 대하여 배운바 있다.

■ 힙 자료구조의 선언과 저장

그림 4는 힙구조의 예이고, 힙을 위한 자료구조 선언은 다음과 같다. 그림 5는 힙 자료를 배열에 저장한 모습이다.

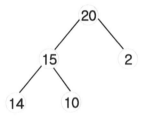

그림 4: 힙 구조의 예

```
/* 힙을 위한 자료구조 선언 */
#define MAX_ELEMENTS 200
#define HEAP_FULL(n) (n == MaX_ELEMENTS - 1)
#define HEAP_EMPTY(n) (!n)
typedef struct {
    int key;
    /* other field */
} element;
element heap[MAX_ELEMENTS];
int n = 0;
```

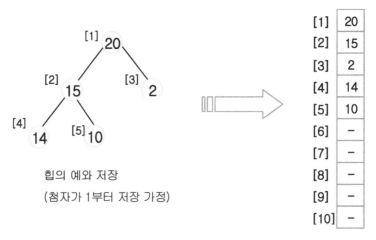

힙의 예와 저장

(첨자가 1부터 저장 가정)

그림 5: 힙의 예와 저장(첨자는 1부터 저장 가정)

힙정렬은 힙구조의 루트노드에서 데이터를 하나씩 꺼내오면서 정렬하는 방법이다. 이렇게 하려면 힙구조를 만드는법, 힙구조에서 데이터를 꺼낸 후 다시 힙을 구성하는 법 등을 알아야 한다. 그림 6의 (a)는 5개의 데이터로 된 힙구조이다. 새로운 노드를 (b)와 같이 트리의 마지막 노드로 삽입한다고 하자. (c)는 5를 마지막에 삽입한 후 힙이 되도록 재구성한 것이다. 5가 삽입되면 루트 값 2보다 값이 더 크므로 2와 교환하여 힙을 재구성하였다. (d)는 21을 (a) 힙의 마지막에 삽입하고 힙 성질을 만족하도록 2, 21 순으로 부모모드와 바꾼 것이다. 알고리즘은 다음과 같다.

■ 힙에 새로운 노드의 삽입 과정

① 새로운 노드의 위치를 정한다 - 마지막 레벨의 마지막 노드 - (b) 참조
② 삽입할 데이터를 새로운 노드에 놓는다.
③ 새로운 노드와 부모를 비교하여 부모가 더 작으면 바꾸는 과정을 루트에 도달할 때까지 계속한다. 부모 노드의 위치는 i/2에 있다. 수행 시간은 트리의 높이와 같다. 새로운 노드 삽입의 수행시간 O(h)는 h가 트리의 깊이이면 $\log_2 n + 1$ 이다.

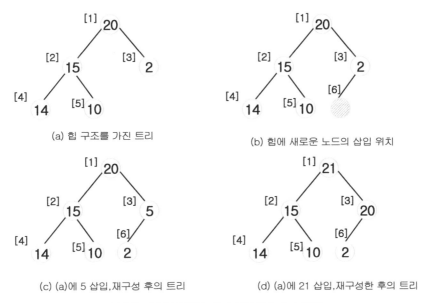

(a) 힙 구조를 가진 트리

(b) 힙에 새로운 노드의 삽입 위치

(c) (a)에 5 삽입,재구성 후의 트리

(d) (a)에 21 삽입,재구성한 후의 트리

그림 6 : 힙에 새로운 노드의 삽입 예 (adjust 과정)

■ 힙에서 삽입 알고리즘

```
/* 프로그램 10-5 최대힙에서 삽입 알고리즘 */
/* 힙에 데이터를 삽입하는 함수 */
void insert_max_heap(element item, int *n)
{
    int i;
    if(HEAP_FULL(*n)) {
        fprintf(stderr, "The heap is full. \n");
        exit(1);
    }
    i = ++(*n);
    while((i!=1)&&(item.key>heap[i/2].key)) { /*1*/
        heap[i] = heap[i/2];
        i = i / 2;
    }
    heap[i] = item;
}
```

설명

item을 힙구조에 삽입하는 알고리즘이다. 1번 문장은 item.key가 부모노드의 키값보다 큰지 비교하며, 루트에 도달할 때까지 진행하도록 하는 while 문이다. 노드 heap[i]의 부모노드는 heap[i/2]에 있다.

■ 힙에서 노드의 삭제(deletion from a max heap)

힙에서의 삭제는 항상 가장 큰 값을 저장하고 있는 루트 노드를 삭제한다. 삭제 후 완전
이진트리가 되도록 재구성한다.

(삭제 후 재구성 방법)

① 마지막 레벨의 마지막 노드를 루트에 올려놓는다.

② 루트노드를 왼쪽 혹은 오른쪽 자식노드와 교환한다.

③ 2번 과정을 트리의 밑으로 내려가면서 계속 반복한다.

탐색시 자식 노드의 위치는 왼쪽자식의 위치(left_child position)는 2i 이고, 오른쪽자식
의 위치(right_child position)는 2i + 1 이다.

■ 힙에서 노드의 삭제 예 - 20의 삭제

그림 7의 힙구조에서 데이터를 삭제하는 경우를 보자. 삭제는 루트노드의 데이터에서 시
작된다. 20을 삭제하면 맨 마지막 데이터인 10을 루트에 놓는다. 자식노드 중 왼쪽노드
15가 10보다 크므로 바꾼다. 바꾼 후 다시 4번째 노드인 자식노드 14가 10보다 크므로
다시 바꾼다. 결과는 (c)와 같다.

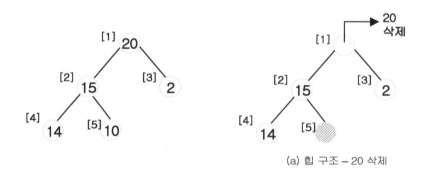

(a) 힙 구조 - 20 삭제

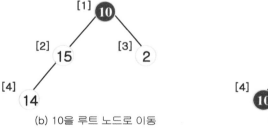

(b) 10을 루트 노드로 이동

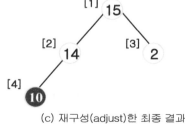

(c) 재구성(adjust)한 최종 결과

그림 7 : 힙에서의 삭제 예

■ 삭제 알고리즘

```
/* 프로그램 10-6 최대힙에서 삭제 알고리즘 */
/* 힙에서 데이터의 삭제 알고리즘 */
element delete_max_heap(int *n)
{
  element item, temp;
  if(HEAP_EMPTY(*n)) {
    fprintf(stderr,"The heap is empty\n");
    exit(1);
  }
  item = heap[1];
  temp = heap[(*n)--];
  parent = 1; child = 2;
  while(child <= *n)
  {
      if((child < *n) && (heap[child].key < heap[child+1].key))
      child++;
      if(temp.key>=heap[child].key) break;
       heap[parent] = heap[child];
     parent = child;
     child *= 2;
  }
  heap[parent] = temp;
  return item;
}
```

설명

힙에서 데이터 삭제 후 조정(Adjust)하는 프로그램이다. 삭제는 루트노드에서 일어난다.
비어있는 루트노드에는 힙의 마지막 노드의 데이터를 저장한다. while 문은 현재노드의
자식노드들 중 킷값이 큰 값이 있으면 현재노드와 바꾸는 작업을 반복하기 위한 것이다.
자식노드 위치는 현재노드의 첨자 값에 2를 곱하면 왼쪽 자식노드가 되고, 여기에 1을
더하면 오른쪽 자식노드가 된다.

10.4.2 힙정렬(heapsort)

힙정렬은 먼저 힙구조를 구성하고, 힙의 루트노드에서 데이터를 하나씩 삭제하면서 힙을 재구성하는 방법이다. 삭제된 데이터를 역순으로 놓으면 정렬된 데이터가 된다. 힙정렬 과정은 다음과 같다.

■ 힙정렬 과정

① 리스트를 배열에 저장하여 힙을 만든다. adjust 알고리즘 n/2번 적용하여 완전이진트리 힙을 구성한다.

② 힙에서 n개의 데이터를 삭제하고 힙을 재구성하는 과정을 반복한다. 삭제는 항상 루트에서 실행하며 가장 큰 값이 삭제된다. adjust 알고리즘 n/2번 수행한다.

③ 2번에서 삭제된 노드를 배열에 차례로 저장하면 정렬된 리스트가 된다. 실제로는 힙이 저장된 배열에 끝에서부터 다시 저장한다.

■ 재구성(adjust) 과정

이진트리를 힙으로 만들기 위하여 재구성(adjust) 과정을 거친다.

```
/* 프로그램 10-7 힙정렬 adjust 함수 */
/* 재구성 알고리즘 */
void adjust(element list[], int root, int n)
{
   int child, rootkey element temp;
   temp = list[root];
   rootkey = list[root].key;
   child = 2 * root; /* left child */
   while(child <= n)
   {
      if((child < n) &&
         (list[child].key < list[child+1].key))
            child++;
      if(rootkey > list[child].key) break;
      else {
         list[child/2] = list[child];
         child *= 2;
      }
```

```
      }
      list[child/2] = temp;
   }
```

```
/* 프로그램 10-8 힙정렬 : heapsort.c */
/* 힙정렬 */
void heapsort(element list[], int n)
{
   int i, j;
   element temp;
   for(i = n / 2; i > 0; i--)          /*1*/
      adjust(list, i, n);
   for(i = n - 1; i > 0; i--)          /*2*/
   {   SWAP(list[1], list[i + 1], temp);
      adjust(list, 1, i);
   }
}
```

설명

1번 과정은 힙을 구성하는 단계이다. 힙은 마지막 내부노드인 n/2번째에서 루트노드까지 역순으로 adjust를 호출하면 구성된다. 2번 과정은 정렬하는 과정이다. swap은 루트노드를 힙의 마지막 노드를 바꾸는 과정이다. 첨자 i가 감소하면서 반복하기 때문에 리스트의 마지막에서 역순으로 하나씩 하게 된다. 매번 루트 노드를 swap한 다음 루트 노드에서 adjust를 한다. 단계 2를 n-1번 반복하면 정렬된 리스트가 된다.

■ 힙정렬의 예

입력데이터 (26, 5, 77, 1, 61, 11, 59, 15, 48, 19)

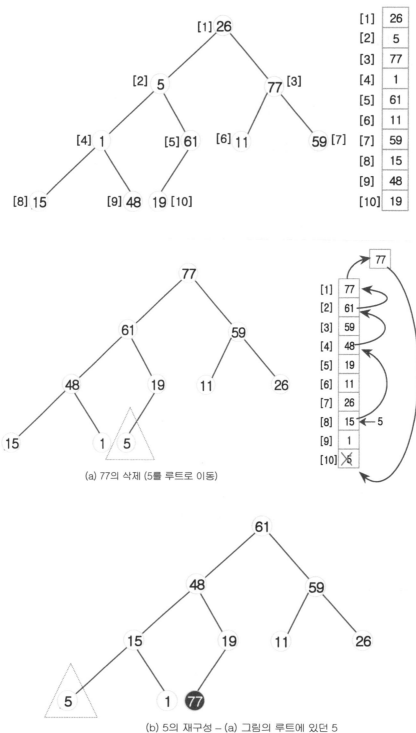

(a) 77의 삭제 (5를 루트로 이동)

(b) 5의 재구성 – (a) 그림의 루트에 있던 5
에 대하여 재구성

(삭제된 77을 마지막에 저장)

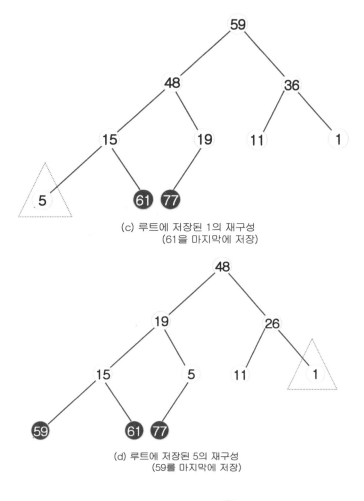

(c) 루트에 저장된 1의 재구성
(61을 마지막에 저장)

(d) 루트에 저장된 5의 재구성
(59를 마지막에 저장)

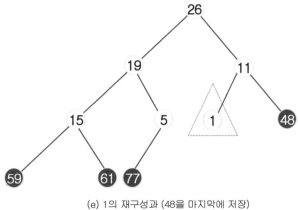

(e) 1의 재구성과 (48을 마지막에 저장)

그림 8 : 완전이진트리(왼쪽)과 배열에 저장된 힙(배열 첨자 1부터 데이터 저장을 가정)

■ 힙정렬의 수행 시간복잡도

힙정렬의 전체 시간은 다음과 같이 도식화 할 수 있다.

전체시간 = 힙 구성시간 + n개의 데이터 삭제 및 재구성시간

= 힙 구성시간 + $(\log_2 n + \log_2(n-1) + \ldots + \log_2 2)$

= $(\log_2 n + \log_2(n-1) + \ldots + \log_2 2) + (\log_2 n + \log_2(n-1) + \ldots + \log_2 2)$

= $O(n \log_2 n)$

따라서 힙정렬 알고리즘의 시간복잡도(time complexity)는 다음과 같다.

- 평균수행시간 : $O(n\log_2 n)$
- 최악의 경우   : $O(n\log_2 n)$

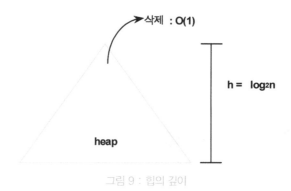

그림 9 : 힙의 깊이

10.5 정렬 알고리즘 요약

(1) 최적의 정렬시간

정렬을 할 수 있는 이론적인 최소의 시간은 얼마인가? 데이터를 비교하여 정렬하는 알고리즘의 최적의 시간은 $O(n\log_2 n)$이다. 즉 $n\log_2 n$ 보다 더 빠른 복잡도를 갖는 알고리즘은 없다. 왜 그런지 보도록 하자.

예를 들어, list (X_1, X_2, X_3)개에 대하여 가능한 결정트리 가지 수는 다음과 같이 구할 수 있다. 6가지 결과가 가능하고, 이것을 결정트리에 표현하려면, 립 노드의 수가 6개 이상이 되는 트리가 된다. n개의 데이터에 대해서는 n!개의 잎 노드가 필요하며, n!개의 립 노드가 생기려면 트리의 깊이가 nlogn 이상이 된다는 것이 증명되어 있다. 따라서 nlogn번 이상의 비교를 해야만 정렬이 가능하다. 그림 10은 3개의 데이터에 대한 결정트리이다.

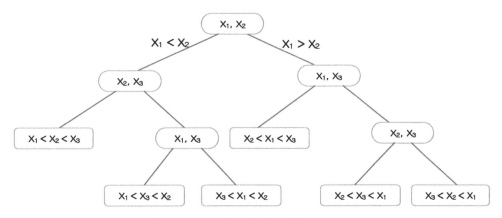

그림 10 : 3개의 데이터에 대한 결정트리(decision)

(2) 정렬 알고리즘의 정리

앞에서 배운 정렬 알고리즘을 비교하여 보자. 데이터가 100개인 경우, 어느 정렬 프로그램이나 비슷한 시간이 걸린다. 그러나 데이터가 1,000,000개 있다고 가정해보자. 알고리즘의 평균 수행복잡도가 $O(n^2)$일 경우 1,000,000,000,000번의 비교를 예상할 수 있다. 복잡도가 $O(nlogn)$일 경우 20*1,000,000번으로 줄어들 수 있다(log(1,000,000) = 20). 표 1은 정렬 알고리즘의 시간복잡도를 비교한 것이다.

[표 1] 정렬 알고리즘의 비교

정렬 알고리즘	알고리즘 평균 수행시간	알고리즘 최악 수행시간	알고리즘 기법	비고
버블정렬 (Bubble Sort)	$O(n^2)$ 비교	$O(n^2)$ 비교	비교와 교환	flag을 이용하면 더 효율적이다.
삽입정렬 (Insertion Sort)	$O(n^2)$ 비교	$O(n^2)$ 비교	비교와 교환	
선택정렬 (Selection Sort)	$O(n^2)$ 비교	$O(n^2)$ 비교	비교와 교환	교환의 횟수가 버블,삽입정렬보다 작다
퀵정렬 (Quick Sort)	$O(nlogn)$ 비교	$O(n^2)$ 비교	분할과 정복, 순환 알고리즘	최악의 경우 $O(n^2)$ 시간이 걸린다.
힙정렬 (Heap Sort)	$O(nlogn)$ 비교	$O(nlogn)$ 비교	힙 구조 이용	평균과 최악의 경우 모두 $O(nlogn)$
머지정렬 (Merge Sort)	$O(nlogn)$ 비교	$O(nlogn)$ 비교	분할과 정복, 순환 알고리즘	평균과 최악의 경우 모두 $O(nlogn)$

표 1에 머지정렬(merge sort)은 본문에서는 설명을 하지 않았지만 많이 알려진 정렬 알고리즘이다. 머지정렬은 머지(merge) 기법을 사용하는 방법이다. 머지는 2개의 정렬된

리스트가 있을 때 1개의 리스트를 만드는 방법으로 2개의 정렬된 리스트의 맨 앞 데이터를 비교하여 작은 값을 하나씩 빼내는 방법이다. 아래 그림에서 초기 데이터 (26, 5, 77, 1, 61, 11, 59, 15, 48, 19)를 1개씩 머지를 하여 길이가 2인 정렬된 리스트를 만들고, 정렬된 길이가 2인 리스트를 머지하여 길이가 4인 리스트를 만들고, 정렬된 길이가 4인 리스트를 머지하여 길이가 8인 리스트를 만드는 과정을 반복하여 최종적으로 정렬된 1개의 전체 리스트를 만드는 정렬 방법이다. 각 단계를 패스(pass) 라고 하며 1 패스를 거치면 O(n)의 비교가 필요하고 전체 패스는 logn 번이 필요하므로 알고리즘 복잡도가 O(nlogn)이 된다. 단, 머지정렬은 다음 단계 패스를 위한 n개의 추가적인 기억장소가 필요하다.

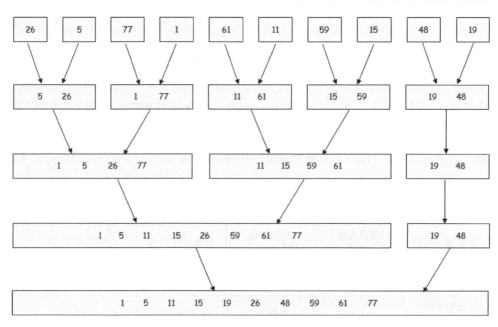

그림 11 : 머지정렬 과정

정리Review

- 자료구조와 알고리즘의 시작인 여러 가지 정렬 알고리즘을 보고 각 알고리즘을 비교하여 본다. 정렬은 입력데이터(리스트)에 대하여 데이터 값의 크기 순서대로 재구성하는 것을 말한다.
- 기본적인 정렬 알고리즘은 수행시간이 $O(n^2)$이 걸린다. 여기에는 버블정렬, 선택정렬, 삽입정렬 등이 있다.
- 효율적인 알고리즘으로는 수행시간이 $O(nlogn)$이 걸린다. 여기에는 퀵정렬, 힙정렬, 머지정렬이 있다.
- 정렬 알고리즘은 이 외에도 쉘 정렬, 기수정렬 등 수 많은 방법들이 있다. 이 방법들은 모두 비교 연산을 위주로 하여 정렬하는 방식이다. 그래프에 관한 문제를 그래프 자료구조를 이용하여 해결하여 본다.

1. **(정렬 과정)**

다음 데이터를 정렬할 때 단계별로 데이터의 모습을 보인 것이다. 각 알고리즘에 대하여 2단계에 맞는 데이터 값을 적으시오.

- 초기데이터 : 5 6 1 9 2 8 3 7

(1) 버블정렬 (초기) 5 6 1 9 2 8 3 7
    (1단계) 5 1 6 2 8 3 7 9
    (2단계)

(2) 선택정렬 (초기) 5 6 1 9 2 8 3 7
    (1단계) 5 6 1 7 2 8 3 9
    (2단계)

(3) 삽입정렬 (초기) 5 6 1 9 2 8 3 7
    (1단계) 5 6 1 9 2 8 3 7
    (2단계)

(4) 머지정렬 (초기) 5 6 1 9 2 8 3 7
    (1단계) 5 6 1 9 2 8 3 7
    (2단계)

2. **(힙정렬)**

힙정렬에 대하여 아래 입력 데이터에 대하여 답하시오. 입력 데이터를 완전이진트리로 표시하면 다음 그림과 같이 된다.

- 입력데이터 : 1 2 3 4 5 6 7 8 9

(1) 위 트리에 대한 힙을 구성하시오. 결과는 배열에 저장된 모습을 그려라.

   (힌트 : 네 번째 데이터 4부터 adjust()를 적용하여 3, 2, 1 순으로 진행한다.)

(2) 힙정렬의 단계를 보이시오. 결과는 배열에 저장된 모습을 그려라.

   (힌트 : 루트 데이터를 하나씩 이동하고 adjust시킨다.)

(3) 위의 데이터에 대하여 아래 프로그램을 수행할 때, adjust( ) 총 호출 횟수를 구하시오.

(4) 아래 프로그램은 배열에 데이터가 첨자 1부터 저장되었다고 가정한 것이다.

   데이터가 배열에 첨자 0부터 저장되어있다면 프로그램을 어떻게 수정해야하는가?

```c
void adjust(element list[], int root, int n) {
   int child, rootkey; element temp;
   temp = list[root];
   rootkey = list[root].key;
   child = 2 * root; /* left child */
   while(child <= n) {
      if((child < n) &&
         (list[child].key < list[child+1].key))
            child++;
      if(rootkey > list[child].key) break;
      else {
         list[child/2] = list[child];
         child *= 2;
      }
   }
   list[child/2] = temp;
}
void heapsort(element list[], int n) {
   int i, j; element temp;
   for(i = n / 2; i > 0; i--) /*1*/
      adjust(list, i, n);
   for(i = n - 1; i > 0; i--) { /*2*/
      SWAP(list[1], list[i + 1], temp);
      adjust(list, 1, i);
   }
}
```

3. (정렬과정)

n개의 자료(1 부터 n 까지의 숫자)에 대하여 다음과 같은 경우에 대하여 정렬을 하고자 한다. 데이터는 x[1] 부터 x[mid](mid=n/2) 까지는 작은 값 원소들이 정렬되어있고, x[mid+1] 부터 x[n] 까지는 큰 원소들이 역순으로 정렬되어있다. 예를 들어, 즉 n=8일 경우 데이터는 {1 2 3 4 8 7 6 5}로 저장되어 있다.

(1) 8개의 데이터가 위와 같이 구성되어 있을 때, 버블정렬의 경우 자료 교환의 횟수를 구하여라.

(2) 8개의 데이터가 위와 같이 구성되어 있을 때, 삽입정렬의 경우 자료 교환의 횟수를 구하여라.

(3) 8개의 데이터에 대하여 퀵정렬을 할 경우, quick( )이 1번 호출된 후의 결과는?

(4) 8개의 데이터에 대하여 힙정렬을 할 경우, heap이 구성된 후의 결과는?

(5) n개의 데이터가 위와 같이 구성되어 있을 때, 버블정렬을 할 경우, 자료 비교 및 교환의 횟수를 n에 관한 일반식으로 구하여라.

(6) n개의 데이터가 위와 같이 구성되어 있을 때, 삽입정렬을 할 경우, 자료 비교 및 교환의 횟수를 n에 관한 일반식으로 구하여라.

1. (정렬 프로그래밍)

5가지 정렬 알고리즘에 대하여 데이터의 정렬시간을 비교하여 시간을 측정하고자 한다. 특히 알고리즘의 복잡도가 $O(n^2)$인 경우와 $O(nlogn)$인 경우는 수행시간의 증가가 현저히 차이가 많이 난다. 또 데이터 값의 배치에 따라 수행 시간의 차이가 난다. 예를 들어, 임의의 데이터와 이미 정렬된 데이터의 경우 차이가 나기도 한다. 프로젝트에서는 임의의 데이터로 실험을 하고자 한다. 정렬을 위한 데이터는 난수를 발생하여 만들어라. 컴퓨터에 따라 수행시간의 차이가 있으므로 데이터 개수 n은 적당히 조절할 수 있다.

	데이터 개수	n=1,000	n=5,000	n=10,000
	bubble sort			
	insertion sort			
정렬 방법	selection sort			
	quick sort			
	heap sort			

난수를 발생하는 방법은 보통 random( ) 함수를 사용한다. random( ) 함수를 사용하여 1 보다 크고 1,000(=BIG) 보다 작은 난수 20(=MAX) 개를 발생시키는 프로그램의 예는 다음과 같다.

```c
#include <stdio.h>
#define MAX 20
#define BIG 1000

int main()
{
  int i,a[MAX];
  for(i=0; i < MAX; i++)
     a[i]= rand() % BIG;

  printf(" ** %d random numbers from 0 to %d : \n", MAX, BIG);
  for(i=0; i < MAX; i++)
     printf(" %d", a[i]);
  printf(" \n");
}
```

CHAPTER **11**

검색
(Search)

정렬과 함께 문자 자료처리의 중요한 부분인 탐색(검색) 알고리즘에 대하여 살펴본다.

검색은 주어진 데이터에서 키값에 해당하는 자료를 찾는 것을 말한다. 데이터의 개수가 작을 때는 수행시간이 문제가 되지 않지만, 데이터 개수가 많을 때는 효율적인 탐색 프로그램이 필요하다.

기초적인 탐색 알고리즘인 선형탐색과 이진탐색은 리스트에 저장된 데이터를 비교를 통하여 데이터를 찾는 알고리즘이다. 이진탐색은 선형탐색보다 효율적이지만, 데이터가 정렬된 리스트에 대하여서만 사용할 수 있다.

비교를 통하지 않고 데이터를 찾는 방법으로는 해싱이 있다. 해싱은 해시함수를 이용하여 탐색을 하며 비교를 통한 탐색보다 훨씬 효율적이다.

트리를 이용한 탐색 방법으로는 이진 탐색트리, AVL 트리, B-트리 등이 있다. 트리 탐색은 데이터를 찾는 시간이 빠를 뿐 아니라 데이터를 삽입, 삭제하는 시간도 효율적이다. 또 B-트리 같은 경우는 외부기억장치에 저장된 대용량의 데이터에 대하여 사용할 수 있는 알고리즘이다.

제 11 장에서 학습할 내용은 다음과 같다.

11.1 선형검색
11.2 이진검색
11.3 해시탐색
11.4 이진 탐색트리(BST)
11.5 AVL 트리
11.6 B-트리

11.1 선형검색(linear search)

선형검색(혹은 선형탐색, 순차탐색)은 주어진 데이터에서 키값에 의하여 순서대로 데이터를 찾는 과정이다. 검색 방법 중 가장 간단하다. 그림 1은 선형자료에 대한 검색으로 변수 find-key에 저장된 값을 찾는다.

■ 선형검색 알고리즘

```
/* 프로그램 11-1 선형검색 */
/* 선형검색 알고리즘 - 배열 keys[]에서 find_key와 일치하는 것을 찾는다. */
int sequential_search(int keys[], int find_key, int n)
{
    int i =0;
    while(i <= n)
    {   i++
        if(keys[i] == find_key return(i);
    }
    return(0);
}
```

그림 1 : 선형검색

■ 선형검색 알고리즘의 분석

프로그램은 리스트에 저장된 key 값을 찾으려는 데이터와 비교를 한다. 운이 좋으면 1번에 찾지만, 최악의 경우는 맨 마지막에 데이터가 있거나 찾는 데이터가 없는 경우이며 n개의 데이터를 모두 비교해야 한다. 평균 n/2 번 비교를 하게 된다. 알고리즘 복잡도는 O(n)이 된다.

데이터가 10000개 이하일 경우 비교적 시간이 작게 걸리지만, 1백만개 혹은 1억 개의 데이터가 있다고 가정하면, 선형검색은 사용하기 어려운 방법이 된다. 다음 절부터 나오는 검색 알고리즘들은 모두 O(n)보다 더 효율적인 방법으로 O(logn)정도의 시간이 걸린다.

11.2 이진검색(Binary Search)

이진검색은 정렬된 리스트에서 데이터를 찾는 방법이다. 10,000개의 숫자 자료를 가진 리스트가 있다고 할 때(오름차순으로, 1부터 10,000까지), 주어진 값을 찾으려고 한다면, 대략 리스트의 가운데 데이터를 선택하여 비교하는 것이 첫 데이터부터 하나씩 비교하는 것 보다 더 빠르다. 정렬되어 있기 때문에, 한번 비교 후 찾는 데이터가 가운데 비교 값보다 크면 오른쪽 반, 작으면 왼쪽 반에 데이터가 있다는 것을 알 수 있다. 즉 이런 방법으로 매번 비교할 때 마다 비교 대상 리스트를 1/2로 줄여 나갈 수 있다. 그림 2는 이진검색과정의 예이다. 65를 찾으려고 하면, 먼저 리스트의 가운데 값인 39와 비교한다. 65는 39보다 큰 값이기 때문에 65가 39의 오른쪽에 있음을 알 수 있다. 이렇게 비교를 하면 검색 대상 데이터가 오른쪽 1/2로 줄어든다. 다시 오른쪽의 중간 데이터인 76과 비교하면 65가 76의 왼쪽 1/2에 있음을 알 수 있다.

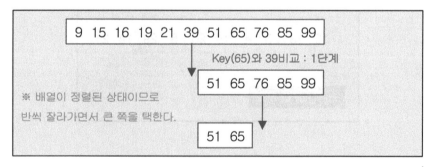

그림 2 : 이진 검색의 예

■ 이진검색 알고리즘의 작성

· **이진검색 알고리즘을 위한 변수의 초기값 설정**
검색의 매 단계마다 검색이 진행될 데이터의 왼쪽 끝과 오른쪽 끝을 가리키는 변수 left, right와 가운데를 표시하는 변수 middle을 다음과 같이 설정한다.

(왼쪽 끝 left, 오른쪽 끝 right 표시 변수)

- left와 right는 탐색하고자 하는 배열의 왼쪽, 오른쪽 끝 지점을 가리킨다
- 초기값으로 left=0, right=n-1로 설정
- 검색 후 다음 단계로 진행하면 left 혹은 right 값을 변경한다.

(배열의 가운데 위치 middle 표시)

- 검색 대상 데이터의 가운데 값의 위치를 가리킨다.
- middle = (left + right) / 2
- 계산 결과의 정수 부분만 사용한다.

비교 작업은 다음과 같이 진행 된다. 비교는 찾으려는 데이터 searchnum과 배열의 가운데 데이터인 list[middle]을 비교한다. 비교 후 right나 left 값을 새로운 검색 대상으로 조정한 후 다시 비교를 진행한다.

- **이진검색 알고리즘**

  이진검색 알고리즘은 매 반복시 데이터 값과 검색 대상 배열의 가운데 값과 비교를 한다. 찾으려는 데이터 searchnum과 데이터의 가운데 값인 list[middle]과 비교를 하여 right와 left 값을 새로운 검색 대상으로 설정한 후 다음 반복을 진행한다.

(검색과 검색 후 right와 left 변수 값 조정)

list[middle]과 searchnum을 비교한다. 조건에 따라 다음 3가지 작업 중 하나의 작업을 한다.

1) searchnum 〈 list[middle] - 찾으려는 데이터가 middle의 왼쪽에 있다.

   right를 middle로 설정(right=middle-1)

2) searchnum = list[middle] - 찾으려는 데이터가 middle에 있다.

   middle을 반환(return middle)

3) searchnum 〉 list[middle] - 찾으려는 데이터가 middle의 오른쪽에 있다.

   left를 middle+1로 설정(left=middle+1)

```
/* 프로그램 11-2 이진검색 알고리즘(반복) : binarysearch.c */
/* 이진 탐색 알고리즘 - list[]에서 searchnum을 찾는다 */
/*searchnum 에 대해 list [0]<=list[1]<= <=list[n-1]을 탐색.
 찾으면 그 위치를 반환하고 못 찾으면 -1을 반환한다.*/

int binsearch(int list[], int searchnum, int left, int right)
{
  /*searchnum에 대해 list[0]<=list[1]<=...<=list[n-1]을 탐색. 찾으면
   그 위치를 반환하고 못찾으면 -1을 반환한다.*/

  int middle;
  while(left <= right){
      middle=(left+right)/2;
      if( list[middle] < searchnum )
        left = middle +1 ;
      else if ( list[middle] > searchnum )
        right = middle - 1;
      else if ( list[middle] == searchnum )
        return middle;
  }
  return -1;
}
```

설명

이진검색은 리스트의 중간값 list[middle]과 찾으려는 데이터 searchnum을 비교한다. 찾지 못한 경우, while 문에서 빠져나오면 반환 되는 값은 -1이다.

■ 이진검색 알고리즘의 분석

while 문을 반복하는 횟수가 이진탐색의 시간이 된다. while 문 안에서 프로그램은 key 값을 리스트의 데이터와 비교를 한다. 찾으면 1번에 끝나지만, 찾지 못한 경우 리스트의 반을 대상으로 다시 비교를 시작한다. 마지막까지 진행하여 데이터가 1개인 리스트까지 비교를 한다고 하면 비교 대상 데이터 개수는 다음과 같이 변한다.

$$n \rightarrow n/2 \rightarrow n/4 \rightarrow n/8 \rightarrow ...$$

n = 2^k 라고 가정하면, 데이터의 개수는 매 반복마다 비교 대상 데이터 수는 1/2로 줄어든다.

$$2^k -> 2^{(k-1)} -> 2^{(k-2)} -> 2^{(k-3)}, ,,,, 2, 1, 0$$

데이터 개수가 1개 될 때까지 반복을 계속하게 되므로, 최악의 경우 k번 반복을 하게 된다. 여기서 k를 계산하면, n = 2^k 에서 양변에 베이스가 2인 log를 씌우면 logn = k 이므로 logn 번 반복하게 된다. 그러므로 프로그램의 복잡도는 **O(logn)**이 된다.

11.3 해시검색(Hash Search)

해시는 "잘게 썰다"는 의미에서 나온 것으로 컴퓨터 분야에서는 찾으려는 키값을 조작하여 데이터의 저장과 검색위치를 직접 계산하는 것을 말한다. 쉬운 예로 찾으려는 키값을 제곱하여 끝 2자리의 데이터를 저장하는 주소라고 하면, 데이터가 123이라고 할 때 123*123=15,129 이며, 데이터는 끝 두 자리 값인 29 번째 장소에 저장되어 있다는 것을 알 수 있다. 즉 키값이 123이면 데이터가 X[29]에 저장되어 있다는 것을 알 수 있다.

앞의 선형검색이 평균 n/2번 비교하고 이진검색이 logn 비교하는 것과 비교하면, 비교도 없이 바로 찾을 수 있어서 검색 중에서는 가장 **빠르다**고 할 수 있다.

그러나 잘 생각해보면 몇 가지 문제가 있다. 즉 예에서 보면 X[29]에 저장 될 수 있는 데이터가 여러 개인 것을 알 수 있다. 즉 데이터가 충돌 될 수도 있다. 또 방법을 잘못 택하면 충돌이 심해진다는 것을 알 수 있다. 키값이 23, 123, 223, 323, 423, 523 이면 모두 같은 위치에 저장된다는 것을 알 수 있다. 해싱은 키값을 조작하여 비교가 없이 바로 데이터를 쉽게 찾을 수 있는 방법이지만 몇 가지 해결할 문제가 있는 방법이다.

그림 3은 해시함수를 그림으로 설명하는 것이다. 키값이 x이면 해시함수 f(x)를 계산한다. f(x)의 결과 α는 해시테이블이라는 기억장소에 저장된다. 검색은 같은 방법으로 해시함수를 계산하면 된다. 해시검색에 대한 용어들을 살펴보자.

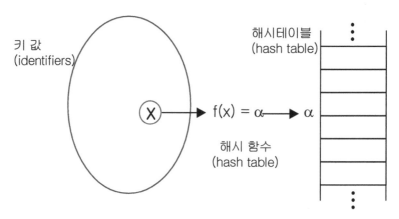

그림 3 · 해시함수

■ 해싱에 관한 용어

| 정의 | 해시 테이블(hash tables)

키값을 해싱함수에 의하여 저장하는 테이블로 전체 저장할 수 있는 데이터의 개수는 s*b 개이다. 그림 4는 해시테이블이다.

- b : 버킷(bucket) : 테이블의 크기, 해시될 키값의 범위
- s : 슬롯(slot : 한 개의 버킷에 저장될 키값의 개수

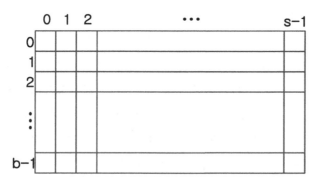

그림 4 : 해시테이블

| 정의 |

해시테이블의 식별자 밀도(identifier density)는 : n/T

- n : 테이블에 저장된 식별자 수
- T : 전체 식별자 수(서로 다른 전체 식별자 수)

예 테이블에 저장된 식별자 수를 50개라 하고, 전체 가능한 식별자 개수를 100개라고 하면 식별자 밀도는 50/100 = 0.5이다.

정의

적재 밀도 : $a = n/(sb)$

s: 슬롯(slot)의 수

b: 버킷(bucket)의 수

예 저장될 데이터가 n=90개이고 해시테이블의 버킷이 100개, 슬롯이 2개라면 적재밀도는 90/(100*2)= 0.45이다. 즉 데이터가 다 저장되면 기억장소 활용률은 0.45가 된다.

정의　동의어(synonym)

두 식별자 i_1 와 i_2 가 해시함수 f 에 대하여 계산을 했을 때 같은 값을 갖는 경우 동의어라한다.

$$f(i_1) = f(i_2)$$

정의　오버플로우(overflow)

버킷에 데이터가 다 차있는 상태에서 식별자 i가 해시되어 들어오는 경우, 더 이상 데이터를 저장할 수 없는 상태를 말한다.

정의　충돌(collision)

· 서로 다른 식별자가 같은 버킷에 해시 되는 경우

충돌이 일어나면 한 버킷에 데이터를 저장할 슬롯이 충분하면 저장이 가능하고 충분치 않으면 오버플로우가 발생한다. 오버플로우가 일어나면 데이터를 다른 곳에 저장을 해야 한다. 충돌과 오버플로우는 버킷 크기가 1일 경우 항상 같이 일어난다.

■ 해싱의 예

변수 이름을 해시테이블에 저장하는 예를 보자. 해시테이블의 버킷의 수 b=26이고, 슬롯 s=2이며, 해시함수 f=(식별자의 영문 첫 글자의 알파벳 순서, 0부터 시작) 라고 할 때, 아래 데이터들을 해시테이블에 저장하는 예를 보자.

데이터 = {acos, atan, char, ceil, exp, float, define, floor}

버킷의 수는 26으로 영문 알파벳의 26개와 같다. 슬롯은 2개로 같은 알파벳 2개까지는 충돌이 일어나지 않는다. 그림 5는 데이터 8개를 해싱하여 테이블에 저장한 것이다. a로 시작하는 키값이 2개이기 때문에, 0번째 버킷에 2개의 식별자가 있다. 같은 방법으로 나머지 데이터들이 해시된다. a로 시작하는 데이터가 더 있다면 0번 버킷에서 충돌이 일어난다. 충돌의 해결은 여러 가지 방법이 있으며 뒤에 설명한다.

	slot0	slot 1
0	acos	atan
1		
2	char	ceil
3	define	
4	exp	
5	float	floor
6		
...		
25		

그림 5 : 해시의 예

해시함수 정의와 성질은 다음과 같다.

① 해시함수는 식별자 x를 변환하여 해시테이블의 버킷 주소로 바꾼다.
② 좋은 해시함수의 조건은 계산이 편해야 하고, 충돌을 최소화하여야 한다.
③ 데이터들의 충돌을 최소화하려면, 해시를 한 결과가 어느 버킷에 분포할 확률이 확률함수 $1/b$가 되어야 한다. 즉, 균등 해시함수(uniform hash function)여야 한다.

■ 해시함수의 기법

① 중간제곱법(mid-square method) : 식별자의 제곱 값의 가운데 값을 취한다. 방법은 다음과 같다.
  · 식별자의 제곱을 계산한다.

- 계산된 값의 가운데 숫자(비트)를 이용하여 버킷을 계산한다. 가운데 값을 이용하는 것이 균등(uniform) 분포를 가질 가능성이 많다. 만약 끝부분 숫자를 이용한다면, 예를 들면, 3으로 끝나는 수의 곱은 9가 되기 때문에 동의어가 될 가능성이 높다. 따라서 제곱 값의 뒷부분을 이용하면 좋지 않은 방법이다.

② 나눗셈법(division method) : 나머지 연산자(modulus, %)를 이용한다. 주소 계산 방법은 f(x)와 같다. M값의 선택이 중요하며, 보통 M을 소수(prime number)로 정한다. f(x) = x % M, M : 테이블 사이즈, 버킷주소의 범위는 0 ~ M-1 이다.

③ 숫자분석법(digit analysis method) : 키값의 자리 수를 분석하여 분포가 고른 자리 수를 해시 값으로 사용한다.

④ 접지법(folding method) : 키값을 쪼개어 겹치는 방법이다. 그림 6은 키값 12320324111220 을 접지법으로 해시하는 예이다. 접지법에는 이동접지법과 경계접지법이 있다.

예 식별자 x=12320324111220

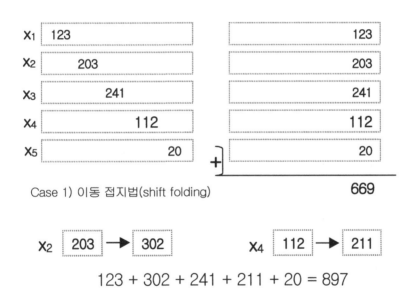

그림 6 : 접지법의 예(이동접지법과 경계접지법)

■ 오버플로우 문제해결

해싱에서는 오버플로우는 반드시 일어난다. 오버플로우를 해결하는 방법은 다양하고 성능에 영향을 미친다. 오버플로우를 해결하는 방법은 개방주소법, 재해싱, 체이닝 방법이 있다.

1) 개방 주소법(open addressing)

해시 영역 내에서 빈 공간을 찾아서 해결하는 방법이다.

선형조사법과 2차조사법이 있다.

① **선형조사법**(linear probing) : 해시테이블을 1차원 배열로 보고 충돌이 일어나면 다음 슬롯에 저장하는 방법이다. 해시테이블을 위한 배열선언은 다음과 같다.

```
/* 1차원 배열로 선언된 Hash Table */
#define MAX_CHAR 10
/* max number of characters in an identifier*/
#define TABLE_SIZE 13
/* max table size = prime number*/
typedef struct {
  char key[MAX_CHAR];
  /* other filed */
  } element;
element hash_table[TABLE_SIZE];
```

(해시함수 계산 프로그램 예)

```
/* 프로그램 11-3 해시함수 */
/* 해시함수 문자 변수 포인터인 key 값을 증가시키면서 number 변수에
   문자 값을 계속 더한다. 문자열의 끝에서 덧셈을 종료한다.*/
int transform(char *key) {
  int number = 0;
  while (*key)
    number = number + *key++;
  return number;
}
/* 버킷 주소 생성 함수 */
int hash(char *key) {
  return(transform(key) % TABLE_SIZE);
}
```

설명

해시함수를 계산하는 예로 문자열 키값의 각 문자값을 더하여 결과를 버킷 수 TABLE_SIZE로 나눈다. 나머지 값을 해시함수의 결과로 한다.

■ 해싱의 예

앞에서 배운 해시함수를 이용하여 아래의 식별자들을 해싱하여 해시 값을 구한다음 해시테이블에 저장한다. 해시함수는 접지법을 사용한다. 그림 7은 해시된 결과를 보이고 있다.

키값 'function'의 경우 충돌이 일어나서 선형조사법을 사용하여 다음 버킷인 0번 주소에 저장되었다.

· 식별자 : for, do, while, if, else, function
· 해시테이블 : 해시테이블의 버킷은 13(b = 13)이고, 슬롯은 1이다(s = 1).

표 1 접지와 나눗셈을 이용한 해싱

식별자	계산 과정	x	hash
for	102 + 111 + 114	327	2
do	110 + 111	211	3
while	119 + 104 + 105 + 108 + 101	537	4
if	105 + 102	207	12
else	101 + 108 + 115 + 101	425	9
function	102 + 117 + 110 + 99 + 116 + 105 + 111 + 110	870	12

```
[0]   function
[1]
[2]   for
[3]   do
[4]   while
[5]
[6]
[7]
[8]
[9]   else
[10]
[11]
[12]  if
```

그림 7 : 해시테이블에 저장된 결과(오버플로우는 다음 슬롯에 저장)

```
/* 프로그램 11-4 해시 테이블에 원소 삽입 : hash.c */
/* 선형조사법을 이용한 해시 키의 삽입 */
void linear_insert(element item, element ht[])
{
    int i, hash_value;
    hash_value = hash(item.key);
    i = hash_value;
    while(strlen(ht[i].key)) {
        if(!strcmp(ht[i].key, item.key)) {
            fprintf(stderr,"duplicate entry\n");
            exit(1);
        }
        i = (i + 1) % TABLE_SIZE;
        if(i == hash_value) {
            fprintf(stderr,"the table is full\n");
            exit(1);
        }
    }
    ht[i] = item;
}
```

설명

앞에서 예를 든 해시함수 hash()를 사용하여 hash_value를 계산한 후 데이터를 삽입한다. while 문에서 반복적으로 데이터의 충돌이 있는지 검사하여, 충돌이 있으면 다음 버킷에 대하여 시도한다.

선형조사법의 단점은 충돌이 한 버킷에 집중하는 경향이 있고, 검색시간을 증가시킨다. 다음 예를 보자.

◪ C 언어의 내장함수(built-in function) 이름을 26 버킷과 1개의 슬롯을 가진 해시테이블에 다음과 같이 삽입한다. 해시함수는 알파벳의 첫 글자를 사용한다. atol 같은 키워드는 원래 저장될 위치보다 훨씬 아래쪽에 위치한다.

• 식별자 : acos, atoi, char, define, exp, ceil, cos, float, atol, floor, ctime

bucket	x	bucket searched
0	acos	1
1	atoi	2
2	char	1
3	define	1
4	exp	1
5	ceil	4
6	cos	5
7	float	3
8	atol	(9)
9	floor	5
10	ctime	(9)
…		
25		

그림 8 : 해싱의 예

② **2차조사법(quadratic probing)** : 선형조사법의 단점을 극복하기 위한 방법으로 해시테이블의 버킷을 조사하여, 1의 제곱, 2의 제곱, 3의 제곱 순으로 새로운 위치를 찾는다. 평균 조사 시간을 줄일 수 있다. 해시함수는 다음과 같다.

- $ht[(f(x) + i^2) \% b]$ 와 $ht[(f(x) - i^2) \% b]$, 여기서 $0 < i < (b-1)/2$

2) 재해싱(rehashing)

오버플로우 상태가 될 경우, 다른 해시함수를 사용하는 것을 말한다. 새로운 해시함수 f_1, $f_2, \ldots , f_b$ 를 계속해서 적용한다. 버킷 $f_i(x)$, $i = 1, 2, \ldots , b$ 를 반복적으로 시도한다.

3) 체이닝(chaining)

선형조사법의 단점인 충돌을 줄이는 방법으로, 식별자 저장 버킷의 기억장소 공간을 늘려서 해결한다. 기억공간을 늘리는 방법은 연결리스트를 만들어 버킷의 길이를 늘인다. 연결리스트는 무한정 증가시킬 수 있기 때문에, 오버플로우를 쉽게 해결할 수 있다. 그림 9는 체이닝 방법을 위한 연결리스트 구조와 그 예이다.

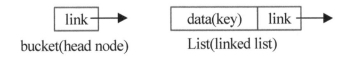

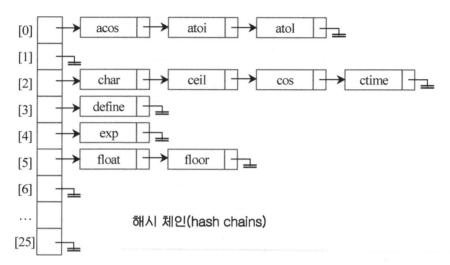

그림 9 : 체이닝 구조와 예

```
/* 프로그램 11-5 해시 테이블 - 체이닝 */
/* 해시테이블(chaining)을 위한 연결리스트의 선언 */
#define MAX_CHAR 10
#define TABLE_SIZE 13
#define IS_FULL(ptr) (!(ptr))
typedef struct {
    char key[MAX_CHAR];
    /* other fields */
} element;

typedef struct list *list_ptr
typedef struct list {
    element item;
    list_ptr link;
}
list_ptr hash_table[TABLE_SIZE];
/* chaining 에서의 삽입 프로그램 */
void chain_insert(element item, list_ptr ht[])
{
    int hash_value = hash(item.key);
    list_ptr ptr, trail = NULL;
    list_ptr lead = ht[hash_value];
    for(; lead; trail=lead, lead = lead->link)
```

```
            if(!strcmp(lead->item.key, item.key))
            {   fprintf(stderr,"the key is in the table\n");
                exit(1);
            }
            }
        ptr = (list_ptr)malloc(sizeof(list));
            if(IS_FULL(ptr)) {
                fprintf(stderr,"the memory is full\n");
                exit(1);
            }
            ptr->item = item;
            ptr->link = NULL;
            if(trail) trail->link = ptr
            else ht[hash_value] = ptr
    }
```

설명

체이닝 방법에서 데이터를 삽입하는 예이다. 연결리스트의 삽입과 같은 방법이며, 대신
연결리스트에 데이터가 있는지 먼저 조사하고 없으면 삽입한다.

11.4 이진 탐색트리(BST, Binary Search Tree)

이진 탐색트리(binary search tree, BST)는 트리 구조에 검색 대상 데이터를 저장하는 방
법이다. 즉 비어있는 트리에 키값을 저장하되 키값이 작은 값은 왼쪽 트리로, 키값이 크
면 오른쪽 트리에 저장을 한다.

■ 이진 탐색트리 정의

이진 탐색트리는 이진트리이며 비어있거나, 다음을 만족하는 트리이다.

① 모든 노드는 키값을 갖고 있으며, 같은 키값을 갖는 경우는 없다.
② 왼쪽 부속 트리의 모든 노드의 키값은 루트의 키값보다 작다.
③ 오른쪽 부속 트리의 모든 노드의 키값은 루트의 키값보다 크다.
④ 왼쪽과 오른쪽 부속 트리도 마찬가지로 이진 탐색트리(BST)이다.

그림 10의 (a), (b)는 이진 탐색트리의 예이다. (c)의 경우 오른쪽자식노드 키값이 부모노드 키값보다 작은 경우가 있어서 이진 탐색트리가 아니다.

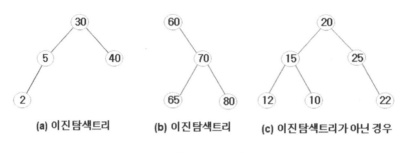

(a) 이진탐색트리   **(b) 이진탐색트리**   **(c) 이진탐색트리가 아닌 경우**

그림 10 : BST 예

■ 이진 탐색트리의 성질

① 탐색(searching), 삽입(insertion), 삭제(deletion) 시간은 트리의 높이만큼 시간이 걸린다. O(h), h : BST의 깊이(height)이다.

② 키값에 의한 탐색은 루트 노드로부터 시작을 한다. 비교하여 키값이 더 크면 오른쪽 트리로 이동하고 작으면 왼쪽 트리로 이동한다. 이 같은 방법으로 원하는 데이터를 찾아 내려간다.

③ 이진 탐색트리를 중위탐색(inorder traversal)하면 정렬된 리스트가 출력된다.

④ 검색시간 : 이진 탐색트리의 높이는 평균 h이므로(O(h)), 시간복잡도(time complexity)의 평균시간(average case)은 O(logn)이며, 최악시간(worst case)은 O(n)이다.

■ 이진 탐색트리의 검색 알고리즘

```
/* 프로그램 11-6 이진 탐색트리 – 킷값찾기(반복 알고리즘) */
tree_ptr iter_search(tree_ptr tree, int key)
{
    while(tree)
    {
        if(key == tree->data) return tree;    /*찾음*/
        if(key < tree->data)
            tree = tree->left_child;    /*왼쪽트리에 있음 */
        else
            tree = tree->right_child;    /* 오른쪽트리에 있음 */
    }
    return NULL;
}
```

설명

트리의 헤드 포인터 tree로부터 시작하여, 찾으려는 키값을 노드의 키값과 비교하여 찾
으려는 키값이 더 크면 오른쪽 트리로, 더 작으면 왼쪽트리로 찾아 내려간다.

```
/* 프로그램 11-7 이진 탐색트리 - 킷값찾기(순환 알고리즘) */
tree_ptr search(tree_ptr root, int key)
{
    if(!root) return NULL;        /*비어있는 트리*/
    if(key == root->data) return root;  /*찾음*/
    if(key < root->data)
        return search(root->left_child, key); /*왼쪽 트리*/
    return search(root->right_child, key);      /*오른쪽 트리*/
}
```

설명

이진 탐색트리에서 키값을 찾는 순환 알고리즘이다. 찾으려는 키값을 노드의 키값과 비교
하여 찾으려는 키값이 더 크면 오른쪽 자식으로, 더 작으면 왼쪽 자식으로 순환 호출한다.

■ 이진 탐색트리의 데이터 삽입/삭제 예

이진트리에 데이터를 삽입하고 삭제하는 방법을 그림으로 보자. 그림 11은 이진 탐색트
리에 80을 삽입하는 예이다. 80은 30의 오른쪽, 또 40의 오른쪽에 위치해야한다. 그림 11
의 (a)와 같이 삽입된다. 또 35를 삽입하면, 그림 11의 (b)와 같이 된다. 그림 12의 시작
트리에서 35를 삭제하면 그림 12의 (b)가 되며, 40을 삭제하면 그림 12의 (b)와 같이 된
다. 그림 13의 경우 시작 트리에서 60을 삭제하면 조금 복잡해진다. 60을 삭제하면 60이
저장된 노드가 왼쪽과 오른쪽 자식을 모두 가지고 있기 때문에, 왼쪽 트리에서 가장 큰
값이나 오른쪽 트리에서 가장 작은 값 중 선택하여 60이 저장된 위치로 올려야 한다. 그
림의 경우는 55를 선택하였고 결과는 그림 13의 (b)가 된다.

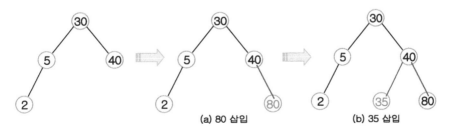

그림 11 : BST 에서 삽입 예

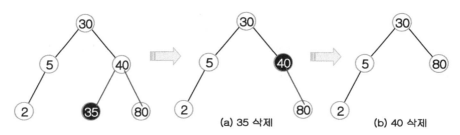

(a) 35 삭제   (b) 40 삭제

그림 12 : BST 에서 삭제

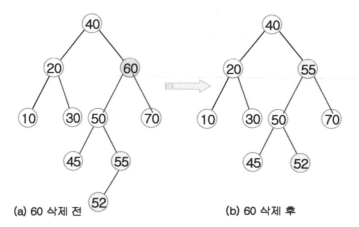

(a) 60 삭제 전   (b) 60 삭제 후

그림 13 : 자식노드가 2개인 노드의 삭제 예

■ 이진 탐색트리의 단점

이진 탐색트리는 이진탐색과 같은 시간복잡도인 O(logn)이지만 최악의 경우가 문제가
된다. 이진 탐색트리에서 삽입 순서에 따라 최악의 경우 스큐(skewed) 트리가 된다. 즉,
평균(average case)은 O(log2n)이지만 최악(worst case)은 O(n)이다. 이러한 단점을 극
복하려면 이진 탐색트리의 트리 깊이가 깊어지지 않게 완전 이진트리와 가깝게 만들 수
있다면 최악의 경우를 없앨 수 있다. 완전이진트리에 가깝게 되면 새로운 원소를 삽입
및 검색할 때 평균과 최악의 시간을 O(log2n)로 만들 수 있다. 그림 14는 다양한 이진 탐
색트리의 모양을 보인다.

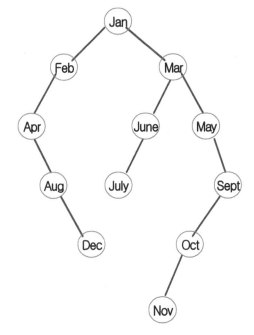

(a) 이진 탐색트리의 예

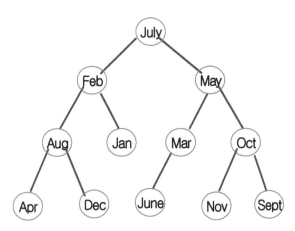

(b) 균형을 잡은 이진 탐색트리

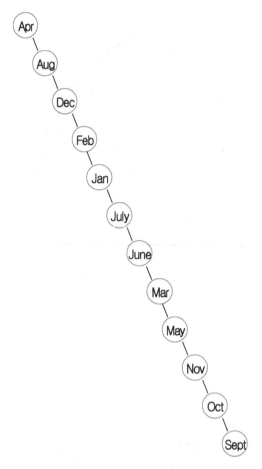

(c) 스큐 이진 탐색트리

그림 14 : 다양한 이진 탐색트리의 모양

11.5 AVL 트리

이진 탐색트리의 가장 큰 단점은 데이터를 삽입하다 보면 트리의 좌우 균형이 맞지 않거나 심하면 스큐(skewed) 이진트리가 된다. 이렇게 되면 검색 시간이 길어지게 된다. 이것을 보완한 트리가 AVL 트리이며 만든 사람들의 이름 첫 글자들을 갖다 붙인 것이다.

> **정의** AVL 트리
>
> 균형 이진트리(balanced binary trees)이다. 이진트리에서 모든 노드의 왼쪽과 오른쪽 트리의 높이차를 1이하로 만든 트리이다. 균형을 잡도록 만들었기 때문에, 평균과 최악의 경우(average and worst case) 시간복잡도는 O($\log_2 n$)이다.

> **정의** 높이균형 이진트리(height balanced binary tree)

비어있는 트리는 높이균형 이진트리에 속하며, 비어있지 않는 이진트리 T가 있을 때, TL 과 TR을 왼쪽과 오른쪽 부속 트리라고 하면, 높이균형(height balanced) 이진트리 T는 다음을 만족한다.

① TL 과 TR 이 높이균형(height balanced) 트리이고,
② $|h_L - h_R| \leq 1$, 여기서 h_L 과 h_R은 TL 과 TR의 높이이다.

> **정의** 균형인자(balance factor), BF(T)

h_L 과 h_R을 트리의 왼쪽과 오른쪽 트리의 높이(height)라고하면, 균형인자는 $h_L - h_R$ 를 말한다. AVL 트리의 모든 노드에 대하여, BF(T) = -1, 0, 혹은 1이다.

■ 높이균형 이진트리 만들기

비어있는 트리로 혹은 이미 구성된 AVL 트리로부터 노드를 삽입하거나 삭제할 경우 트리의 높이균형이 깨지면서 BF 값이 +2 혹은 -2가 될 수 있다. 균형이 깨진 트리의 모양에 따라 다음과 같이 구분하여 균형을 다시 맞춘다. 균형을 맞추려면 회전을 하여야 한다.

■ 높이균형 이진트리를 위한 회전의 종류

AVL 트리에서 데이터의 삽입이나 삭제 후 균형인자(BF) 값이 +2, -2가 되는 노드에 대하여 트리를 회전하여 균형인자 값을 +1, -1 이하가 되도록 노드를 회전한다. 회전은 LL, LR, RR, RL 타입이 있으며, LL 과 RR 은 대칭(symmetric), LR 과 RL 은 대칭이다.
Y가 새로 삽입된 노드이고, A가 Y의 조상으로 균형인자가 ±2 되는 노드이면 다음과 같은 회전을 한다.

- LL: Y 가 A의 왼쪽의 왼쪽 부속 트리에 삽입됐을 때
- LR: Y 가 A의 왼쪽의 오른쪽 부속 트리에 삽입됐을 때
- RR: Y 가 A의 오른쪽의 오른쪽 부속 트리에 삽입됐을 때
- RL: Y 가 A의 오른쪽의 왼쪽 부속 트리에 삽입됐을 때

① **LL 회전** : 왼쪽자식을 루트로 만든다. 그림 15와 같이 트리 T1에 노드가 삽입되어 a
노드의 균형인자가 +2가 되면 b를 루트노드로 올린다.

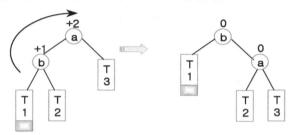

그림 15 : LL rotation

② **LR 회전** : 왼쪽자식의 오른쪽자식을 루트로 만든다. 그림 16과 같이 c 노드를 루트로
올리고 T3을 오른쪽트리로 이동한다.

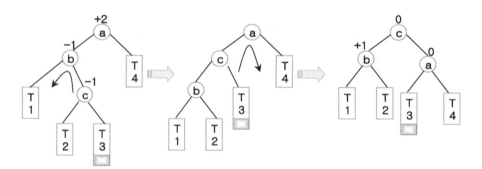

그림 16 : LR rotation

③ **RR 회전** : 오른쪽자식을 루트로 만든다. 그림 17와 같이 트리 T3에 노드가 삽입되어
a 노드의 균형인자가 -2가 되면 b를 루트노드로 올린다.

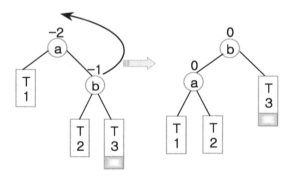

그림 17 : RR rotation

④ **RL 회전** : 오른쪽자식의 왼쪽자식을 루트로 만든다. 그림 18과 같이 c 노드를 루트로 올리고 T2를 오른쪽트리로 이동한다.

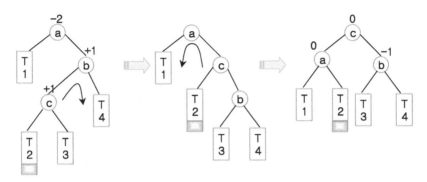

그림 18 : RL rotation

■ AVL 트리에 데이터 삽입 예

비어있는 트리에 데이터 (Mar, May, November, August, April, January, December, July, February, June, October, September)를 삽입하는 예를 보도록 하자. 삽입 과정에서 균형인자가 +2 혹은 -2가 되면 트리를 회전하여 트리의 높이가 높아지지 않도록 한다. 그림 19의 (a)는 Mar이 삽입된 것이다. 계속하여 May, November를 삽입하면 균형인자가 Mar 노드에서 -2가 되므로 RR 회전을 한다. August 삽입 후 (d)가 되고, April 삽입 후 LL 회전하면 (e)기 된다. January 삽입하여 LR 회전을 하고, December, July를 삽입한다. February, June 삽입 후 LR 회전을 하면 (j)가 되고, October 삽입 후 RR 회전을 하면 (k)가 된다. September를 삽입한 최종 결과는 (l)이 된다.

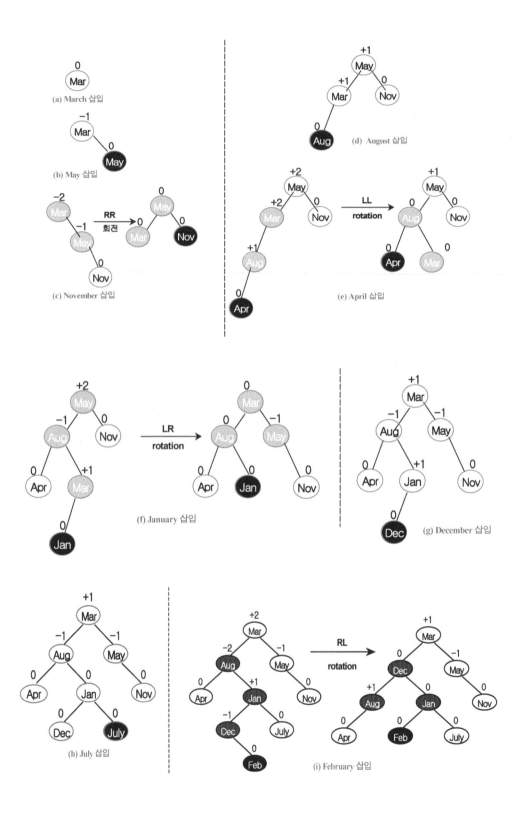

(a) March 삽입

(b) May 삽입

(c) November 삽입

(d) August 삽입

(e) April 삽입

(f) January 삽입

(g) December 삽입

(h) July 삽입

(i) February 삽입

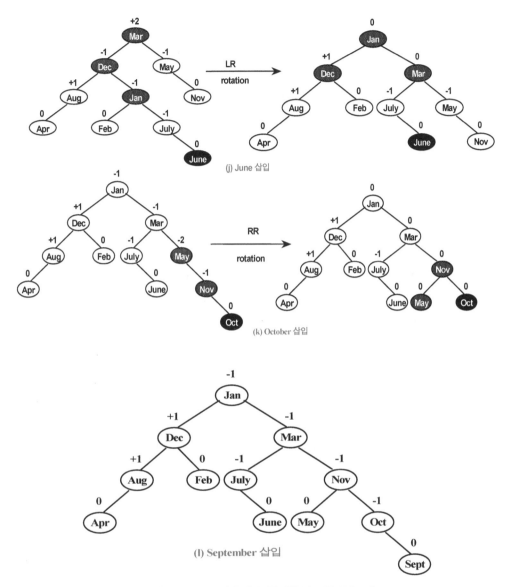

그림 19 : AVL 트리에 데이터를 삽입하고 회전하는 예

■ AVL 트리의 분석

AVL 트리는 이진 탐색트리의 단점을 극복하여 트리의 높이를 균형을 맞춘 것이다. 트리의 높이가 logn이기 때문에 검색시간의 복잡도는 O(logn)이다. 데이터를 삽입하고 삭제할 때 트리의 균형인자(balance factor)가 깨지는 경우가 있기 때문에 균형인자가 +2 혹은 -2되는 노드를 대상으로 트리를 회전하여 균형을 다시 맞추어야 한다. 검색, 삽입, 삭제의 평균과 최악의 경우(average and worst case)는 **O($\log_2 n$)**이다.

11.6 B-트리

앞에서 배운 이진 탐색트리나 AVL 트리는 평균검색시간이 logn으로 비교적 우수하고 데이터의 삽입과 삭제 시간도 logn으로 우수하다. 두 방법은 한번 비교로 검색 대상 데이터 수를 1/2로 줄여나가는 방법이다. **B-트리**는 이진트리를 확장하여 한 노드에 키값을 m개 저장하여 트리의 깊이를 $\log_m n$으로 낮추어 검색 시간을 더 빠르게 하는 방법이다. 데이터가 주로 디스크에 저장되어 있을 때 디스크의 접근 횟수를 줄이기 위한 방법이다. 먼저 m-원 탐색트리를 정의하고, B-트리를 정의한다.

■ m-원(m-way) 탐색트리

m-원 탐색트리는 이진트리와 달리 각 노드의 자식노드가 최대 m인 탐색트리를 말한다. 트리에 있는 각 노드는 그림 20과 같은 구조를 갖는다. n은 노드에 있는 키값 개수이고, P(i)는 자식 노드 링크, K(i)는 키값이다. 한 노드 안에 키값은 오름차순으로 정렬되어 있다. P(i)가 가리키는 자식 노드 트리에 있는 노드의 모든 키값은 K(i) 값보다 크고 K(i+1) 보다 작다. P(i)가 가리키는 자식 노드도 역시 m-원 탐색트리이다.

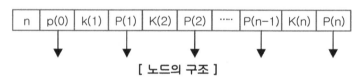

[노드의 구조]

그림 20 : m-원 탐색트리 구조의 구조

■ 이진 탐색트리와 m-원 탐색트리의 비교

아래 데이터에 대한 2진 탐색트리와 3-way 탐색트리를 구성하면 그림 21과 그림 22가 된다. 3-way 트리는 2진 트리에 비해 높이가 낮으며 폭이 넓다. 2진 탐색트리에서의 탐색과정은 한 단계 진행할 때에 노드 개수가 반으로 줄어들지만, 3-원트리에서는 약 1/3로 줄어든다.

· **데이터** : 30, 20, 40, 15, 25, 10, 35, 50, 45)

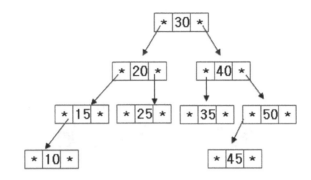

그림 21 : 이진 탐색트리

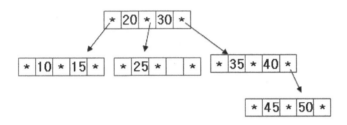

그림 22 : 3-way 탐색트리

■ 차수 m의 B-트리

M-원 탐색트리의 성능향상을 위해서는 m을 크게 하고 트리가 균형이 되도록 해야 한다.
m-원 탐색트리에 트리의 높이에 제한을 두어 탐색을 효율적으로 진행되도록 한 것이 B-
트리이다. 그림 23은 B-트리의 예이다.

> **정의**

B-트리는 m-way 탐색트리로 다음을 만족한다.

① 트리에 있는 각 노드는 최대 m개, 최소 「m/2」의 종속 트리를 갖는다.

② 루트노드는 최소한 두개의 종속 트리를 갖는다.

③ 모든 잎 노드는 같은 서열에 있어야 한다.

④ 노드에 있는 키값 개수는 종속 트리의 개수보다 하나 적으며, 최소 「m/2」-1개, 최대
  m-1개이다.

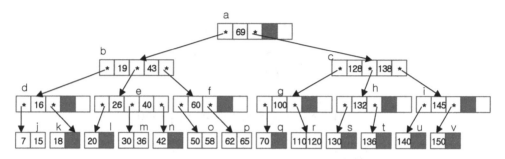

그림 23 : B-트리의 예 1

▪ B-트리에서 키값의 삽입

B-트리는 키값의 삽입이나 삭제 후에도 B-트리의 성질을 보존해야 하므로 AVL 트리와 비슷한 방법으로 회전을 하여야한다. B-트리는 새로운 키값은 항상 잎노드에 삽입된다. 삽입 후 해당 노드가 가득 차 있지 않은 경우, 키값을 오름차순으로 채운다. 해당 노드가 가득 찬 경우, 해당노드를 두개의 노드로 분열한다. 노드의 분열 방법은 해당 노드의 키값들과 새로운 키값 중에서 중간 키값을 부모 노드로 올려 보내고, 나머지 키값들을 절반으로 나누어 각각을 분열된 두개의 노드에 옮기며, 이 두 노드들을 부모 노드로 올라간 키값의 왼쪽과 오른쪽 종속 트리가 되도록 한다.

▪ B-트리에서 삽입의 예

그림 23의 B-트리에 다음의 키값을 차례로 추가 삽입하여 보자, (22, 41, 59, 57, 54). 왼쪽은 원래 노드 모양이고 오른쪽은 삽입 후 변경된 모양이다. 이후에 33, 75, 124, 122, 123, 160, 155의 삽입은 쉽게 수행된다. 그림 24는 그림 23의 B-트리에 노드를 삽입하는 과정을 설명한 것이다. 최종 결과는 그림 25와 같다.

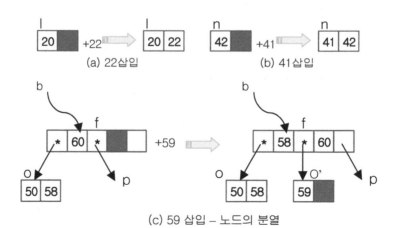

(c) 59 삽입 – 노드의 분열

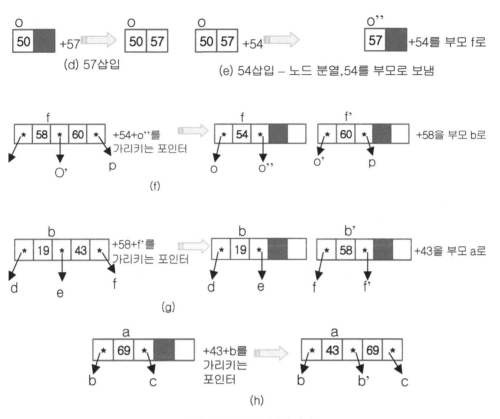

그림 24 : B-트리에서의 삽입

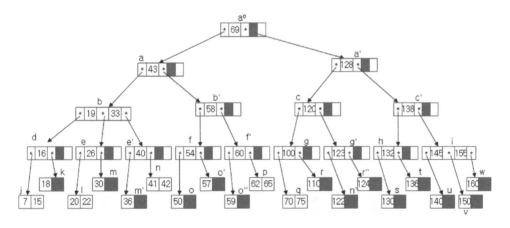

그림 25 : B-트리의 예 2

■ B-트리에서의 삭제

① 삭제 연산도 삽입연산에서와 같이 잎 노드에서 시작한다.

② 삭제하려는 키값이 잎이 아닌 노드에 있다면, 그 키값의 다음 키값과 일단 자리를 바꾸어 잎 노드로 옮긴 후에 삭제한다.

③ 재배치 방법은 해당 노드의 오른쪽 또는 왼쪽 형제노드에 최소 키값 개수보다 많은 키 값이 있을 경우 사용된다.

  • 선택된 형제노드로부터 한 개의 키값을 해당 노드로 이동란다.(이때 부모노드를 경유하게 된다.)

  • 결국 부모노드에 있던 키값이 해당 노드로 이동되고, 그 자리에 형제노드로 부터 키값이 이동된다.

④ 재배치 방법이 불가능하면 삽입연산에서 사용한 분열방법의 반대 과정인 합병방법을 사용한다.

  • 해당노드와 오른쪽 또는 왼쪽 형제노드에 있는 키값들과, 이 두 노드의 보모노드에 있는 해당 키값을 하나의 노드로 합병한다.

  • 합병당한 두 노드중의 하나를 새로 만들어진 노드로 대치하고 나머지 한 노드는 제거한다.

차수 m의 B-트리의 데이터를 삭제하는 예를 보자. 그림 25의 B-트리에서 아래 키값들을 삭제하는 과정이 그림 26에 설명되어 있다. 그림 27은 모두 삭제된 최종 결과이다.

• 삭제된 데이터 : (22, 7, 40, 69, 59, 150, 16, 128)

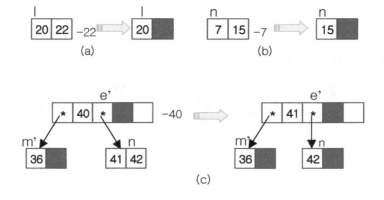

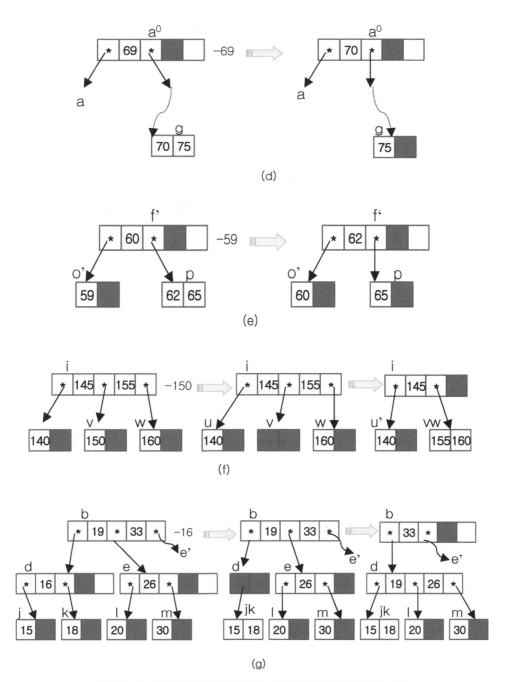

그림 26 : B-트리에서 데이터의 삭제 예(22, 7, 40, 69, 59, 150, 16, 128)

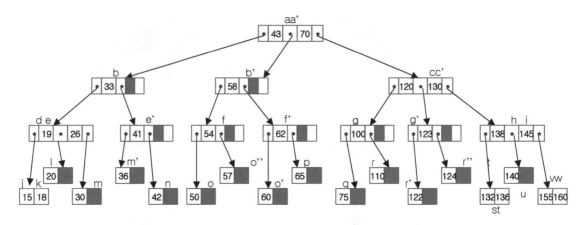

그림 27 : B-트리의 예 3 – 그림 24에서의 데이터 삭제

- B-트리의 분석

B-트리는 주로 보조기억장치에 저장된 데이터의 탐색에 이용된다. 보조기억장치의 데이터 탐색은 키값의 비교회수보다 디스크 블록을 읽어오는 횟수가 성능에 더 많은 영향을 끼친다. B-트리의 노드는 디스크의 블록(block) 크기 정도에 저장되면, 탐색시 이 블록을 읽어오게 된다. 데이터 검색 시간은 디스크 접근 횟수는 $O(\log_m n)$에 비례한다. 일반적으로 m의 값은 32 ~ 256 정도이다. 가득 찬 노드가 두 개의 노드로 분열되어도, 두 노드는 최소한의 키값 개수와 포인터 개수를 갖도록 보장된다. 또한 두 노드가 합병될 때에도 합병된 노드는 최대 허용 키값 개수 이상을 갖지 않도록 보장된다. 키값을 순차적으로 배열한 것은 트리의 어느 키값으로부터도 그 값보다 작거나 또는 큰 키값을 쉽게 찾도록 하기 위해서이다.

정리^{Review}

- 선형탐색은 기본적인 탐색으로 데이터의 정렬여부에 관계없이 사용할 수 있다. 탐색 시간은 O(n)이다.
- 이진탐색은 정렬된 데이터에 대하여 탐색할 수 있는 방법이다. 탐색시간은 O(log n) 이다.
- 해싱은 비교를 하지 않고 데이터를 찾는 방법이다. 해시함수를 이용하여 데이터 삽입, 삭제, 검색을 한다. 검색 중에서는 가장 빠른 방법이다. 그러나 좋은 해시함수와 충분한 기억공간이 필요하다.
- 이진 탐색트리는 트리 구조를 이용한 탐색 방법의 시작이다. 탐색시간은 O(log n)이다. 그러나 트리가 균형을 이루지 못하면 탐색시간이 오래 걸린다.
- AVL 트리는 이진 탐색트리를 보완한 방법으로 탐색시간이 항상 O(log n)이 걸린다.
- m-원 탐색트리는 이진탐색의 단점을 보완하여 M개의 키값을 노드에 저장하여, 한번 노드 탐색으로 대상 데이터를 1/m으로 줄이는 방법이다.
- B-트리는 m-원 트리의 단점을 보완하여 트리의 깊이를 균형을 이루도록 만든 트리 구조이다. 주로 보조기억장치의 데이터를 탐색할 때 많이 사용한다. 기본적인 정렬 알고리즘은 수행시간이 O(n²)이 걸린다. 여기에는 버블정렬, 선택정렬, 삽입정렬 등이 있다.

1. (이진검색 알고리즘)

다음은 이진 검색 프로그램이다.

(1) 아래 프로그램이 수행될 때 출력을 적어라.

(2) binsearch( ) 함수의 전체 호출 횟수는 몇 회인가?

   (main( ) 함수에서 호출하는 것 1회 포함)

(3) /*3*/의 34대신 35로 고쳤을 때 수행결과와 binsearch( ) 호출 횟수를 적어라.

(4) /*1*/의 COMPARE 마크로를 없애고 함수로 만들어라.

   함수는 다음과 같이 시작한다.

   ```
   int COMPARE(int x, int y)
     { ...    }
   ```

(5) /*2*/의 문장을 middle=(left+right+1)/2; 로 고쳤을 때 (2)번 문제 결과는?

(6) binsearch( ) 알고리즘의 효율성을 O-표기법으로 표현하고 그 과정을 설명하여라.

(프로그램)

```c
#include <stdio.h>
#define COMPARE(x,y)(((x)<(y)) ? -1:((x)==(y)) ? 0:1) /*1*/

int binsearch(int list[], int searchnum, int left, int right)
{
  int middle;
  if(left<=right){
     middle=(left+right)/2;    /*2*/
     switch(COMPARE(list[middle], searchnum))
   {   case -1:return binsearch(list, searchnum, middle+1, right);
       case 0:return middle;
       case 1:return binsearch(list, searchnum, left, middle-1);
     }
   }
   return -1;
}

int main()
```

```
{
  int data[10] = {23,25,34,45,46,57,58,69,72,75};
  int found;
  found = binsearch(data, 34, 0, 9); /*3*/
  if (found == -1) { printf(" Not Found \n "); }
  else { printf(" It's at %d !\n", found); }
}
```

2. (해시탐색)

다음의 데이터들에 대하여 순서대로 해시를 하려고 한다. 해시함수 $f(x) = (x^2$으로 계산한 후 끝 1번째 수의 값을 5로 나눈 나머지)이다. bucket이 5이고 slot이 2일 때, 데이터가 다 삽입된 후 해시 테이블의 모양을 그려라. 오버플로우는 선형조사법(linear open addressing - linear proving)으로 해결한다.

· 데이터 = (23, 38, 74, 27, 48, 39, 42, 15, 18)

3. (AVL 트리)

다음의 데이터들을 순서대로 비어있는 AVL 트리에 삽입한 후, 그 결과를 그려라.
· 데이터 = 1 2 3 4 5 9 8 7 6

4. (B-트리 구조)

B-트리에 대하여 다음의 질문에 답하여라.

① 다음의 데이터들을 순서대로 비어있는 B-트리(m=3)에 삽입 한 후의 모양을 그리고 split의 횟수를 적어라.
· 데이터 : 1 2 3 4 5 6 7 8 9

② 1번 문제에서 데이터를 1 2 3 4 순으로 삭제했을 때, 트리의 모양을 그리고 회전(rotate)과 결합(combine) 횟수를 적어라. 회전은 키값을 옆 노드로 이동하는 작업이고, 결합은 2개의 노드를 합하는 과정이다.

③ 깊이가 5인 B-트리(n=4)에 대하여 저장할 수 있는 key 개수의 최댓값과 최솟값을 구하여라.

1.　(해시 프로그래밍)

해시탐색을 프로그래밍 하여라. 10개의 데이터를 임의로 만들어 해시테이블에 저장하고
충돌을 실험한다.

① 테이블 크기를 15로 하여 결과를 출력하고, 충돌이 일어난 횟수를 구하여라.
② 테이블 크기를 15로 하고 슬롯수를 2개로 늘려서 결과를 출력하고, 충돌이 일어난 횟
　수를 구하여라.

CHAPTER **12**

그래프 개념과
그래프 탐색

그래프는 노드와 노드를 링크로 연결하는 링크로 구성된 자료구조로, 도로망, 컴퓨터 통신망 등 그래프로 표현되는 복잡한 응용문제를 효과적으로 풀 수 있는 방법이다. 예를 들어, 서울시 지하철에서 종로 2가에서 강남역까지 가는 방법 중 지하철을 바꿔 타더라고 가장 지하철 역 수를 적게 거쳐서 가는 방법을 찾는 문제, 영업 사원이 승용차로 지방의 10개 도시를 한번 씩만 거쳐서 다시 서울로 돌아오되 기름 값이 가장 적게 드는 방법이라든지, 경기도의 10개 도시의 송유관을 건설한다고 할 때 어떻게 연결해야 송유관의 길이를 가장 짧게 할 수 있는지 등이 모두 컴퓨터 그래프로 풀 수 있는 문제가 된다.

그래프 자료구조에서 배우는 내용은 그래프를 컴퓨터에 어떻게 저장할 것인가? 위에 예로 든 문제를 풀기 위한 그래프를 탐색하는 알고리즘들은 어떠한 것들이 있는지? 또 여러 가지 그래프 문제의 유형과 알고리즘들은 어떠한 것들이 있는지를 배운다.

제 12 장에서 학습할 내용은 다음과 같다.

12.1 그래프의 개념
12.2 그래프의 표현
12.3 그래프 탐색

12.1 그래프의 개념

그래프는 실생활에서 그림 형태로 나타나는 문제를 컴퓨터 자료로 저장하고 해결하는 문제에 관한 것이다. 오래된 그래프 문제로 Köenigsberg 다리 문제가 있다. 이 문제는 아래 그림과 같은 지형이 있을 때, 임의의 한 곳(A, B, C, D)에서 출발하여 A부터 F까지 "모든 다리를 한 번씩 건너고 출발점으로 돌아올 수 있는가?" 하는 문제이다. 이것을 수학적인 그래프로 그리면 그림 1의 오른쪽 모델이 된다. 자료구조의 그래프는 이러한 문제를 컴퓨터에 표현하고 알고리즘을 개발하는 분야이다.

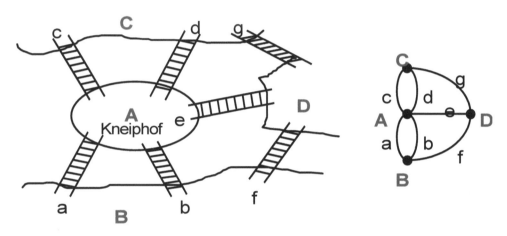

그림 1 : Koenigsberg 다리와 그래프

그래프는 점이 있고, 점과 점을 연결하는 선이 있다. 쉽게 말하면 지도의 경우 도시와 도시를 연결하는 길을 그린 모습이 된다. 수학적으로 각 점들을 노드(node) 혹은 정점(vertex)이라고 하며, 지역과 지역을 연결하는 선을 에지(edge) 혹은 간선이라고 한다.

- 그래프의 수학적 정의, G = (V, E)

  그래프 G는 정점의 집합, V와 간선의 집합 E로 구성된다.

  V(G) : 정점(set of vertices)

  E(G) : 간선(set of edges), 정점을 연결하는 선, V × V의 부분집합

그래프는 구성되는 간선의 종류에 따라 방향 그래프와 무방향 그래프로 나눈다.
무방향 그래프(undirected graph)는, 예를 들면 쌍방통행이 가능한 도로의 지도이다. 정점을 연결하는 선이 양 방향이다.(undirected, unordered). 즉 모든 i, j에 대하여 $(v_i, v_j) = (v_j, v_i)$이다. 무방향 그래프의 간선은 괄호 ( )로 표시한다.

방향 그래프(directed graph)는, 예를 들면 일방통행만 있는 도로의 지도이다. 정점을 연결하는 선에 방향이 있다(directed, ordered). 임의의 정점 i, j 에 대하여 $\langle v_i, v_j \rangle$ 간선은 반드시 $\langle v_j, v_i \rangle$ 을 의미하지는 않는다($\langle v_i, v_j \rangle \neq \langle v_j, v_i \rangle$). 방향 그래프의 간선은 꺽쇠 괄호 $\langle\ \rangle$ 로 표시한다.

■ 그래프의 표현 예

그래프를 표현하는 방법은 여러 가지이다. 그래프의 노드와 간선을 그림으로 표시하면 그림 2와 같으며, 그래프를 수학적인 기호로 표현하면 다음과 같다.

- 그래프 G_1 : 무방향 그래프
  $V(G_1) = \{0, 1, 2, 3\}$
  $E(G_1) = \{(0,1), (0,2), (0,3), (1,2), (1,3), (2,3)\}$

- 그래프 G_2 : 무방향 그래프이고 트리 모양이다.
  $V(G_2) = \{0, 1, 2, 3, 4, 5, 6\}$
  $E(G_2) = \{(0,1), (0,2), (1,3), (1,4), (2,5), (2,6)\}$

- 그래프 G_3 : 방향 그래프
  $V(G_3) = \{0, 1, 2\}$
  $E(G_3) = \{\langle 0,1 \rangle, \langle 1,0 \rangle, \langle 1,2 \rangle\}$

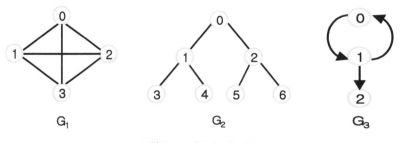

그림 2 : 그래프 G_1, G_2, G_3

- 그래프 G_4 : 두 개의 연결된 부분을 가진 그래프
  $V(G_4) = \{0, 1, 2, 3, 4, 5, 6, 7\}$
  $E(G_4) = \{(0,1), (0,2), (0,3), (1,2), (1,3), (2,3), (4,5), (5,6), (6,7)\}$

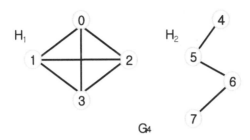

그림 3: 그래프 G_4

그래프에는 약간의 제한 사항이 있다. 그림 4는 이러한 제한 사항을 지키지 않아 그래프로 취급하지 않는 두 가지 경우이다.

① 자기 자신을 향하는 간선은 없다.(no self loop) 즉 (v_i, v_i) 나 $\langle v_i, v_i \rangle$ 는 없다.
② 중복된 간선을 허용하지 않는다.(not multigraph)

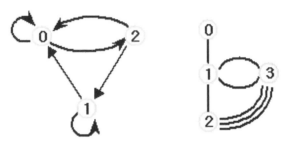

그림 4 : 그래프의 제한 사항의 예
(a) self loops, (b) multigraph

■ 그래프에 관한 용어들

① **완전그래프(complete graph)**

그래프에서 간선의 수가 최대인 그래프를 말한다. 그림 2의 G_1의 경우이다. 정점이 3개인 그래프는 간선의 최대 개수가 3개, 정점이 4개인 그래프는 간선의 최대 개수는 6개이다. 정점이 n개면 간선의 수는 다음과 같다.

- 무방향 그래프 경우 n 개의 정점이 있는 경우 : 간선의 수가 n(n-1)/2인 그래프를 말한다.
- 방향 그래프 경우 n 개의 정점이 있는 경우 : 간선의 수가 n(n-1)인 그래프를 말한다.

② **인접(adjacent)**

무방향 그래프에서 정점 a, b에 대하여, 간선 (a, b)가 있으면 정점 a는 정점 b에 인접(adjacent)하다고 한다.

③ **부속(incident)**

무방향 그래프에서 정점 a, b에 대하여 간선 (a, b)가 있으면 간선 (a, b)는 정점 a와
정점 b에 부속(incident)한다고 한다.

　예 무방향 그래프의 (v0,v1) : 무방향 간선

- 정점 v_0과 v_1은 인접(adjacent)하다.
- 간선 (v_0,v_1)은 정점 v_0와 v_1에 부속(incident) 된다.

　예 방향 그래프 $\langle v_0,v_1 \rangle$: 방향 간선

- 정점 v_0는 정점 v_1에 인접(adjacent)하다.
- 정점 v_1은 정점 v_0로부터 인접(adjacent)하다.
- 간선 $\langle v_0,v_1 \rangle$ 정점 v_0와 v_1에 부속(incident)된다.

④ **부분 그래프(subgraph) G' of G**

그래프의 일부를 표시하는 그래프로 정점과 간선 모두 원래 그래프의 부분 집합인 그
래프를 말한다. G와 G' 사이에 다음이 성립한다. 그림 5와 그림 6은 각각 그래프 G1
과 G3의 부분 그래프이다.

$V(G') \subseteq V(G)$ 이고 $E(G') \subseteq E(G)$

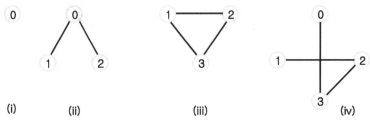

그림 5 : G₁의 부분 그래프들

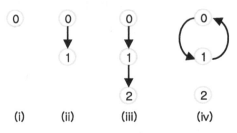

그림 6 : G₃의 부분 그래프들

⑤ **경로(path)**

정점 v_p 에서 정점 v_q으로 가는 경로

- 정점의 연속인 v_p, v_1, v_2, v_3, ..., v_n, v_q 에 대하여 다음과 같은 간선이 존재할 때, 정점 v_p에서 정점 v_q으로 가는 경로가 있다고 한다.

  (v_p,v_1), (v_1,v_2), ... , (v_n,v_q)

- 무방향 그래프에서는 다음의 간선들이 존재한다.

  $\langle v_p,v_1 \rangle$, $\langle v_1,v_2 \rangle$, ..., $\langle v_n,v_q \rangle$

⑥ **경로의 길이**

경로 상에 있는 간선의 수로, 경로 (v_p,v_1),(v_1,v_2), ..., (v_n,v_q)의 경우 경로의 길이는 n이 된다.

⑦ **단순 경로(simple path)**

처음과 마지막을 제외하고 정점이 모두 다른 경로, 즉 경로상의 정점이 중복되지 않는 경로를 단순경로라고 한다.

⑧ **사이클(cycle)**

처음과 마지막 정점이 같은 단순 경로, 즉 단순경로 중 경로가 다시 원점에 도달하는 경우이며 원을 형성한다. 방향성 그래프에서는 방향성 사이클(directed cycle)이라 한다.

⑨ **연결됨(connected)**

정점 v_0 와 정점 v_1 이 연결되어 있다는 것은 그래프 G에서 정점 v_0에서 정점 v_1 로 가는 경로가 있는 경우이다. 지도로 말하면 통행로가 있는 경우이다.

⑩ **연결된 부분(connected component)**

부분 그래프에서 최대로 연결된 그래프를 말한다. 그래프에서 모든 정점이 연결되지 않을 수 있다. 이 경우 최대로 연결된 부분 그래프를 연결된 부분(connected component)이라고 한다. 그래프 G_4의 경우는 2개의 연결된 요소가 있다.

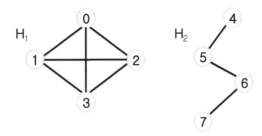

그림 7 : 두 개의 연결요소를 가진 그래프(G_4)

⑪ **트리(tree)**

앞에서 배운 트리를 그래프 개념으로 정의할 수 있다. 사이클이 없으며 연결된 그래프로 루트 노드가 1개 존재하는 그래프를 트리라고 한다. 트리는 그래프의 일종이다.

⑫ **강연결과 강연결 요소(strongly connected, strongly connected component in a directed graph)**

강연결은 정점의 쌍 (v_i, v_j) 에 대하여 v_i 에서 v_j 로 그리고 v_j 에서 v_i 경로가 존재할 때, 즉 정점의 상대방으로 가는 경로가 모두 존재할 때, "강연결되있다" 한다. 강연결 요소는 강연결된 최대 부분 그래프로 정점의 모든 쌍 (v_i, v_j) 에 대하여 v_i 에서 v_j 그리고 v_j 에서 v_i 경로가 존재하는 연결된 최대 부분 그래프이다. 그림 8은 강연결된 그래프이고 그림 9는 2개의 강 연결요소로 구성된 그래프 G_3 이다.

그림 8 : 강연결된 그래프   그림 9 : 그래프 G_3의 강연결 요소

⑬ **차수(degree of vertex)**

정점에 부속된(incident) 간선의 수를 말한다.

- 진입차수(in-degree of vertex v) : 정점에 들어오는 간선의 수
- 진출차수(out-degree of vertex v) : 정점으로부터 나가는 간선의 수

12.2 그래프의 표현

그래프 문제를 해결하려면 그래프 자료구조를 컴퓨터에 저장하여야 한다. 그래프를 컴퓨터에 저장하는 방법으로 널리 알려진 방법은 인접행렬(adjacency matrix)과 인접리스트(adjacency list)가 있다.

(1) 인접행렬(adjacency matrix)

그래프 G = (V, E), |V| = n 일 때, 그래프를 이차원 행렬에 다음과 같이 저장하는 방법이다. 행렬의 이름을 adj_mat 라고 하면,

adj_mat[i][j] =

        1, if (v_i, v_j)가 인접할 때(adjacent)

        0, if 인접하지 않을 경우

인접행렬의 경우 필요한 기억장소의 크기, 즉, 공간복잡도(space complexity)는 S(n) = n^2 이다. 또 무방향 그래프에서는 행렬이 대각선을 중심으로 대칭(symmetric)이다. 그림 10은 그래프 G_1, G_3, G_4를 인접행렬에 저장한 모습이다.

	0	1	2	3
0	0	1	1	1
1	1	0	1	1
2	1	1	0	1
3	1	1	1	0

a) 그래프 G1

	0	1	2
0	0	1	0
1	1	0	1
2	0	0	0

b) 그래프 G3

	0	1	2	3	4	5	6	7
0	0	1	1	1	0	0	0	0
1	1	0	1	1	0	0	0	0
2	1	1	0	1	0	0	0	0
3	1	1	1	0	0	0	0	0
4	0	0	0	0	0	1	0	0
5	0	0	0	0	1	0	1	0
6	0	0	0	0	0	1	0	1
7	0	0	0	0	0	0	1	0

c) 그래프 G4

그림 10: 그래프 인접행렬에 저장된 모습

(2) 인접리스트(adjacency lists)

연결리스트로 그래프를 표현하는 방법이다. 그래프의 각 정점에 대하여 정점과 연결된 간선을 한 개의 연결리스트에 저장한다. 자료구조는 연결리스트와 비슷하며 리스트의 배열로 표현한다. 각 정점에 대하여 한 개의 연결리스트를 만들어 연결된 간선을 저장하는 방법이다. 전체 연결리스트는 노드 수와 같은 n개가 되며, 이 연결리스트들을 배열로

표현한다. 그래프 자료구조 배열 graph는 리스트 node_ptr 타입의 배열로 표현한다.

```
#define MAX_VERTICES 50
struct list_node {
    int vertex;
        struct list_node * link;
};
typedef struct list_node node;
typedef node * node_ptr
node_ptr graph[MAX_VERTEX];
```

그림 11은 인접리스트의 노드 구조이고, 그림 12는 그래프 G_1, G_3, G_4를 인접리스트로 표현한 것이다

노드의 자료구조

그림 11: 인접리스트의 노드 구조

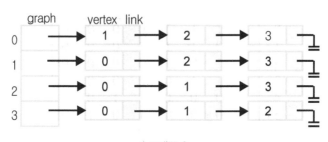

a) 그래프 G_1

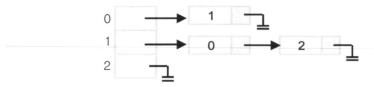

b) 그래프 G_3

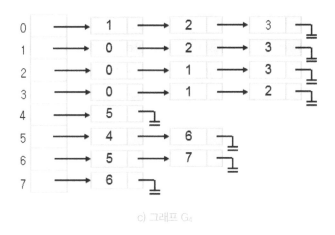

c) 그래프 G_4

그림 12 : 인접리스트로 표현된 그래프의 예

참고 **여러 가지 인접리스트 표현 방법**

① 역(inverse) 인접리스트 : 인접리스트와 반대로 그래프의 정점을 향해 들어오는 간선을 연결한다. 그림 13은 그래프 G_3를 인접리스트로 표현한 것이다.

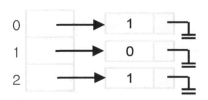

그림 13 : 그래프 G_3의 역인접리스트

② 2차원 직교 표현 : 연결리스트를 이차원으로 표현한다. 그림 14는 그래프 G_3를 직교 표현한 것이다.

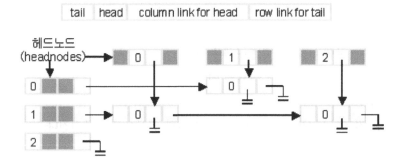

그림 14 : 그래프 G_3의 직교 표현

(3) 가중치 간선(weighted edges)

그래프의 간선에 가중치(weights)를 부여할 수 있다. 가중치의 의미는 보통 정점에서 정점으로 가는 거리, 혹은 정점에서 정점까지의 도달하는 비용을 의미하며, 인접행렬이나 인접리스트에 가중치를 저장하는 필드를 부여하여 표현한다.

12.3 그래프 탐색

자료구조는 자료와 자료에 필요한 연산을 구현하여 프로그램에서 사용하도록 한다는 것을 배웠다. 그래프도 마찬가지로 생각하면, 그래프를 컴퓨터에 표현하고 필요한 연산을 정의해야한다. 그래프를 표현하는 것은 앞 절에서 배웠다. 그래프에 대한 자료구조 모델은 다음과 같다.

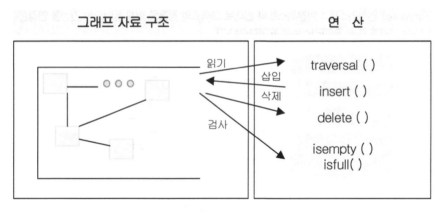

그림 15: 그래프 자료구조 모델

설명

- **그래프 자료구조 = 그래프 자료선언 + 그래프 연산**
- 그래프 자료구조는 자료의 선언과 자료에 대한 연산으로 구성된다.
- 그래프 자료의 선언과 저장은 인접행렬이나 인접리스트로 표현한다.
- 그래프 연산은 자료의 탐색(traversal)과 갱신에 관한 연산으로 이루어진다.
- 탐색은 원하는 노드를 1개 혹은 일부를 찾는 작업이다.
- 갱신은 정점과 간선의 삽입(insert), 삭제(delete), 수정을 말한다.

그래프 탐색(graph traversals)은 그래프의 각 정점을 방문하는 것을 말한다. 그래프에 관한 연산 중 가장 중요한 것이다. 탐색에서 노드의 방문 순서에 따라 다음과 같은 방법이 있다.

① **깊이우선탐색**(DFS : Depth First Search) : 트리의 전위탐색 방법(preorder tree traversal)을 그래프에 적용한 것이다.
② **너비우선탐색**(BFS : Breath First Search) : 트리의 레벨우선탐색(level order tree traversal)을 그래프에 적용한 것이다.

12.3.1 그래프 탐색 – 깊이우선탐색(depth first search)

■ 깊이우선탐색 방법

자동차로 여러 곳을 방문할 경우, 현재 있는 지점에서 가까운 곳에 방문지가 있으면 무조건 방문하는 방법이다. 후진하지 않고 갈 수 있는 곳까지 가는 방법이며, 후진하는 경우는 길이 막히거나, 이미 방문했던 곳일 경우이다. 후진하여 방문할 곳은 마지막에 갈 수 있었던 곳 중 아직까지 가지 않았던 길이다. 이 방법을 깊이 우선 탐색이라고 하며, 탐색 중 방문 했던 곳은 나중 막혔을 경우 돌아와서 탐색하기 위해서 스택 자료를 이용하여 저장해 둔다.

■ 깊이우선 탐색 알고리즘

- **1단계** : 하나의 노드를 택한다.
- **2단계** : 노드를 방문하여 필요한 작업을 한 다음 연결된 다음 노드를 찾는다. 현재 방문 노드는 스택에 저장한다. 2단계를 반복하면서 방문을 계속한다. 막히면 3단계로 간다.
- **3단계** : 더 이상 방문할 노드가 없으면 스택에서 노드를 빼낸 다음, 방문하지 않은 노드를 찾아 2)번 과정을 다시 반복한다.

깊이우선탐색의 특징은 다음과 같다.

- 스택을 이용한다.
- visited[MAX_VERTICES] 배열을 사용하여 방문했던 것을 표시한다. 초기 값은 FALSE이고 방문하면 TRUE 값으로 바꾼다. visited를 위한 자료 선언은 다음과 같다.

```
#define FALSE 0
#define TRUE 1
short int visited[MAX_VERTICES];
```

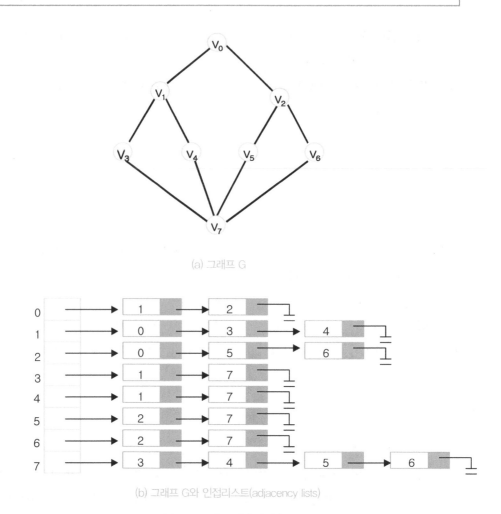

(a) 그래프 G

(b) 그래프 G와 인접리스트(adjacency lists)

그림 16 : 그래프 예와 인접리스트

■ 깊이우선탐색(depth first search)의 예

그림 16의 그래프를 보면서 깊이우선탐색을 보기로 한다. (a)는 그래프이며, (b)는 인접
리스트로 표현한 그래프이다. v0 노드에서 방문을 시작하며 먼저 스택에 v0을 넣는다.
v0의 다음 방문 가능한 곳은 v1과 v2이다. 노드번호가 작은 곳부터 방문한다고 하면 v1
을 방문하고 스택에 넣는다. 같은 방법으로 방문할 곳이 계속 있으면 계속 방문하면서
스택에 넣는다. 그림 17 예에서 1,2,3,4번 경로로 방문한 다음, 방문할 곳이 없으므로 5번

으로 되돌아 나오면서 스택에서 노드를 꺼내어 다음 방문지를 찾는다. 다음 방문 경로는 6번이다. 7,8번 경로로 방문한 다음, 다시 스택에서 꺼내면서 원점으로 되돌아온다. 한 번 방문했던 곳을 기억하기 위하여 그림처럼 visited[] 배열을 사용한다. 방문 순서는 v0 v1 v3 v7 v4 v5 v2 v6 이 된다.

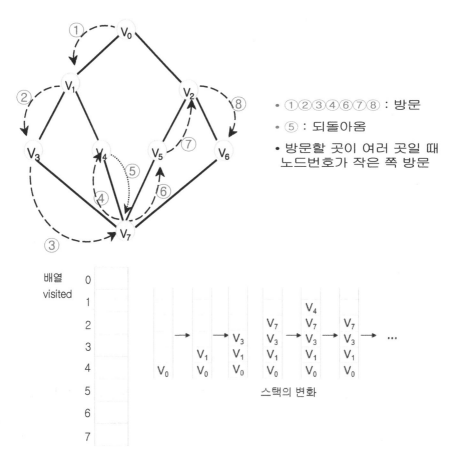

- ①②③④⑥⑦⑧ : 방문
- ⑤ : 되돌아옴
- 방문할 곳이 여러 곳일 때 노드번호가 작은 쪽 방문

그림 17: 깊이우선탐색 과정

■ 깊이우선탐색 알고리즘

깊이우선탐색 알고리즘(depth first search)의 시간복잡도는 O(e), e는 간선의 수이다.

```
/* 프로그램 12-1 그래프의 깊이우선탐색 dfs 함수 */
/* 깊이우선탐색 알고리즘(depth first search) */
/* 정점 v에서 시작하여 그래프의 깊이 우선 방문 */
void dfs(int v)
{
  node_ptr w;
  visited[v] = TRUE; /* 1 방문지 표시 */
  printf("%5d", v);
  for(w = graph[v]; w; w = w->link) /* 2 연결리스트 탐색 */
    if(!visited[w->vertex])
    dfs(w->vertex);
}
```

설명

순환 알고리즘으로 작성된 깊이우선탐색 알고리즘이다. 연결리스트를 사용하였고, 링크를 따라 노드를 방문하면서 dfs를 순환적으로 호출한다. visited 배열은 한번 방문한 곳을 표시하기 위한 것이다.

■ 깊이우선탐색 알고리즘 실험

다음 프로그램은 깊이우선탐색 프로그램을 실험하기 위하여 행렬로 데이터를 입력한 후 연결리스트로 변환하여 깊이우선탐색을 하는 프로그램이다. 깊이우선탐색 알고리즘은 dfs()를 사용하며, 시작노드는 3번 노드이다. 프로그램의 수행 결과는 다음과 같다.

(실행결과)
• 깊이우선탐색 : 3 2 0 1 4 6 7 8 5 9

```c
/* 프로그램 12-2 그래프의 깊이우선탐색 실험 : dfs.c */
#include <stdio.h>
#define TRUE 1
#define FALSE 0
#define N 10
    struct list_node {
       int vertex;
    int weight;
       struct list_node * link;
    };
    typedef struct list_node node;
    typedef node * node_ptr;
node_ptr graph[N];
int visited[N];

/* Matrix 인접행렬, 경로가 없으면 0, 경로가 있으면 경로 길이 값 */
int matrix[N][N] = {   {0,1,1,0,1,0,1,0,0,0},
       {1,0,0,0,0,0,0,0,0,0},
       {1,0,0,1,0,0,0,0,1,0},
       {0,0,1,0,0,1,0,1,0,0},
       {1,0,0,0,0,0,0,0,0,0},
       {0,0,0,1,0,0,0,0,0,1},
       {1,0,0,0,0,0,0,1,0,0},
       {0,0,0,1,0,0,1,0,0,0},
       {0,0,1,0,0,0,0,0,0,0},
       {0,0,0,0,0,1,0,0,0,0},
       };
/* create 함수는 인접행렬을 인접리스트로 변환한다 */
void create( )
{    int i, j;
  node_ptr temp;
  for(i =0; i < 10; i++)
  for(j=N-1; j >= 0; j--)
  {
    if (matrix[i][j] != 0)
    { temp=(node_ptr)malloc(sizeof(node));
     temp->link = graph[i];
        temp->weight = matrix[i][j];
```

```
        temp->vertex = j;
        graph[i] = temp;
      }
    }
  }

  main()
  {
    int i;
      node_ptr temp;
    /* 초기화 작업 */
    for(i = 0; i < 10; i++) { graph[i] = NULL; visited[i] = FALSE;}
    create( );
    printf(" * 연결리스트 내용 출력 * \n");
    for(i = 0; i < 10; i++)
    {
      printf("* %dth node = ", i);
        temp = graph[i];
      while(temp) { printf(" %d", temp->vertex);  temp = temp->link;};
        printf("\n");
    }
    /* dfs 탐색, 3번 노드부터 시작해본다 */
    printf("\n 깊이우선탐색 : ");
    dfs(3);
    printf("\n");
  }
```

12.3.2 너비우선탐색(breadth first search)

■ 너비우선탐색 방법

자동차로 여행할 경우 현재 있는 지점에서 가까운 곳을 모두 방문하는 방법이다. 즉 어느 지점에서 가까운 곳을 방문하고, 방문했던 지점은 다음 방문을 위해서 큐에 저장해 둔다. 다음 방문지는 저장해둔 곳에서 먼저 방문했던 순서대로 꺼낸다. 예를 들어 종로 1가에서 시작하여 종로의 버스정류장을 모두 방문해야 한다고 하면, 종로 1가의 한 정류장 거리를 다 방문하고 끝나면, 두 정류장 거리에 있는 정류장을 모두 방문하고 이러한 순서로 진행한다. 두 정류장 거리에 있는 정류장들은 첫 번째 정류장을 방문할 경우 기억을 해둔다. 먼저 기억된 정류장이 먼저 방문을 하게 된다. 즉 큐 자료구조를 이용하여 다음 방문지를 선택한다.

(너비우선탐색 알고리즘)
* 1단계 : 하나의 노드를 택한다.
* 2단계 : 노드를 방문하여 필요한 작업을 한 다음 연결된 다음 노드를 찾는다. 노드들을 큐에 저장한다. 더 이상 방문할 곳이 없으면 3단계로 간다.
* 3단계 : 큐의 맨 앞의 노드를 빼내, 2단계를 반복한다.

너비우선 탐색의 특징은 다음과 같다.

* 큐를 이용한다.
* visited[MAX_VERTICES] 배열을 사용하여 방문했던 것을 표시한다. 초기 값은 FALSE 이고 방문하면 TRUE이다. 자료구조는 다음과 같다.

```
#define FALSE 0
#define TRUE 1
short int visited[MAX_VERTICES];
```

■ 너비우선탐색(breadth first search)의 예

그림 18의 그래프를 보면서 깊이우선탐색을 보기로 한다. 먼저 시작 노드 v0를 큐에 넣은 후 시작을 한다. 방문은 항상 큐에서 방문할 곳을 꺼내어 방문을 한다. 노드를 방문할 때 항상 방문한 노드의 연결된 다른 노드를 큐에 넣는다. 예의 경우 v0 노드에서 방문을 시작하며 먼저 큐에 v0를 넣는다. v0을 꺼내어 방문한다. v0의 다음 방문 가능한 곳은 v1 과 v2이다. 큐에 v1과 v2을 넣는다. 노드번호가 작은 것을 먼저 큐에 넣는다고 가정하자. 다음 큐에서 v1을 꺼내어 방문하고 큐에 v3과 v4를 큐에 넣는다. 같은 방법으로 방문할 곳이 큐에서 꺼내어 계속 방문하면서 연결된 노드를 큐에 넣는다. 그림 18 예에서 큐에 넣는 순서대로 꺼내어 방문한다. 한번 방문했던 곳을 기억하기 위하여 그림처럼 visited[] 배열을 사용한다. 방문 순서는 v0 v1 v2 v3 v4 v5 v6 v7 이 된다.

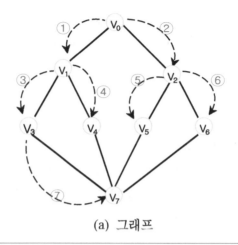

(a) 그래프

①②③④⑤⑥⑦ : 방문

방문할 곳이 여러 곳일 때 노드번호가 작은 쪽 방문

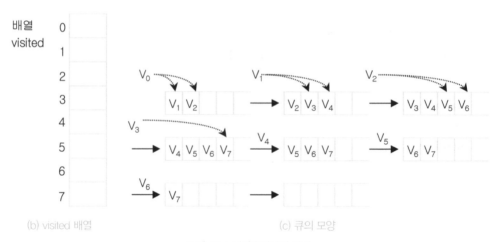

(b) visited 배열   (c) 큐의 모양

그림 18 : 너비우선탐색 과정

■ 너비우선탐색 알고리즘

```
/* 프로그램 12-3 그래프의 너비우선탐색 bfs 함수 */
/* 너비 우선 탐색 알고리즘(breadth first search) */
/* 정점 v에서 시작하여 그래프의 너비 우선 방문 */
void bfs(int v)
{
    node_ptr w; queue_ptr front, rear;
    front = rear = NULL;/* 큐의 초기화 */
    printf("%5d", v);
```

```
    visited[v] = TRUE; /* 1 방문지 기록 */
    insert(&front, &rear, v);
    while(front) /* 2 방문지 있는 동안 반복 */
    {
        v = delete(&front);
        for(w = graph[v]; w; w = w->link;
        if(!visited[w->vertex])
        {
            printf("%5d", w->vertex);
            insert(&front, &rear, w->vertex);
            visited[w->vertex] = TRUE;
        }
    }
}
```

설명

큐 자료구조를 사용한 너비우선탐색 알고리즘이다. 연결리스트를 사용하였고 링크를 따라 노드를 방문하면서 연결된 노드를 큐에 저장한다. 다음 방문지는 항상 큐에서 가져온다. visited 배열은 한 번 방문한 곳을 표시하기 위한 것이다.

```
/* 프로그램 12-4 그래프의 너비우선탐색 : bfs.c */
#include <stdio.h>
#define TRUE 1
#define FALSE 0
#define N 10
    struct list_node {
        int vertex;
    int weight;
        struct list_node * link;
    };
    typedef struct list_node node;
    typedef node * node_ptr;
node_ptr graph[N];
int visited[N];


/* matrix 인접행렬, 경로가 없으면 0, 경로가 있으면 경로 길이 값 */
```

```
int matrix[N][N] = {    {0,1,1,0,1,0,1,0,0,0},
        {1,0,0,0,0,0,0,0,0,0},
        {1,0,0,1,0,0,0,0,1,0},
        {0,0,1,0,0,1,0,1,0,0},
        {1,0,0,0,0,0,0,0,0,0},
        {0,0,0,1,0,0,0,0,0,1},
        {1,0,0,0,0,0,0,1,0,0},
        {0,0,0,1,0,0,1,0,0,0},
        {0,0,1,0,0,0,0,0,0,0},
        {0,0,0,0,0,1,0,0,0,0},
            };
/* create 함수는 인접행렬을 인접리스트로 변환한다 */
void create( )
{      int i, j;
    node_ptr temp;
    for(i =0; i < 10; i++)
    for(j=N-1; j >= 0; j--)
    {
        if (matrix[i][j] != 0)
        { temp=(node_ptr)malloc(sizeof(node));
          temp->link = graph[i];
             temp->weight = matrix[i][j];
          temp->vertex = j;
          graph[i] = temp;
        }
    }
}

main()
{
    int i;
        node_ptr temp;
    /* 초기화 작업 */
    for(i = 0; i < 10; i++) { graph[i] = NULL; visited[i] = FALSE;}
    create( );
    printf(" * 연결리스트 내용 출력 * \n");
    for(i = 0; i < 10; i++)
    {
        printf("* %dth node = ", i);
            temp = graph[i];
```

```
            while(temp) { printf(" %d", temp->vertex);  temp = temp->link;};
                printf("\n");
        }
        /* bfs 탐색, 3번 노드부터 시작해본다 */
        printf(" \n * DFS Traversal is = ");
        bfs(3);
        printf(" end of  DFS Traversal\n");
    }
```

12.3.3 연결요소의 계산

연결요소는 어느 노드에 연결된 그래프의 모든 노드를 구하는 문제이다. 그래프 탐색 알고리즘인 bfs(), dfs()를 이용하여 연결 요소(connected components) 을 구할 수 있다.

- 알고리즘 *dfs*(0) 혹은 *bfs*(0)를 호출하여 구한다.
- dfs()나 bfs()는 출발점에서 도달 가능한 노드들만을 탐색하게 되므로 출발점에서 연결된 노드를 모두 탐색하게 된다.

■ 연결요소 구하는 알고리즘

```
/* 프로그램 12-5 그래프 연결요수 찾기 */
/* 그래프의 연결 요소를 출력한다 */
void connected(void)
{
    int i;
    for(i = 0; i < n; i++)
    {
        if(!visited[i])
        {
            printf("연결요소 : ");
            dfs(i);
            printf("\n");
        }
    }
}
```

설명

그래프 G4에 알고리즘을 적용하면 결과는 2줄이 된다. 즉 2개의 연결 요소를 찾는다.

(결과)

- 연결요소 : 0 1 2 3
- 연결요소 : 4 5 6 7

정리^{Review}

* 그래프는 지도상의 최단경로 찾기 등의 문제를 해결하는데 사용이 된다. 그래프 자료 구조는 그래프를 컴퓨터에 표현하고 그래프에 관한 알고리즘을 개발하는 기초이다.
* 그래프는 정점(node)과 간선(edge)의 집합으로 구성이 된다. 간선이 방향을 갖는지 여부에 따라 무방향 그래프와 방향 그래프로 구분한다. 그래프에 관한 용어로는 경로, 사이클, 연결요소 등이 있다.
* 그래프를 컴퓨터에 저장하는 방법은 인접행렬과 인접리스트가 있다. 인접행렬은 행렬로 표현하는 방법이며 인접리스트는 연결리스트를 이용한 방법이다. 인접행렬은 표현하기 쉽지만 기억장소의 낭비가 많기 때문에 잘 사용되지 않는다. 연결리스트는 복잡하기는 하지만 큰 그래프를 표현할 수 있는 방법이다.
* 그래프에 관한 연산은 트리와 마찬가지로 탐색이 가장 중요하며 탐색 방법은 깊이우선탐색과 너비우선탐색의 두 가지 방법이 있다. 두 방법 모두 순환 알고리즘을 이용하여 작성하며 이미 배운 스택과 큐 자료구조를 이용하게 된다.

1.   (그래프 탐색)

다음 그래프를 보고 아래 두 가지 탐색 결과를 보이시요. 시작은 5번 노드에서 하며, 우선순위가 같으면 노드 번호가 적은 것에서 시작한다. 결과의 표기는 그래프의 수학적인 표현 방법으로 하여라.

(그래프 표기 예)
G = (V, E) = ({1,2,3}, {(1,2), (2,3)})

(1) 깊이우선탐색
(2) 너비우선탐색

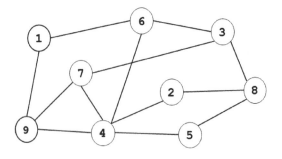

2.   (그래프 자료구조 저장과 탐색)

다음 프로그램은 그래프를 연결리스트로 표현하고 너비우선 탐색(breadth first traversal)하는 알고리즘이다. 알고리즘을 따라 아래 그림의 그래프를 탐색할 때, 다음 질문에 답하여라.(우선순위가 같으면 노드 번호가 적은 것에서 시작한다.)

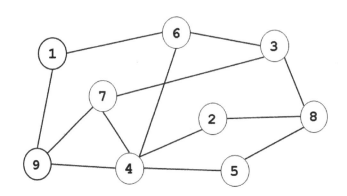

```
(adjacency list declaration)
#define MAX 50
typedef struct node *node_pointer;
typedef struct node {
    int vertex;
    struct node *link;
}
node_pointer graph[MAX];
int n=0;
```

```
(program)
void bfs(int v) {
    node_ptr w; queue_ptr front, rear;
    front = rear = NULL;/* initialize queue */
    printf("%5d", v);
    visited[v] = TRUE; /* 1 방문지 기록 */
    insert(&front, &rear, v);
    while(front) /* 2 방문지 있는 동안 반복 */
    {  v = delete(&front);
       for(w = graph[v]; w; w = w->link;
       if(!visited[w->vertex]) {
         printf("%5d", w->vertex);
         insert(&front, &rear, w->vertex);
         visited[w->vertex] = TRUE;
       }
     }
   }
 }
```

(1) bfs(1)을 호출할 때 프로그램의 출력(OUTPUT)을 보여라.

(2) 너비우선 신장트리(breadth first spanning tree)를 구하여라.

(3) 그래프를 인접 행렬(matrix)로 바꾸어 표현하여라.(matrix 이름 G[ ][ ])

(4) bfs() 알고리즘을 (3)의 인접 행렬에 대해서 실행되도록 프로그램 void bfs( )를 바꾸
    어라. 프로그램이 실행되려면 큐의 연산 insert( ), delete( ) 함수가 구현되어야하며,
    변수 front, rear는 int 형으로 가정한다.

그래프의 응용

그래프에 관한 문제를 그래프 자료구조를 이용하여 해결하여 본다. 그래프 자료구조를 이용하여 해결할 수 있는 문제들은 여러 가지가 있다.

첫째, 경기도의 10개 도시의 송유관을 건설한다고 할 때, 어떻게 하면 사이클이 없이(필요없는 송유관 없이) 모든 도시를 공급지와 연결을 시킬 것인가 하는 문제는 그래프에서 스패닝 트리 문제가 된다.

둘째 도로 건설 문제에서 도로를 연결하되 최소비용의 도로 건설비용으로 전체 도시를 연결할 것인지(사이클이 없이) 하는 문제는 최소 스패닝 트리 문제가 된다.

셋째 서울시의 지하철에서 종로1가에서 강남역까지 가는 방법 중 지하철을 바꿔 타더라도 가장 빨리(시간), 가장 짧은 거리, 혹은 지하철 역 수를 적게 거쳐서 가는 방법을 찾는 것이 최단 경로 문제가 된다.

넷째 영업 사원이 승용차로 지방의 10개 도시를 한번 씩 만 거쳐서 다시 서울로 돌아오되 기름 값이 가장 적게 드는 방법은 세일즈맨 문제가 된다.

이러한 문제들을 해결하는 방법들은 오랜 동안 효율성을 중점에 두고 개발이 되어왔다. 이 장에서는 앞의 3가지 문제에 대하여 예를 들어 해결 방법을 배워보도록 하자.

제 13 장에서 학습할 내용은 다음과 같다.

13.1 스패닝(Spanning) 트리

경기도의 10개 도시를 연결하는 송유관을 건설한다고 할 때, 어떻게 하면 사이클이 없이 모든 도시를 공급지와 연결을 시킬 것인가 하는 문제는 그래프에서 **스패닝 트리** 문제가 된다. 사이클을 포함하게되면 여분의 송유관이 만들어진다는 의미로 추가 비용이 소요된다는 의미이기 때문에 비효율적이다. 다른 예로 건물간의 컴퓨터 네트워크를 구성할 때 사이클이 없이 전체 건물이 연결되도록 통신 선로를 구성하는 문제는 역시 스패닝 트리 문제가 된다. 사이클이 있어도 되지만 비용 등의 문제로 연결선을 최소화해야 하기 때문이다.

> **정의**   스패닝 트리(spanning tree)

스패닝 트리는 "신장 트리"라고도 하며 다음과 같이 정의 된다. 그래프 G의 스패닝트리 G'=(V', E')는 그래프 G=(V, E)의 부속 그래프로 다음을 만족한다. 노드 수는 원래 그래프 G의 노드 수와 같으며(V(G') = V(G)), G'는 연결된 그래프이며, 간선의 수 |E(G')| = n-1 을 만족한다.

노드(정점)의 수가 n인 그래프에서 스패닝 트리를 구하려면, 그래프의 모든 부분이 연결되도록 n-1개의 에지(간선)을 선택하면 된다. 이것은 그래프가 규모가 작고 그림으로 그려져 있을 때는 쉽게 택할 수 있지만, 그래프가 크고 그래프가 인접행렬이나 인접리스트로 표현되어 있을 때는 프로그램으로 에지를 선택하여야 한다. **깊이우선탐색(dfs)**이나 **너비우선탐색(bfs)** 프로그램을 이용하면 쉽게 해결된다. 이 두 그래프 탐색 알고리즘은 그래프를 탐색하면서 에지를 따라 방문하게 된다.

- 그래프 G가 연결되어 있을 때 그래프 탐색시 방문하는 에지는 두 가지로 구분할 수 있다. 트리 에지 T(tree edges)는 탐색 중에 방문하게 되는 에지 집합이며, 비트리 에지 N(nontree edges)은 방문시 사용하지 않는 에지로 이미 탐색 된 노드를 방문하여 확인하는 데 사용하는 에지들이다.
- 트리에지 T에 포함된 에지들만 그래프에 그리면 G의 모든 노드들을 연결하는 트리 구조를 구성한다. 이렇게 만들어진 그래프는 그래프를 모두 연결하되 에지의 수를 최소로 하는 방법이 된다.

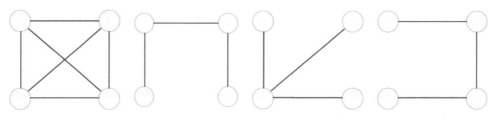

그림 1 : 그래프(완전 그래프)의 예와 3개의 스패닝트리 예

그래프 G의 스패닝 트리의 개수는 많다. 앞의 완전그래프의 예에서 가능한 스패닝 트리의 개수는 몇 개일까? 스패닝 트리를 구하는 방법에 따라 1개의 스패닝 트리를 구할 수 있지만 여러 개의 스패닝 트리가 만들어 질 수 있다. 앞에서 배운 dfs(), bfs() 알고리즘을 이용하여 여러 가지 스패닝 트리를 구할 수 있다. 그림 1의 경우 3가지 스패닝트리를 보인 것이다.

📑 **정의**

- 깊이우선 스패닝트리(depth first spanning tree) : dfs() 알고리즘을 사용하여 방문되어진 에지로 만들어진 스패닝트리이다.
- 너비우선 스패닝트리(breadth first spanning tree) : bfs() 알고리즘을 사용하여 방문되어진 에지로 만들어진 스패닝트리이다.

참고 **스패닝 트리의 성질**

스패닝 트리에 새로운 에지를 더하면 사이클이 만들어진다.

그래프 G와 깊이우선 스패닝트리와 너비우선 스패닝트리를 구하는 예 – 0번 노드에서 시작하여 dfs(), bfs()를 각각 호출하여 결과를 구한다.

깊이우선 스패닝트리는 그래프를 dfs() 알고리즘으로 탐색하여 선택된 간선으로 구성된 트리이다. 그림 2의 예의 경우 v_0에서 시작하여 (a)와 같이 노드를 선택한 것이다. 마찬가지로 너비우선 탐색트리는 그래프를 bfs() 알고리즘으로 탐색하여 선택된 간선으로 구성된 트리이다. 그림 2의 예의 경우 v_0에서 시작하여 (b)와 같이 노드를 선택한 것이다.

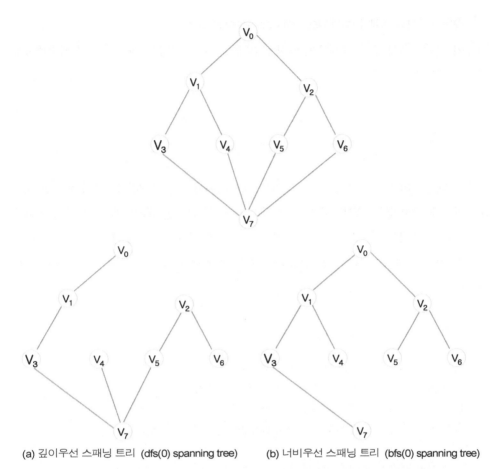

(a) 깊이우선 스패닝 트리 (dfs(0) spanning tree)   (b) 너비우선 스패닝 트리 (bfs(0) spanning tree)

그림 2 : 깊이우선 스패닝 트리와 너비우선 스패닝 트리

13.2 최소 스패닝 트리

스패닝 트리는 그래프의 모든 노드를 연결하고 에지의 개수를 최소인 n-1개 선택하는 문제이다. 만약 그래프의 각 에지에 비용(cost, 거리) 값이 주어진다면 n-1개의 에지를 택할 때 에지에 부여된 비용 값의 합을 최소로 하는 스패닝 트리를 구할 필요가 있다. 예를 들면 도로 건설 문제에서 도로를 연결하되, 도로 건설비용이 최소가 되도록 전체 도시를 연결할 것인지(사이클이 없이) 하는 문제는 최소 스패닝 트리 문제가 된다. 최소 스패닝 트리를 구하는 Kruscal의 알고리즘과 Prim의 알고리즘을 살펴본다.

> ▒ **정의** 최소 스패닝 트리(minimum cost spanning tree)

가중치 그래프에서 구한 그래프에 대한 스패닝 트리 중 에지의 가중치 합이 최소비용을 갖는 스패닝 트리이다.

13.2.1 Kruskal 알고리즘

최소 스패닝트리를 구하는 한 가지 방법은 그래프에서 비용이 최소인 에지들을 한 개씩 노드만 있는 비어있는 그래프에 더해 나간다. 비용이 최소인 에지만을 택해 나가기 때문에, 택해진 n-1개의 에지의 비용 값의 합은 최솟값이 된다. 단 이때 에지를 더할 때 이미 더해진 에지에 대하여 사이클을 만드는 에지는 스패닝 트리에 포함될 자격이 없으므로 버린다.

■ 최소 스패닝 트리 구하는 Kruscal의 알고리즘

```
/* 프로그램 13-1 Kruscal 알고리즘 : kruscal.c */
T = { };              /* T에 구해진 에지를 더한다 */
에지 정렬; /* 에지의 가중치에 따라 정렬한다 */
while(T 집합에 에지 수가 n-1개 이고 E가 empty가 아닌 동안)
{
    E에서 최솟값 에지 (v,w) 선택 E;  /*1*/
    (v,w)를 E에서 버림;
    if((v,w)을 T에 추가하여 사이클이 생기지 않으면)   /*2*/
        (v,w)를 T에 추가;
    else  (v,w) 버림;
}
if(T 집합에 n-1 개 보다 적은 수의 에지가 있으면)
    printf("스패닝트리 구할 수 없음\n");
```

설명

T는 선택된 에지를 포함하는 집합이다. 1번 문장은 에지들을 에지의 가중치 값에 의하여 정렬 후 가장 작은 값 에지 선택, 2번 문장은 그래프에서 사이클이 있는지 조건을 테스트 한다.

■ Kruscal의 알고리즘 예

Kruscal 알고리즘을 그림 3의 그래프 (a)에 적용하여 최소 스패닝트리를 구하는 과정을
살펴보자. 알고리즘은 그림 (b)의 노드만 있고 에지가 비어있는 그래프에서 시작한다.
첫 단계로 에지의 가중치가 가장 작은 (0,5)에지를 선택하면 (c)와 같이 된다. 같은 방법
으로 (2,3), (1,6), (1,2)를 선택한다. 다음 에지는 (3,6)이지만 선택하면 사이클을 형성하
므로 버린다. (4,3) 선택, (4,6) 버림, (4,5) 선택하면 최소 스패닝트리가 된다. 알고리즘
은 이미 노드의 수 7보다 하나 적은 6개의 에지가 선택되었으므로 여기서 종료된다.

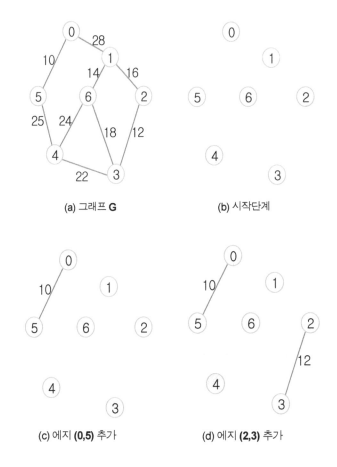

(a) 그래프 **G**   (b) 시작단계

(c) 에지 **(0,5)** 추가   (d) 에지 **(2,3)** 추가

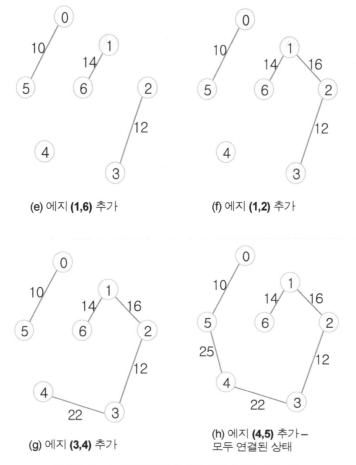

(e) 에지 **(1,6)** 추가 (f) 에지 **(1,2)** 추가

(g) 에지 **(3,4)** 추가 (h) 에지 **(4,5)** 추가 –
모두 연결된 상태

그림 3: Kruskal 알고리즘으로 최소 스패닝트리 구하는 예

■ 에지의 선택 순서와 비용 값 계산 표

에지(edge)	비용(weight)	결과(result)	그림(figure)
——	——	시작!	(b)
(0,5)	10	선택	(c)
(2,3)	12	선택	(d)
(1,6)	14	선택	(e)
(1,2)	16	선택	(f)
(3,6)	18	버림	
(3,4)	22	선택	(g)
(4,6)	24	버림	
(4,5)	25	선택	(h)
(0,1)	28	더 이상 필요없음	

13.2.2 Prim 알고리즘

최소 스패닝 트리를 구하는 두 번째 방법으로 Prim의 알고리즘이 있다. Prim의 알고리즘은 임의의 노드에서 시작하여 연결된 부속그래프를 만들어간다. 부속 그래프에서 새로운 노드를 선택할 때, 부속 그래프에 연결된 에지 중 에지의 비용 값이 가장 작은 값의 노드를 선택하여 부속 그래프에 포함시킨다.

■ 최소 스패닝 트리를 구하는 Prim의 알고리즘

```
/* 프로그램 13-2 Prim 알고리즘 */
T = { };            /* 초기에 빈 노드의 그래프 */
TV = {0 };          /* 노드번호 0번에서 시작한다 */
while(T 집합이 n-1보다 적은 에지 수를 포함하면)
{
    u ∈ TV이고 v ∉ TV인 최솟값 에지 (u,v)를 선택;
    if(해당되는 에지가 없으면) break;
    v를 TV에 포함;
    (u, v)를 T에 포함;
}
if(T가 n-1보자 적은 에지 수를 갖고 있으면)
    printf("스패닝트리 없음\n");
```

T는 선택된 에지를 포함하는 집합이고, TV는 선택된 노드를 포함하는 집합이다. 0번 노드를 먼저 TV 집합에 넣고, TV 집합의 노드에서 TV에 속하지 않는 노드로 가는 에지들 중 최솟값 에지들을 하나 선택한다. TV 집합의 노드 수가 n-1개가 될 때까지 반복한다.

Prim 알고리즘을 그림 4의 그래프 G에 적용하여 최소 스패닝트리를 구하는 과정을 살펴보자. 첫 단계로 TV = {0}에서 TV에 속하지 않은 노드로 가는 에지 (0,1), (0,5) 중 최소인 (0,5)를 택한다. 선택 후 5번 노드를 TV 집합에 포함시킨다. 다시 TV = {0,5}에서 TV에 속하지 않은 노드로 가는 에지 (0,1), (4,5) 중 최소인 (5,4)를 택한다. 선택 후 4번 노드를 TV 집합에 포함시킨다. 다시 TV = {0,4,5} 집합에서 같은 방법으로 반복하여 TV 집합에 모든 노드가 포함되는 (f)까지 진행된다.

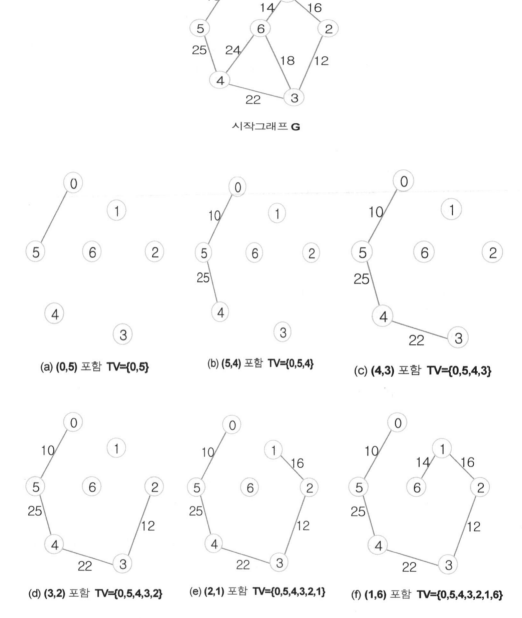

시작그래프 **G**

(a) (0,5) 포함 **TV={0,5}**

(b) (5,4) 포함 **TV={0,5,4}**

(c) (4,3) 포함 **TV={0,5,4,3}**

(d) (3,2) 포함 **TV={0,5,4,3,2}**

(e) (2,1) 포함 **TV={0,5,4,3,2,1}**

(f) (1,6) 포함 **TV={0,5,4,3,2,1,6}**

그림 4 : Prim의 알고리즘에 의한 최소 스패닝트리 구하는 과정

13.3 최단경로(shortest path) 문제

예를 들어 서울시의 경우 종로 2가에서 강남역까지 가는 여러 방법 중 짧은 거리의 길을 찾거나 혹은 시간적으로 빨리가는 방법을 찾고 싶다고 하자. 여러 가지 경로가 있기 때문에 모든 가능한 길의 거리를 측정하여 거리를 합하여 보면 찾을 수 있다. 이렇게 지도와 같은 그래프에서 여러 경로 중 가장 짧은 경로를 찾는 문제가 최단 거리 문제가 된다. 가장 짧은 거리의 경우 지도가 간단하면 지도를 보면서 짧은 경로를 구하는 것은 쉽지만 복잡한 지도의 경우, 컴퓨터에 그래프 자료구조를 저장하여 가장 짧은 경로를 찾는 과정은 약간 복잡하다. 가중치 그래프에서 경로의 길이는 경로상의 에지에 부여된 비용 값의 합으로, 예제의 경우 경로상의 비용 값은 거리 혹은 시간 등이다.

■ 최단경로 문제의 예

그림 5의 가중치 그래프 (a)의 경우 최단거리 문제를 생각해보자. 출발지는 v_0이고 v_0에서 v_1, v_2, v_3, v_4, v_5까지 최단 거리를 구하는 문제이다. 그림 5의 (b)는 v_0에서 v_2, v_3, v_1, v_4까지 경로 길이를 크기순으로 최단 경로 및 거리 총 합을 보인 것이다. v_5에 대한 최단 경로는 없다. 최단 경로를 구하는 방법은 **Dijkstra의 알고리즘**을 사용한다. 알고리즘 정의와 방법을 살펴보자.

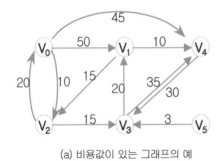

경로(path)	길이 합(length)
1) v0 v2	**10**
2) v0 v2 v3	**25**
3) v0 v2 v3 v1	**45**
4) v0 v4	**45**

(a) 비용값이 있는 그래프의 예   (b) v0으로부터 각 정점까지 최단거리 경로와 거리값

그림 5 : 그래프와 최단경로 예

■ 최단경로 문제를 위한 정의들

· v0 : 출발점(source vertex)
· S : v0에서 최단 경로 문제를 구할 때 중간에 최단거리가 찾아진 노드의 집합
· w : 최단거리를 찾아야 할 노드의 집합
· distance[x] : 노드 v0으로 부터 S에 포함된 노드를 거쳐서 노드 x까지 의 거리 값

■ 최단경로 구하는 방법

(1) 최단경로 문제는 한 지점 v_0 에서 다른 지점 w까지를 구하는 문제이지만, 구하는 과정에서 출발점 v_0 에서 모든 도착점까지 한꺼번에 구하게 된다. 즉 모든 노드 w에 대하여 distance[w]를 구한다.

(2) 구하는 중간 과정에서 이미 최단 경로가 발견된 노드의 집합은 S라고 한다. 즉 S에 포함된 노드에 대해서는 알고리즘의 중간에 최단 경로 계산이 끝나있다.

(3) 알고리즘이 시작될 때, 각 노드에 대한 distance[w]의 초기 값은 출발 노드 x로 부터 바로 가는(다른 노드를 안 거치고) 거리 값이다. 구하는 중간 과정에서 distance[w]는 노드 w에 대한 출발점으로부터의 최단 거리 값이며, w ∈ S이면 distance[w]는 최종 값이고, 그렇지 않으면 출발점 x에서 현재까지 구해진 S를 거쳐서 가는 경로 중 최단 경로의 값이다.

(4) S에 포함될 새로운 노드를 택할 때는 w ∉ S인 노드를 택하며 현재까지의 distance[w] 중 최소인 값을 택한다. 이 때 distance[ ], w ∉ S의 값은 다음 값중 작은 값을 택한다. 택한 후 distance[w] 값을 수정하는 데, 이 값은 현재 값과 최단 경로가 구해진 노드를 통과하여 w로 가는 길 중 짧은 길을 택하는 것이다.

   • distance[ ] 값의 수정 - 다음 두 값중 작은 값을 택한다.
   ① S만 거쳐가는 거리(이미 계산되어있음) - distance[w]
   ② u ∈ S에 대하여 distance[u] + cost(⟨u,w⟩)

S에 포함될 새로운 노드를 택할 때는 u ∉ S인 노드를 택하며 현재까지의 distance[u] 중 최소인 값을 택한다. 이 때 distance[w], w ∉ S의 값은 다음 값 중 작은 값을 택한다. 이 값은 현재 값과 최단 경로가 구해진 노드를 통과하여 w로 가는 길 중 짧은 길을 택하는 것이다. 다른 짧은 경로는 없다.

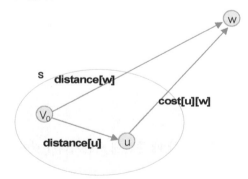

$$min\{distance[w], distance[u]+cost[u][w]\}$$

그림 6 : 최단경로 구하는 중간계산과정

■ 최단 경로 문제를 위한 자료구조

```
/* 최단거리 문제에 대한 자료선언 */
#define MAX_VERTICES 6
int cost[][MAX_VERTICES] =
{   {  0,   50,   10, 1000,   45, 1000 },
    {1000,   0,   15, 1000,   10, 1000 },
    { 20, 1000,   0,   15, 1000, 1000 },
    {1000,   20, 1000,   0,   35, 1000 },
    {1000, 1000,   30, 1000,   0, 1000 },
    {1000, 1000, 1000,   3, 1000,   0 } };
int distance[MAX_VERTICES];
short int found[MAX_VERTICES];
int n = MAX_VERTICES;
```

found	f	f	f	f	f	f
distance	0	50	10	1000	45	1000

설명

가중치 그래프는 cost 행렬에 저장한다. distance는 각 노드까지 최단 거리를 저장하는 배열이고, found는 현재까지 최단 거리가 찾아진 노드를 나타내는 배열이다.

■ 최단 경로(shortest path) 알고리즘 – Dijkstra's Algorithm

```
/* 프로그램 13-3 최단경로 구하기 : dijkstra.c */
/* 최단 경로(shortest path) 알고리즘 */
void shortestpath(int v, int cost[][MAX_VERTICES], int distance[], int n, short int
found[]) {
    int i, u, w;
    /* 초기화 작업 */
    for(i = 0; i < n; i++) {
        found[i] = FALSE;
        distance[i] = cost[v][i];
    }
    found[v] = TRUE;
```

```
        distance[v] = 0;
        for(i = 0; i < n-2; i++) {
          u = choose(distance, n, found); /*1*/
          found[u] = TRUE;
          for(w = 0; w < n; w++)
            if(!found[w]) /*2*/
            if(distance[u] + cost[u][w] < distance[w])
                distance[w] = distance[u] +cost[u][w];
        }
      }
```

- choose() 함수

```
/* 프로그램 13-4 최단경로 구하기 choose 함수 */
int choose(int distance[], int n, int found[]) {
int i, min, minpos
  min = INT_MAX;
  minpos = -1;
  for(i = 0; i < n; i++) /*1*/
    if(distance[i] < min && !found[i]) {
       min = distance[i];
       minpos = i;
    }
  return minpos
}
```

- 최단경로 문제 예

그림 7(a)의 지도는 Boston 에서 각 도시까지 가는 경로이다. Boston에서 출발하여 모든 도시까지 최단 경로를 구한다. 그림 7의 (b)는 (a)의 지도에 대한 가중치 그래프를 행렬로 표시한 것이다. 그림 (c)는 노드를 선택하는 과정을 보인 것이다. 선택은 (d)의 distance 배열을 참고하여 결정된다. (d)의 1단계에서 distance[] 값 중 최소인 5번 노드가 선택이 되고 5번을 거쳐 갈 수 있는 6, 7번 노드의 distance 값이 수정된다. 2단계에서 마찬가지 방법으로 6번 노드를 선택하고 6번을 거쳐 갈 수 있는 7번 노드의 distance 값이 수정된다. 계속하여 3, 7, 2, 1번 노드가 선택이 된다.

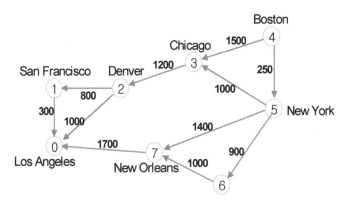

(a) 비행기 경로의 거리 값을 표시한 지도

	0	1	2	3	4	5	6	7
0	0							
1	300	0						
2	1000	800	0					
3			1200	0				
4				1500	0	250		
5				1000		0	900	1400
6							0	1000
7	1700							0

(b) 인접행렬로 표시한 거리값

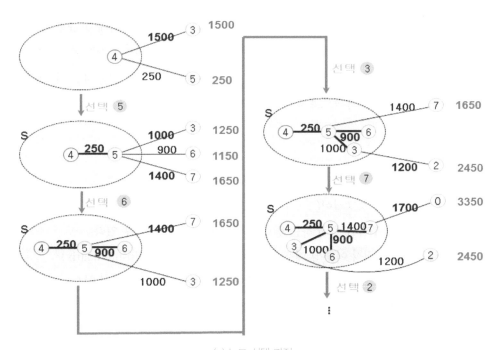

(c) 노드 선택 과정

반복	S	선택 노드	거리							
			LA [0]	SF [1]	DEN [2]	CHI [3]	BOST [4]	NY [5]	MIA [6]	NO [7]
(초기)	–	–	∞	∞	∞	1500	0	250	∞	∞
1	{4}	5	∞	∞	∞	1250	0	250	1150	1650
2	{4,5}	6	∞	∞	∞	1250	0	250	1150	1650
3	{4,5,6}	3	∞	∞	2450	1250	0	250	1150	1650
4	{4,5,6,3}	7	3350	∞	2450	1250	0	250	1150	1650
5	{4,5,6,3,7}	2	3350	3250	2450	1250	0	250	1150	1650
6	{4,5,6,3,7,2}	1	3350	3250	2450	1250	0	250	1150	1650
	{4,5,6,3,7,2,1}									

(d) distance 값의 변화

그림 7: 그래프와 최단경로 예

13.4 이행성 폐포(transitive closure) 문제

그래프 문제 중에는 단순히 그래프의 노드 x 에서 y로 가는 경로(path)가 있는지를 묻는 경우가 있다. 최단거리 문제에서는 경로의 비용 값까지 구했지만, 이행성 폐포 문제는 그래프를 행렬로 표시했을 때, x에서 y로 바로 가는 길(에지)이 있으면 "1", 없으면 "0"을 저장한다. 경로는 이 에지뿐만 아니라 x에서 y로 가는 다른 경로가 있는지도 다 찾아야 한다. 이 문제를 좀 더 수학적으로 표시하면 다음과 같다.

정의

- A+ : 그래프 G의 이행성 폐포 행렬(transitive closure matrix)
  노드 i에서 j로 가는 경로길이(> 0)가 있으면 $A^+[i][j] = 1$ 이고, 그렇지 않으면 $A^+[i][j] = 0$ 이다. 행렬 A로 부터 A^+를 구하는 방법은 행렬을 곱하여 구할 수 있다.
- A* : 그래프 G의 재귀적 이행성 폐포 행렬(reflexive transitive closure matrix)
  노드 i에서 j로 가는 경로길이(> 0)가 있으면 $A^*[i][j] = 1$ 이고, 그렇지 않으면 $A^*[i][j] = 0$ 이다. A^+로 부터 $A^*[i][i] = 1$ 로 만들면 된다.

그림 8의 그래프 (a)에 대한 인접행렬은 (b)와 같다. (b)에 대한 이행성 폐포 행렬 A⁺는 (c)와 같으며, (d)는 재귀적 이행성 폐포를 구한 것이다. (b)로부터 이행성 폐포 행렬 (d)를 구하는 과정은 (b) 행렬을 자기 자신과 계속하여 행렬의 곱셈을 해 나가는 것이다. 매번 곱하여 나온 결과는 $A, A^1, A^2, A^3, \ldots$으로 나타내고 각각은 바로 가는 경로, 경로길이 2이하로 가는 경로, 경로길이 3 이하로 가는 경로, ...를 나타낸다.

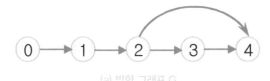

(a) 방향 그래프 G

	0	1	2	3	4
0	0	1	0	0	0
1	0	0	1	0	0
2	0	0	0	1	0
3	0	0	0	0	1
4	0	0	1	0	0

(b) G의 인접행렬 A

	0	1	2	3	4
0	1	1	1	1	1
1	0	1	1	1	1
2	0	0	1	1	1
3	0	0	1	1	1
4	0	0	1	1	1

(d) G의 A* 행렬

	0	1	2	3	4
0	0	1	1	1	1
1	0	0	1	1	1
2	0	0	1	1	1
3	0	0	1	1	1
4	0	0	1	1	1

(c) G의 A⁺ 행렬

그림 8 : 이행성 폐모 구하는 예

정리 Review

- 스패닝 트리 문제는 예를 들면 경기도의 10개 도시의 송유관을 건설한다고 할 때 어떻게 하면 중복시키지 않고(사이클이 없이) 모든 도시를 공급지와 연결을 시킬 것인가 하는 문제이다. 스패닝 트리를 구하는 방법은 많지만 dfs(), bfs() 그래프 탐색을 이용하여 방문하는 간선을 모으면 스패닝 트리가 된다. dfs() 방문으로 얻어진 트리를 깊이우선 스패닝 트리라고 하고 bfs() 방문으로 얻어진 스패닝 트리를 너비우선 스패닝 트리라고 한다.

- 최소 스패닝 트리는 예를 들면 도로 건설 문제에서 도로를 연결하되 최소비용의 도로 건설비용으로 전체 도시를 연결할 것인지(사이클이 없이) 하는 문제이다. Kruscal과 Prim의 알고리즘을 이용하여 구할 수 있다.

- 최단경로 문제는 예를 들면 서울시의 지하철에서 종로 2가에서 강남역까지 가는 방법 중 지하철을 바꿔 타더라도 가장 빨리(시간), 가장 짧은 거리, 혹은 지하철 역 수를 적게 거쳐서 가는 방법을 구하는 것이다. Dijkstra의 알고리즘으로 구할 수 있다.

- 이행성 폐포 문제를 그래프의 경로의 존재 여부를 찾아내는 문제이다.

- 그래프에 관한 이러한 알고리즘은 문제를 해결할 때, 알고리즘이 얼마나 효율적으로 해결할 수 있는가를 보여준다.

1.   (최소 신장트리)

다음은 가중치 그래프이다. 그래프의 최소 신장트리(minimum spanning tree)를 구하여라.

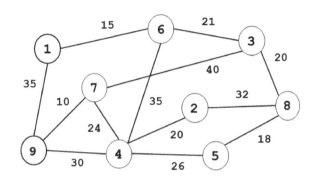

2.   (최소 신장트리)

1번 문제의 그래프에 대하여 다음 두 가지 알고리즘의 실행에 따라 최소 스패닝 트리를 구하는 과정을 보이시요. 결과는 단계별로 포함될 에지의 순서를 적으시오.

예 (1,3) -〉 (2,4) …)

(1) Kruscal 알고리즘
(2) Prim 알고리즘

1. (Kruscal 프로그래밍)

최소신장트리를 구하는 프로그램을 작성하고, 다음의 그래프 (a)에 적용하여 최소신장 트리를 구하여라. 결과는 알기 쉽게 그래프 표현법에 의하여 출력하여 보아라. 교재의 kruscal.c를 프로그래밍한다.

예 G = (V, E), V={1,2,3}, E={(1,2), (2,3)})

(도움말)

교재의 알고리즘을 프로그램으로 바꾸려면 알고리즘에서 사용되는 설명을 구현하는 함 수들을 구현해야한다. 필요한 함수들은 다음과 같다.

- 집합 자료구조 - 원소를 추가, 원소를 삭제, 원소를 검색 등
- 에지를 추가할 때 사이클 존재 여부 판단 함수와 자료구조

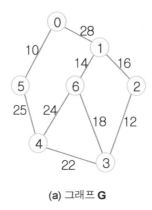

(a) 그래프 **G**

2. (Dijkstra 프로그래밍)

최단거리를 구하는 프로그램을 작성하여라. 교재의 알고리즘을 좀 더 세분화하여 설계 하면 main() 함수와 dijkstra() 함수는 다음과 같다. 그래프는 행렬로 표현하며, 알고리즘 에 사용되지만 정의되지 않은 함수들은 다음과 같다.

- void input_adjmatrix(int a[][MAX_VERTEX], int *V, int *E) /* 행렬의 입력 */
- void print_adjmatrix(int a[][MAX_VERTEX], int V) /* 행렬의 출력 */
- void print_tree(int tree[], int n) /* 트리구조 출력 */
- void print_distance(int d[], int x, int n) /* 거리값 출력 */
- void print_cost(int d[], int n) /* 최단거리 출력 */

```
void main(int argc, char *argv[])

  int V, E;
  int i;

  if (argc < 2) /* 파일에서 그래프 입력 */
  fp = stdin;
  else
  if ((fp = fopen(argv[1], "rt")) == NULL)
    {     printf("\nThat file does not exist!");
        exit(1);
    }

  for (i = 0; i < MAX_VERTEX; i++)
  {    /* initialize */
    check[i] = 0;    parent[i] = -1;
  }

  input_adjmatrix(G, &V, &E);
  printf("\n\nAdjacency Matrix representaion for weighted graph");
  print_adjmatrix(G, V);

  getchar();
  dijkstra(G, 5, V);

  printf("\n\nShortest Path Tree from A\n");
  print_tree(parent, V);

  printf("\n\nCost from A in shortest path\n");
  print_cost(distance, V);
  fclose(fp);
}
```

```
void dijkstra(int a[][MAX_VERTEX], int s, int V)
  {
  int x = 0, y, d;
  int i, checked = 0;
```

```c
for (x = 0; x < V; x++)   /* initialize */
{
distance[x] = a[s][x];
if (x != s) parent[x] = s;
}

check[s] = 1;
checked++;

print_distance(distance, s, V);

while (checked < V)
{
x = 0;
while (check[x]) x++;
for (i = x; i < V; i++)
   if (check[i] == 0 && distance[i] < distance[x]) x = i;
 /* x is one of unchecked vertex whose distance from s is minimal */

check[x] = 1;  /* check vertex x */
checked++;

for (y = 0; y < V; y++)
  {
  if (x == y || a[x][y] >= INFINITE || check[y]) continue;
  /* y is unchecked & exists edge (x,y) */
  d = distance[x] + a[x][y];
  if (d < distance[y])
  {
  distance[y] = d;
  parent[y] = x;
  }
  }
print_distance(distance, x, V);
}
}
```

참고문헌

1. Fundamentals of Data Structures in C, Horowitz, Sahni, Aderson-Freed, Computer Science Press.
2. Data Structures and Algorithm Analysis in C, Mark Allen, Weiss
3. Mastering Algorithms with C, Kyle Loudon, OReilly.
4. Foundations of Algorithms, Neapolitan, Naimipour. Heath&Co.
5. Algorithms, Sedgewick, Second edition, Addison-Wesley.
6. C로 배우는 알고리즘, 이재규, 세화출판사.

INDEX

알기쉬운 자료구조 – C언어

1판 1쇄 발행 2019년 03월 04일
1판 4쇄 발행 2022년 02월 10일
저   자 박우창
발 행 인 이범만
발 행 처 **21세기사** (제406-00015호)
          경기도 파주시 산남로 72-16 (10882)
          Tel. 031-942-7861   Fax. 031-942-7864
          E-mail : 21cbook@naver.com
          Home-page : www.21cbook.co.kr
          ISBN 978-89-8468-829-2

정가 27,000원